2022年度中央高校基本科研业务费服务国家发展战略专项"健康中国战略下基于 HBM 的大学生健康教育路径优化研究"（项目编号：31920220120）

大学生健康教育理论与实践

张银霞 著

中国社会科学出版社

图书在版编目（CIP）数据

大学生健康教育理论与实践 / 张银霞著. -- 北京：
中国社会科学出版社，2024. 7（2025. 9 重印）. -- ISBN 978-7-5227
-3781-2

Ⅰ. G647. 9

中国国家版本馆 CIP 数据核字第 2024U1Y374 号

出 版 人	赵剑英	
责任编辑	高　歌	
责任校对	李　琳	
责任印制	戴　宽	

出　　版	中国社会科学出版社	
社　　址	北京鼓楼西大街甲 158 号	
邮　　编	100720	
网　　址	http://www.csspw.cn	
发 行 部	010-84083685	
门 市 部	010-84029450	
经　　销	新华书店及其他书店	

印　　刷	北京明恒达印务有限公司
装　　订	廊坊市广阳区广增装订厂
版　　次	2024 年 7 月第 1 版
印　　次	2025 年 9 月第 2 次印刷

开　　本	710×1000　1/16
印　　张	17.25
插　　页	2
字　　数	249 千字
定　　价	79.00 元

前　言

健康是促进人的全面发展的必然要求，是经济社会发展的基础条件，是民族昌盛和国家富强的重要标志，也是广大人民群众的共同追求。健康不仅仅是身体没有疾病，即生理健康，还包括心理健康和高尚的品德以及良好的社会适应力。健康教育是预防疾病、保持健康的有效途径，其作为一门学科主要是研究健康教育的基本理论与基本方法，是预防医学领域的伟大成果之一。当前，健康教育已被纳入国民教育体系，并作为所有教育阶段素质教育的重要内容，大学生健康教育是当前健康教育工作的重要组成部分，在高校构建相关学科教学与教育活动相结合、课堂教育与课外实践相结合、经常性宣传教育与集中式宣传教育相结合的健康教育模式，是做好大学生健康教育的有效途径。

把新时代高等学校卫生与健康教育工作摆在更加突出的位置，加大对大学生健康及健康教育的普及，是深入贯彻落实习近平总书记关于教育和卫生健康的重要论述的具体举措。《"健康中国2030"规划纲要》明确提出，"加大学校健康教育力度，将健康教育纳入国民教育体系，把健康教育作为所有教育阶段素质教育的重要内容"。2017年，教育部颁布的《普通高等学校健康教育指导纲要》，从指导思想、基本原则、主要内容、实施途径、保障措施方面提出要加强对健康教育的指导，指出健康是青少年全面发展的基础，加强高校健康教育、提升学生健康素养，是贯彻落实党的教育方针，全面实施素质教育、促进学生全面发展、加快推进教育现代化的必然要求，是建设健康中国、全面提升中华民族健康素质的重要内容。2021年，教育部等五部门发布《关于全面加强和改进新时代学校卫生与健康教育工作的意见》，强调加强新时代学校卫生与健康教育工作，是全面推进健康中国建设的基础，是加快推进教育现代化、建设高质量教育体系和建成教育强国的重要任务，是大力发展素质教育、促进学生全面发展的重要举措。

高等教育阶段是人生身心成长成熟、健康素养形成的关键时期。大学生是传播健康理念、引领健康生活方式的主要力量。高校健康教育重在增强大学生的健康意识、提高大学生的健康素养和健全大学生的人格品质。在现阶段，随着社会经济的高速发展，大学生的健康隐患及心理问题不断突显，大学生作为未来社会主义的建设者和接班人，应当具备更加健康向上的身心体魄。因此，高校健康教育应不断更新观念、创新形式、落实载体、完善制度，全方位、多途径、多形式地开展高校健康教育和健康促进教育，充分发挥健康教育在培育和践行社会主义核心价值观、推进素质教育中的综合作用，帮助大学生树立健康意识，掌握维护健康的知识和技能，形成文明、健康的生活方式，提高其自身健康管理能力，增强维护全民健康的社会责任感，促进大学生身心健康和全面发展。

大学生处在身心发展的特殊时期，是人生从青涩走向成熟、由校园走向社会的最重要阶段，有着独特的属性。大学生虽然拥有较丰富的社会、文化知识，但仍然面临诸如情感、社会、事业、职业、学习、就业等方面的困扰，这些困扰容易造成大学生身心方面的疾病。同时，大学生对健康与保健知识、疾病防治与急救相关知识的缺乏，也容易造成生理健康问题。做好高校健康教育，要坚持问题导向与健康需求的衔接，针对大学生的主要健康问题及其影响因素，围绕大学生的健康需求，合理、科学地选择健康教育的内容和形式，确保健康教育取得实效。要使加强知识传授与行为养成相促进，以健康行为养成为出发点，传播健康知识和技能，提升大学生健康素养。要做好课堂教学与课外实践相协调，结合课堂教育教学内容，合理安排健康实践活动，促进大学生健康知识的运用与行为的形成。要使维护个体健康与增强社会责任相统一，既要提升大学生的健康素养，也要增强大学生在维护和促进全民健康方面的社会责任感和示范引领作用。因此，保证大学生身心健康，对大学生开展健康教育与实践指导非常有现实意义。

本书以独特的视角、全新的方位，从发现问题、分析问题、提出方案、解决问题的思路方法出发，全面阐述大学生健康教育相关理论与实践方式方法，为做好新时代大学生健康教育提供良好借鉴，为大学生健康成长和终身发展奠定基础，助力构建高质量高等学校卫生与健康教育体系，促进大学生身心健康、养成健康生活方式，培养德、智、体、美、劳全面发展的社会主义建设者和接班人。

张银霞

2023 年 12 月 25 日

目　　录

第一章　大学生身心发育及亚健康

第一节　健康与大学生健康问题

一　健康概念及其内涵

健康，是我们日常生活中经常使用的一个词语，它涵盖了个体身体和心理的总体状态。"健康是指一个人在身体、精神和社会等方面都处于良好的状态。传统的健康观是'无病即健康'，现代人的健康观是整体健康。"① 现代人的健康内容包括躯体健康、心理健康、心灵健康、社会健康、智力健康、道德健康、环境健康等多个方面，主要指身体健康、心理健康、社会健康。健康是生命存在的最佳状态，有着非常深厚的内涵。

世界卫生组织（WHO）衡量是否健康的十项标准如下：

精力充沛，能从容不迫地应付日常生活和工作。

处世乐观，态度积极，乐于承担任务，不挑剔。

善于休息，睡眠良好。

应变能力强，能适应各种环境变化。

对一般感冒和传染病有一定的抵抗力。

体重适当，体态均匀，身体各部位比例协调。

眼睛明亮，反应敏锐，眼睑不发炎。

---

① 鲍勇、马俊主编：《健康管理学教程》，上海交通大学出版社2015年版，第107页。

牙齿洁白，无缺损，无疼痛感，牙龈正常，无蛀牙。

头发光洁，无头屑。

肌肤有光泽，有弹性，走路轻松，有活力。

（一）健康的定义

健康是一个相当复杂的概念，涵盖了个体的生理、心理和社交维度。在现代，这个词的含义已经超越了单纯的没有疾病或者身体不适，已经成为一个多元的、广义的概念，涵盖了身体、精神和社会三方面的福祉，具有持续性和动态性。

1. 生理健康

生理健康即躯（身）体健康。躯（身）体健康不仅是身体的结构和功能正常，没有疾病或损伤，也包括了健康的生活方式，比如适量的运动、均衡的饮食以及足够的休息。

在现代社会，由于生活方式的改变，慢性疾病如心脏病、糖尿病、肥胖等成为威胁身体健康的主要因素。因此，保持身体健康需要长期、持续的努力，包括定期体检，保持健康的生活习惯等。

2. 心理健康

健康的定义包括精神健康。精神健康涉及个体的心理和情感状态，包括情绪稳定，无抑郁、焦虑等精神疾病，以及有着积极乐观的生活态度。精神健康对于个体的日常生活、学习工作以及人际关系都有影响。近年来，人们越来越重视精神健康，对精神疾病的理解和接纳度不断提高。

3. 社会健康

社会健康是健康定义的另一个重要组成部分。社会健康包括在社会交往中能良好适应，有积极的社会关系，没有太大的生活压力等。一些社会因素，比如贫困、教育程度、职业、家庭环境等，都对个体的健康状况有着重大影响。此外，社区和社会的健康服务资源，如医疗保健、社区支持服务等，也是影响社会健康的重要因素。

值得注意的是，健康的定义并非固定不变，而是会随着社会、科技、文化等因素的变化而衍变。例如，随着人们对生态环境重要性的认识加深，环境因素对健康的影响越来越受到重视。环境健康关注的是环境因素，如空气、水和土壤污染，以及气候变化对健康的影响，这些环境因素对人类健康构成重大威胁，包括呼吸系统疾病、肠道疾病、皮肤疾病等。

总的来说，健康是一个复杂而全面的概念，它涵盖了身体、精神和社会各方面。保持健康需要我们在生活的各个方面做出努力，包括保持健康的生活习惯，注重精神健康，积极应对社会压力，以及保护我们的生活环境。

（二）保持健康的重要性与必要性

健康不仅仅是生活的一部分，直接关乎着我们的生活质量，也是我们参与社会活动，实现自我价值，享受美好生活的基础。有了健康，个体才能应对现实生活中的各种挑战，才有力量追求其梦想和目标，才能够为未来无限潜能做保障。然而，保持健康并不简单，无论个体的年龄、背景或生活状况如何，都有责任照顾好他们自己的健康，应定期进行身体检查，保持健康的饮食习惯，进行有规律的身体锻炼，并管理其自身的压力水平。具体来说，保持健康的重要性与必要性主要体现在以下几个层面。

1. 健康是幸福感和生活满足感的关键

身体的健康状态直接影响人们的心理和情绪状态。身体是感知和体验世界的媒介，只有身体健康，精神状态才能达到最佳，一个健康的个体才能够全身心地投入他们热爱的活动中，无论是体育、艺术，还是其他的爱好，都能带来无与伦比的满足感和成就感。反之，当健康状况不佳时，可能会阻碍其参与这些活动，从而剥夺生活的乐趣。例如，健康会影响个体与他人的关系，只有在身体健康时，才有能力和精力去建立和维持与他人的联系，才能够积极参与社区活动，享受与朋友、家人的互动，分享生活的喜悦和困难，这种社会联系和互动是幸福感的重要来源。但是，当健康受损时，他们可能会感到疲惫，失去社交的兴趣或能力，甚至会因为长期病痛而陷入孤独或抑郁中。同时，健康状况也直接影响着个体的工作能力和效率，一个健康的身体可以让他们始终保持清晰的思维去处理工作中的挑战和压力。

2. 健康是构建和谐家庭氛围的关键

身体健康是构建和谐家庭氛围的基础。身体健康的个体能够更好地照顾家庭，可以支持家庭开销，同时也有更大的精力陪伴家人，参与家庭活动，能创建愉快的家庭氛围。反过来，如果个体身体健康状况不佳或生病，不仅会影响个人的工作和生活，也可能给家庭带来压力，使家庭氛围变得紧张并令人感到痛苦。健康的沟通方式也是构建和谐家庭氛围的重要因素，善于倾听，善于表达，善于理解和接纳他人，都能使家庭关系更加和睦，家庭氛围更加和谐。

3. 保持健康是社会责任的一部分

一个健康的社区需要每个成员的积极参与和贡献。只有人人身心健康，他们才能自觉自愿地为家庭、社区和工作场所做出贡献。然而，如果个体自身的健康状况不佳或较差，不仅谈不上贡献，还需要他人的帮助和照顾，这就会对他人的健康和福利产生影响。

二 大学生的主要健康问题

大学生是祖国未来建设的中坚力量，肩负着国家民族发展的希望，大学阶段是人生发展的重要阶段，处于以家庭为中心的生活模式融入集体生活的初期，也是世界观、人生观、价值观塑成的特殊时期，保持健康和促进健康是大学生自身必须关注的问题。

大学是大学生一次重要的转折点，是他们面临的新的生活环境，生活环境的变化往往会对他们的健康产生影响，因此他们需要学习适应在不同环境下如何愉快地生活的策略。大学是人群相对聚集的环境，大学生刚刚脱离父母往日的悉心照顾，生活自理能力相对较差，部分学生由于课程的繁重和时间管理的困难，缺乏足够的锻炼，可能会导致其身体免疫力下降，增加罹患传染病的风险；部分学生营养知识缺乏，对食品的加工和认识不足，在就餐时不关注环境卫生，加上忙于学业，可能会经常选择方便的快餐或者外卖，这样的饮食习惯会导致营养不均衡，增加患心脏病、肥胖和糖尿病等慢性疾病的风险；部分大学生过度依赖咖啡和能量饮料来提高精力和集中注意力，这样也会对他们的消化系统和心脏健康产生负面影响。

当然，这些问题并非大学生面临的全部问题，他们的心理健康同样值得我们关注。大学生面临学业繁重、时间紧张的情况，因为他们需要同时应对学业、工作和社交活动中各种事务，长此以往会让他们感到压力过大，甚至产生焦虑和抑郁的症状，这些心理健康问题如果得不到及时照顾和处理，会对他们的生活质量和学业表现产生严重影响。

大学生也会面临孤独和社交难题。对于许多离家上大学的学生来说，他们需要面对没有家人在身边陪伴的新环境，部分自理能力较弱的学生在很长时间里不能适应，常常感到孤独。同时，建立新的社交关系也可能给他们带来压力，长此以往，就会增加抑郁。

总的来说，大学生面临的健康问题是多方面的，与社会中成年人的健康问题既有一致性也有差异性。同时，由于大学生的心理尚未完全发育成熟，因此他们需要学习如何在繁忙的学业和社交活动中平衡他们的健康，学习如何寻找支持和帮助来应对可能出现的心理健康问题。

三　影响健康与疾病的五类因素

"美利坚大学的国家健康中心提出了一个与健康三维观相似的健康定义，即个体只有身体、情绪、智力、精神和社交五个方面都健康（也称健康五要素），才称得上真正的健康，或称之为完美状态。"这五个要素相互联系、相互影响，人在生命的不同时期，各要素的重要性会有所不同，但长久忽略一种要素就可能存在健康的潜在危险。

（一）身体健康

身体健康（体能健康）主要指无病。体能是一种满足生活需要和有足够的能量完成各种活动任务的能力，具备这种能力可以有效地预防疾病，增进健康，提高生活质量。

（二）情绪健康

情绪健康主要的标志是情绪的稳定性，即个体应对日常生活中人际关系和环境压力的能力，是一种生活中的常态，偶尔的情绪高涨或低落属于正常。

（三）智力健康

智力健康指在长期的学习和生活中，大脑始终处于活跃状态。

（四）精神健康

精神健康被称为真正的健康，或称之为完美状态。目前，常用"完美"一词来代替健康，主要包括理解生活基本目的的能力，以及关心和尊重所有生命的能力。对于不同宗教、文化和国籍的人意味着不同的内容。

（五）社交健康

社交健康指形成与保持和谐人际关系的能力，它将使人们在交往中有自信心和安全感。与他人友好相处，会使人少生烦恼，心情舒畅。

第二节　大学生的生理特征

大学阶段是人生智力发展的最佳时机，大学生处在青年中期，年龄介于18—23岁，处在人体机能发育快、趋于完善的阶段，在生理方面主要表现为身形接近成年人、身体各个器官包括内脏机能、神经系统、内分泌系统等趋于成熟，在这一阶段，性的发育也趋于成熟，逐渐向成人阶段过渡。

一　身体形态发育

大学生在大学阶段，其生长发育明显慢于中学阶段，体格发育开始进入一个成熟、稳定的发育阶段。

人体格发育的指标有身高、体重、胸围、坐高、肩宽、骨盆宽、手长、上肢长、小腿加足高、小腿长、足长、大腿围、小腿围、上臂紧围、上臂放松围15项，其中男大学生的平均身高为173cm，平均体重为58kg；女大学生的平均身高为159cm，平均体重为51kg。[①] 男女之间的身形表现出明显的差异，性别特征明显。近年来，随着生活水平的提高，男女生的平均身高均有增长，但也出现了较多肥胖现象。

大学生在大学阶段第二性征的发展趋于完善，第二性征是相对于第一性征来说的。第一性征指的是决定于遗传的生殖器官在构造上的特征，如男女婴儿在出生时，男婴就有阴茎和睾丸，女婴就有卵巢和子宫；第二性征是男女生长到青春期时，会出现一系列的变化，女性开始长腋毛和阴毛，子宫和卵巢开始发育，出现月经初潮，乳房逐渐丰满起来；男性则出现更多的体毛，喉结凸起，声音浑厚，肌肉发达。女性的青春期比男性的青春期早，女性一般在12—14岁，男性一般在13—15岁。除了第二性征之外，还有第三性征，也就是男性气质和女性气质。

大学生在大学阶段的身体形态发育特征概括而言，包括以下几个特点：

首先，大学男女生的生长速度与中学阶段相比明显放慢，其生长速度基本稳定。

其次，男女身体各部分的长度、宽度、维度的生长基本定型，各部分的受力及运动的负荷已经达到了最佳水平，接近成年标准。

最后，男生呈现出壮实的特征，女生呈现出丰满的特征。

二　内脏机能发育

内脏中心血管机能的主要指标包括脉搏、肺活量、血压等，这些

---

① 陈选华编著：《大学生心理健康教育》，中国科学技术大学出版社2018年版，第26页。

指标也是了解心脏、血管和肺功能发育的基本指标。

（一）心脏发育

1. 脉搏

由于心室舒张和收缩交替性有规律地进行，脉管会发生周期性扩张和回位的搏动，通常指动脉的搏动，在人体表可触摸到。一般来讲，正常人脉搏的频率与心率保持一致。大学生的脉搏呈现出南方高于北方，女生高于男生，总体趋于稳定的特征（见表1-1）。

表1-1　　　　　　　　　　大学生脉搏频率　　　　　　　　（次/分）

分类	男生	女生	南方		北方	
			男生	女生	男生	女生
脉搏频率	75.2	77.5	76.2	78.5	74.5	76.7

2. 血压

血管内的血流作用于单位面积血管壁的侧压力被称为血压。血压测量通常采用水银测压计，血压分为舒张压（低压）和收缩压（高压），以毫米汞柱（mmHg）为单位。

大学生血压一般情况为：

（1）舒张压（低压）

男生舒张压上限与下限为90—61mmHg，平均值为74.1mmHg。

女生舒张压上限与下限为86—56mmHg，平均值为69.2mmHg。

（2）收缩压（高压）

男生收缩压的上限与下限为140—100mmHg，平均值为118.3mmHg。

女生舒张压的上限与下限为130—90mmHg，平均值为107.8mmHg。

女性平均血压低于男性，一般男性在21岁时达到波动高峰，女性在20岁时达到波动高峰。血压亦有地域性差异，南方男女大学生的血压平均值均低于北方。

（二）肺发育

随着身体机能发育的成熟，大学生的呼吸功能明显增强，表现为肺活量的增大，呼吸频率的降低，其呼吸的频率逐渐接近于成年人的平均水平。肺活量是衡量肺功能的重要指标，是身体发育是否健康的一个指标，指一次最大限度吸气后再尽力呼出的气息量。肺活量有较大的个体差异，男性的肺活量明显高于女性，北方学生的肺活量明显高于南方学生。

1. 男生肺活量

其上限与下限为 5780—2468 毫升，平均肺活量是 4124 毫升。

2. 女生肺活量

其上限与下限为 4042—1700 毫升，平均肺活量是 2871 毫升。

男女大学生肺活量增大的高峰期在 21 岁，经常锻炼的学生的呼吸运动能力较强，肺活量较大，而缺乏运动的个体肺活量则较低。

（三）防御能力

免疫球蛋白会随年龄变化而变化，成年人体含量最高，大学生在机体趋于成熟的过程中，其免疫力逐渐加强，表现为机体产生抗体的数量、种类都在加强，因而机体的防御能力亦不断增强。

三　神经系统发育

在大学阶段，大学生的大脑、神经系统发育也趋于成熟，主要表现在两个方面。

（一）大脑质量

大脑质量从出生起逐年增长，在 20—35 岁时达到最大，35 岁之后趋于稳定，甚至出现减少的现象。大学生正处于大脑质量的高峰值，男女生的大脑质量发展存在差异，女生在 20 岁左右，男生在20—24 岁，但均在大学阶段达到最高，因此可以挑战繁重的学习任务。

（二）神经系统

神经系统由于受内分泌的影响，在 15—16 岁的青年时期容易受情绪的影响，出现情绪激动、容易疲劳的状态，到了大学阶段，大脑皮质的沟回组织已经发育完善，大脑发育趋于成熟，此时表现出的兴奋与抑制不再难以控制，而是呈现出较好的平衡性。一方面，身体分泌出较多的激素，使得大脑皮层一直处在兴奋状态，表现出思维敏捷的特性；另一方面，大脑皮质的抑制机能也能通过大脑调节来保持较长时间的注意力，不断抵抗外界刺激，便于做出理智的判断。

大学生神经系统的功能趋于健全，所以大学阶段也是观察力、想象力、记忆力、逻辑能力、动手能力培养的黄金发展时期。科学家指出，人的脑神经约有 140 亿条，在一生中一个人的大脑可以存储 1000 万个信息单位，相当于只有 1/10 的脑细胞可以发挥作用，9/10 的脑细胞处于静止状态，所以大学生应当珍惜大学阶段的宝贵时光，努力学习，科学用脑，不断扩充自己的视野，逐步促进思维发展和记忆能力的提升。

四　内分泌系统发育

内分泌系统与神经系统一样，是人体重要的机能调节系统，内分泌系统指的是全身内分泌腺，分为两类（见图 1-1）。

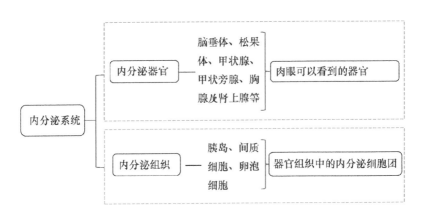

图 1-1　内分泌系统的组成

（一）脑垂体

脑垂体是人体最复杂的内分泌器官，被称为"人体的内分泌枢纽"。脑垂体可以分泌多种激素，如生长激素、催乳素、促性腺激素、促肾上腺皮质激素、促甲状腺激素、催产素等，这些激素对人的机体的生长、发育都有很大的影响。

（二）甲状腺

甲状腺可以分泌甲状腺素，其作用有三个。其一是促进代谢；其二是促进生长发育；其三是提升神经系统的兴奋度。

（三）肾上腺

在脑垂体分泌的促肾上腺皮质激素的作用下，肾上腺分泌大量的肾上腺激素，其作用有：

1. 调节糖代谢、蛋白质代谢、水和电解质平衡。
2. 调节生长发育，促进第二性征发育。
3. 提高肌肉力量，促进肌肉生长，促进身体发育。

五 性发育与生殖健康

性发育、生殖健康等方面关系到个体的身体健康，更影响到人们的心理、社会和家庭层面。正确的信息和教育在这方面尤为关键，只有这样，才能够帮助大学生群体预防多种生殖系统疾病和性传播疾病。

（一）性发育

性发育是个体生命发展中的一个关键阶段，这一时期伴随着许多生理和心理的变化。通常而言，这些变化发生在10—20岁，同时存在明显的个体和文化差异，女孩通常比男孩早两年左右进入和结束这一阶段。性发育不仅影响个体的生殖能力，还影响其社会和心理状态，因此这是一个值得重视的健康问题。

性发育的时间和进程主要受遗传和环境两方面的影响。遗传因素确立了性发育开始和结束的时间范围，但具体的时间则受多种环境因素影响，包括营养状态、一般健康状况、心理压力、社会环境等。例如，在营养充足、疾病少、压力小的环境中，孩子通常会较早进入性发育阶段。

性发育的生理机制主要是由内分泌系统调控的，特别是性激素（主要为雌激素和雄激素）。这些激素不仅影响生殖器官和第二性征的发育，还影响心理状态和行为。

对于女性来说，性发育的显著标志包括乳房的发育、月经的出现以及体内外生殖器的成熟，这些变化主要受雌激素作用，特别是雌二醇的影响。值得注意的是，月经来潮通常被视为女性生殖系统成熟的标志，但这并不意味着女性在经历月经来潮后就立即具备了生育能力，这是一个逐步发展的过程。与女性相比，男性的性发育则主要受雄激素作用，尤其是睾酮的影响。除了生殖器官的发育外，其他明显的变化还包括声音的变化、胡须和体毛的增长等。值得注意的是，虽然男性的生殖器在这一阶段发生了显著变化，但精子的生成和生育能力通常要稍后才会达到成熟状态。

性发育期不仅是生理变化的时期，还是心理和社会适应的关键阶段。这一时期，个体对于性、身体形象、社会角色等有着更多的认识和探索，同时也可能出现一系列心理问题，如焦虑、抑郁和自卑等。

总的来看，性发育处于一个复杂而重要的生命阶段，会受遗传、环境、生理和心理等多种因素的影响，因此提供科学的健康教育是非常必要且有益的。健康教育不仅包括生殖健康、避孕、性传播疾病的预防等方面的知识，还要注重知识传播途径和方式的科学性及有效性。通过健康教育，不仅可以帮助年轻人更好地理解和管理他们自身的身体，还可以预防一系列可能出现的健康问题。正确的教育和引导不仅能帮助大学生更好地适应这一阶段，还有助于早期预防生殖健康相关问题。因此，我们应给予这一主题足够的重视，并采取相应的教育和干预措施。

（二）生殖健康

生殖健康为生理学领域的专用术语，在人体身心健康发育的历程中，生殖健康的重要性始终无法忽视。对于大学生而言，虽然他们距离婚姻生活还有一段时期，但是关于生殖健康的知识仍需提早了解。简单来说，生殖健康表示人们能够有满意而且安全的性生活，有生育能力，可以自由决定是否生育，何时生育，及生育子女的数量。具体来讲，生殖健康包括生理方面与心理方面的双重内涵。在生理方面，生殖健康关注的核心是生殖系统的正常功能和状况，包括但不限于月经周期、排卵、精子质量以及怀孕和分娩等过程。针对这些方面的科学研究和医学检查，如超声波、体液测试等，都为确保生殖健康提供了有力工具，包括对生殖器官疾病的诊断和治疗，如多囊卵巢综合征、子宫内膜异位症、前列腺炎等。在心理方面，生殖健康包括性认知、性态度、性行为以及性关系等。例如，心理压力、性别认同问题、性暴力和性侵犯等都会影响个体的生殖健康。因此，对于生殖健康的全面关注也需要包括心理咨询和心理教育。在一定程度上，生殖健康与公共健康问题密切相关，如性传播疾病（艾滋病、梅毒、淋病等）的预防和控制，通过健康教育、疫苗接种以及正确使用避孕工具等方式，能有效地减少这些疾病的传播，对于已经感染的个体，提供及时和有效的医疗服务是维护生殖健康的必要措施。

在现代社会，尽管科技发展给生殖健康带来了很大的便利，但与此同时，环境污染、生活压力、不健康的饮食和生活习惯等也给人们的生殖健康带来了诸多挑战。例如，一些环境激素和食品添加剂被怀疑可以影响生殖系统的正常功能。因此，除了医学治疗和心理关注外，改善生活环境和生活习惯也同样重要。

综上可见，生殖健康是一个多维度、多层次的问题，涉及生理、心理、社会和文化等多个方面。要真正实现生殖健康，需要个体、家庭、社会以及政府等多方面的共同努力，通过综合性的教育、科学的医学服务、人文的心理关注以及合理的社会政策，我们才能更好地维护和促进每一个人的生殖健康。

六　疾病预防

疾病预防是医学和公共健康学领域的一个重要组成部分，其核心目标是通过各种手段和方法减少或避免疾病的发生、传播和恶化。疾病预防不仅能提高个体和群体的健康水平，还能显著减少医疗系统的负担和社会经济成本。

疾病预防的基础是科学的健康教育和公众宣传。健康教育主要通过对健康的基础知识、传染病的传播途径、慢性非传染性疾病相关危险因素等知识进行普及和强化，不断提高公众的健康意识和自我保健能力。公众宣传需要借助媒体、学校、社区等多种渠道进行，使人们了解健康相关危险因素如吸烟、高糖高脂高盐饮食、缺乏锻炼等不良生活习惯与心血管疾病、糖尿病、高血压、肥胖等疾病之间的紧密关系。

预防措施也涉及多种医学手段，包括预防接种、定期体检、早期诊断和早期治疗等。例如，通过流感、麻疹、宫颈癌等疫苗的普及接种，已经成功地降低了这些疾病的发病率和死亡率。定期体检则可以早期发现慢性疾病和癌症，提高治疗成功的机会。这些手段需要医疗机构和专业人员的密切配合，以确保其科学性和有效性。

需要注意的是，疾病预防不仅仅是医疗和公共健康领域的任务，还需要社会各界的广泛参与。例如，企业和社会组织可以通过提供健康餐饮、健身设施、心理咨询等福利，促进员工和社群成员的健康。政府则应该通过制定健康政策、提供财政支持、加强法律监管等手段，来推动疾病预防控制工作的全面发展。

在现代大学生健康教育体系中，对他们进行疾病预防相关知识的普及与传播，具有很重要的现实指导意义，疾病预防与大学生的健康教育有着不可或缺的联系。大学生正处于人生的关键时期，不仅面临学业和职业的挑战，还要应对来自社会、家庭和个人层面的多种压力。在这一阶段，健康问题往往会被忽视，致使精神健康问题、生活方式疾病、性健康问题等多种潜在风险不能被早期识别，无法采取干预措施。对于精神健康而言，一方面，大学生常常面临来自学业、人际关系和未来规划的压力，这些压力可能会导致焦虑、抑郁等精神健康问题，通过健康教育，大学生可以学习如何识别压力的信号，如何运用冥想、运动和其他心理调适方法来减缓压力，从而预防精神疾病的发生。另一方面，心血管疾病、糖尿病、高血压和肥胖等慢性非传染性疾病，通常与不良的生活方式有关，大学生课业繁重且社交活动多样，往往不重视健康饮食和规律性的锻炼，健康教育通过指导他们科学地制订合理的饮食和锻炼计划，做好一级预防。同时，大学生群体处于青春期的末尾，也面临着性健康问题，性传播疾病和意外怀孕等问题不仅会影响个体的身体健康，还可以引发心理和社会问题，健康教育能够帮助大学生学会自我保护措施，做出理智的选择，科学地预防性健康相关疾病。

第三节 大学生的心理特征

在大学阶段，大学生的心理也由稚嫩逐渐走向成熟，表现为自我认识增强、自我意识强烈、思维活跃、爱好广泛、情感丰富、精力充沛、个性趋于稳定，其他的心理品质，如抗压能力、抗挫能力、团结协作能力等也得到较大提升。这一阶段，心理发展的特征表现为知识不断增长，心理成熟程度落后于知识增长速度，呈现出心身异步发展的状态。

一 大学生的主要心理特点

大学生的主要心理特点如图 1-2 所示。

（一）探索性

大学生活不仅代表了从校园到社会的过渡，而且处于寻找自我、

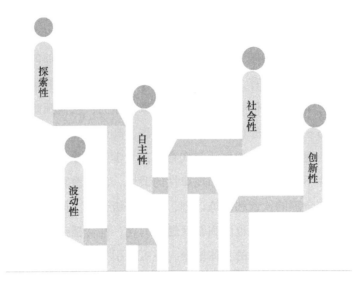

图 1 - 2 大学生的主要心理特点

认识自我以及发掘个人兴趣和目标的关键时期。

在这个时期，大学生的探索性心理特点在他们的成长和发展过程中发挥着重要作用。在提及探索性时，可以将其理解为大学生对于知识的求索和探寻。大学，这个知识的海洋，为他们提供了广阔的学术领域去勾勒、深化和拓展其知识视野，他们接触到的不再仅是中学时代那些狭窄和有限的学科，而是多元化、综合化的学术领域，包括文学、社会学、心理学、物理学、化学、经济学等。他们能够有机会探索他们自己的兴趣所在，发现他们自己在某个学科领域中的独特眼光和思考方式，从而形成属于他们自己的学术视角和创新理念。同时，他们也有机会挑战和尝试那些在高中阶段因为种种原因而没有接触到的学科，打开新的知识领域，拓宽他们自己的知识边界。

探索性体现在大学生的社交行为上。这一阶段，他们从原有的生活环境和社交圈子走出来，来到一个全新的环境，遇到形形色色的人，包括老师、同学、朋友甚至是恋人，这些全新的社交体验促使他们在实践中探索和认识自我，学习处理复杂的人际关系，从而建立起他们的社交技巧。在这个过程中，他们往往会遇到一些困扰和问题，例如人际冲突、沟通障碍等，但正是这些困扰和问题，使他们有机会去探索、去学习、去成长，进一步理解社会的复杂性和人性的多面性。

探索性在大学生的职业规划和发展上也得到了体现。对于许多大学生来说，他们首次开始真正思考他们自己的未来并进行职业规划，试图通过各种实习、工作坊、讲座和咨询等方式，去探索他们自己对于未来的设想，理解各种职业的特点和要求，以及他们自己的兴趣和能力如何与这些职业相匹配。在这个过程中，他们或许会发现他们自己之前从未考虑过的职业路径，或者对于某个职业有了更深入的理解和认识，从而对他们自己的未来有了更清晰和现实的规划。

大学生在个人兴趣的追求上也表现出强烈的探索性。在大学生活中，他们有更多的自由时间和空间去发掘与培养他们自己的兴趣爱好，无论是音乐、绘画、体育，还是写作、摄影、旅行等兴趣。他们在追求个人兴趣的过程中，不断学习、尝试、探索和创新，通过个人的努力和实践，使他们自己的生活更加丰富和多彩。

（二）波动性

波动性是大学生心理活动的显著特点，这一特点主要体现在他们的情绪和心理状态上。由于学业繁重、社交广泛、职业选择等多重因素的影响，大部分学生会经历焦虑、孤独、抑郁等情绪波动。

学业繁重是大学生情绪波动的一个主要原因。进入大学，他们面临着全新的学术挑战。学科领域的广泛性和复杂性、学习内容的深度和广度、学习方法的自主性和主动性，以及考试与评估的多样性和公正性，都可能给他们带来压力。他们必须学会如何处理这些压力，如何在压力中寻找自我，如何在压力中成长和进步。在这一过程中，大部分学生会感到焦虑或紧张，出现较大的情绪波动。

建立社交关系是大学生情绪波动的另一个重要因素。进入大学，他们离开了熟悉的环境和亲人，开始在一个全新的环境中建立新的人际关系。他们需要学会如何与不同类型的人相处,如何处理人际冲突,如何建立和保持友谊,在社交过程中会遇到一些困难和挑战,致使他们感到孤独、迷茫或焦虑。同时,他们也可能会遇到一些社交问题,如欺凌、排斥、歧视等,这些问题会加剧他们的情绪波动。

对于许多大学生来说,大学是他们首次开始思考其职业生涯的地方。他们需要了解各种不同的职业,需要思考他们自己的兴趣和能力如何与这些职业相匹配,需要规划他们自己的未来。在职业规划选择过程中,大部分学生会感到迷茫、焦虑和恐慌,会担心他们自己的选择是否正确,担心他们自己是否能如愿。这些担忧和不确定性往往会导致他们的情绪波动。

除此之外,大学生的生活方式和生活习惯也经常会导致他们的情绪波动。部分学生会因为熬夜、饮食不规律、缺乏运动等不健康的生活方式而感到疲劳和乏力,部分学生因为缺乏时间管理和自我管理能力而感到烦躁和忧虑,这些因素都可能加剧他们的情绪波动。

(三) 自主性

自主性是大学生心理特点的突出表现,这一特点在他们的学习、生活、人际关系和职业规划中均得到了广泛体现。

自主性充分体现在大学生的学术生活中。在大学里,他们不再像中学一样受到严格的教育模式和学习进度的约束,而是需要他们自主管理学习任务,自主决定学习的节奏和方式。他们需要学会如何有效地分配时间,如何平衡课程学习与自我发展,如何在课堂知识与实践经验之间取得平衡。在摸索着自学的过程中,他们经常会遇到一些挑战,如自我学习的困难、时间管理的问题等,但战胜困难,成功应对这些挑战,就能得到真正的历练,就可以学会自主学习,锻炼他们独立思考和解决问题的能力。

自主性也体现在大学生的日常生活中。进入大学,他们需要学会处理生活中的各种事务,包括饮食、健康、住宿、财务管理等技巧。

在学习如何合理安排他们自己的生活，如何保持健康的生活习惯，如何合理规划个人财务的过程中，每个人或多或少都会遇到一些困难和挑战，需要不断调整、改变、适应，以寻求适合其自身的最佳状态，也正是通过这些问题和挑战，才能锻炼他们的独自生活能力和自我管理能力，学会真正地独立生活。

自主性在大学生人际关系中也得到了具体体现。进入大学，每个学生的社交圈都会发生巨大变化，需要处理新的人际关系，包括与同学、教师、朋友和家人的关系。他们需要学会如何建立和保持健康的人际关系，如何处理人际冲突，如何独立处理各种社交问题。在这些过程中，他们同样会遇到各种问题与挑战，也只有经历过，才能真正学会独立处理人际问题的技能，提升他们自己的人际交往能力。

自主性在大学生的职业规划中发挥着重要作用。大学生需要独立思考他们自己的未来，需要确定他们自己的职业目标，制定他们自己的职业规划。他们需要学会如何在众多的行业选择中找到适合他们自己的职业，如何将他们自己的兴趣和能力与职业需求相结合，如何为实现职业目标而努力。在选择的过程中，他们经常会遇到一些困惑，如职业规划的困难、岗位竞争的压力等，但正是通过这些挑战，他们才能真正学会自主规划他们自己的未来，提升他们自己的职业竞争力。

虽然自主性带来了一系列的挑战和困难，但正是这些挑战和困难，让大学生学会了自主学习、独立生活、独立处理人际关系问题、自主规划未来，从而实现个人的成长和发展。

（四）社会性

大学生心理中的社会性特点，在大学生的生活、学习以及个人发展中都有着重要的影响。

大学生活为学生提供了一个独特的环境，在这个环境中，他们可以与来自不同背景和文化的人建立联系，发展社交技巧，以及通过各种社团活动和志愿者服务来增强他们的社会责任感和公民意识。一方面，大学生在学术方面的社会性表现在他们的学习方式和学术交流上。在大学，学习不再只是一项单一的任务，而是一个需要与他人合作、交流的过程，大学生需要参与各种小组项目，与同学一起研究、讨论和解决问题。此外，他们还需要与教授、导师和同行进行学术交流，分享他们的想法和发现。这些经验不仅能提高他们的合作和沟通能力，也能加深他们对知识的理解和应用。另一方面，大学生在生活方面的社会性表现在他们的人际关系和社交活动上。在大学，大家都有机会结交来自不同背景的朋友，参加各种社交活动，如聚会、俱乐部活动、体育活动等，这些经验可以帮助他们扩大社交圈子，提高社交技巧，让他们更好地理解和接纳不同的文化和观念。同时，这些经验也可以帮助他们建立自信，提高领导力和团队合作能力。此外，大学生在个人发展方面的社会性还表现在他们的社会责任感和公民意识上。许多大学都鼓励学生参与社区服务和志愿者活动，这些活动可以让他们意识到他们自己的行动对社区和社会的影响，帮助他们建立起社会责任感，还可以帮助他们培养公民意识，让他们了解社会问题，培养批判性思维，提高解决问题的能力。

以上这些方面，可以使大学生的社会性得到发展和强化。他们通过与他人的交往和合作，通过参与社区和社会活动，通过学习和实践，逐渐形成了他们自己的社会身份和角色，明确了他们自己的社会责任和目标，学会了如何与他人建立良好的关系，如何有效地交流和合作，如何解决社会问题，如何为社会做出贡献。

（五）创新性

大学阶段是一个关键的过渡阶段，是学生从少年步入成年的重要时刻。这个阶段，大学生的心理环境既具有挑战性，也充满着无限可能性，特别是其创新性更是值得深入探讨。

大学生的心理环境与其认知发展和社会化过程密切相关。他们开始更深层次地思考世界、自我和人生的意义，在思考过程中，他们被鼓励并期待展现出创新性。创新性不仅在于发明新技术或提出新理论，而且在于对已有知识和经验的创新应用与理解。

大学环境鼓励学生探索不同的观点，思考和讨论复杂的问题。这种环境培养了学生独立思考和解决问题的能力，使他们具备批判性思维，从而具有创新思维。这种创新思维对于他们的个人发展和社会进步都有积极作用。

大学生的心理环境也受到他们个人背景和生活经验的影响。他们带着他们自己的兴趣、才能和经验进入大学，这些都是他们创新思维的独特源泉，他们可能在不同领域有着不同的创新见解，这反映了他们内心世界的丰富多样。

综上所述，大学生的心理环境具有很高的创新性。他们处在一个充满挑战和机遇的环境中，有机会接触和探索不同的观点与经验。他们的心理环境是他们创新思维的源泉，也是他们将来在社会中成功的关键。

二　大学生的心身异步现象

心身异步现象指的是心理发育与生理发育的不同步，心理学称之为"心身异步现象"。大学生的心身异步现象分为两个时期：青春期和大学阶段。

（一）青春期

青春期一般指的是十四五岁到十七八岁，这一时期，身体发育迅速，表现为生理发育水平明显大于心理发育水平，生理发育水平是机体自然发育的过程，心理发育则是社会化的过程，青春期学生的知识、阅历、经验尚浅，因此出现了明显的心身矛盾，在成熟与幼稚之间徘徊。

（二）大学阶段

大学阶段的学生处在青年时期，这一时期他们的生理发育水平趋于稳定，心理也走向成熟，但是他们的心理发育水平明显快于生理发育水平，出现了第二次心身异步现象。

这一阶段的大学生心理发育水平较高，主要表现在四个方面。

1. 三观的树立

大学生在校期间会接受系统的教育，除了理论学习之外，还会参与大量的社会实践，在这一过程中实现了知行合一，还促进了各种思维的发展，如逻辑思维、创造思维、创新思维等。在心理发展上表现为个性的张扬、自我意识的加强、独立人格的追求，为树立世界观、人生观、价值观奠定了基础。

2. 重视全面发展

进入大学的学生，由于环境发生了变化，其学习目的不再是升学，所以会加强能力、素质方面的学习，更加注重个人价值、自我价值等问题。

3. 独立意识的发展

大学生多到外地读书，离开了父母和亲友，离开了他们自己熟悉的环境，需要适应大学这一全新的环境，在学习和生活中需要锻炼独立思考和判断的能力，培养自我的独立性。独立意识的培养为其心理成熟奠定了基础。

4. 心理发育成熟

大学阶段是大学生走向社会的最后一个阶段，因此要求大学生具备成熟的心理，这样才能成为社会需要的合格接班人。

三 大学生各阶段的心理发展

在大学阶段学生因所关注的问题及阶段目标不同，所以其心理发展也呈现出不同的特点，具体可以分为三个阶段。

（一）大学适应阶段的心理发展

大学与中学相比有着较大的差异，每个大学生都需要快速适应新鲜又陌生的大学生活，而对于初入大学的中学毕业生来说，他们需要经历身心上的考验。

在进入大学之后，他们的学习环境发生了变化，学习靠的是自主性；在人际关系上，他们会结交五湖四海的同学，同学之间在性格、生活习惯等方面有着较大的差异；在大学期间，更加注重学生的自主性培养，学生可以根据他们自己的兴趣爱好自主选择选修课程，安排他们自己的学习、休息、娱乐时间，这些都与中学阶段的学习和生活方式有所不同。

大学生在适应了大学的生活与学习之后，其心理问题开始慢慢凸显，常常出现以下常见的心理困惑。

1. 孤独

有的大学生因为从小生活在娇惯、宠溺之中，导致唯我独尊、自私自利，这就会引起一些不必要的摩擦与冲突，而在发生摩擦与冲突之后他们又无力化解，继而在心理上出现孤独与抑郁情绪。

2. 自卑

有些较内向的学生看到其他同学自信、阳光、健谈，心生羡慕，但他们却跨越不了其自身的心理障碍，便将自我与外界隔离开来。另外，高校中还有许多社团，有的学生虽然内心渴望参加，但因怯于与人沟通而产生自卑心理，陷入自我否定之中，觉得他们自己哪方面都不如其他同学。

3. 失落

有的大学生在中学时期是班里的佼佼者，经常受到老师的表扬，而在迈入大学之门后，却发现身边的人都很优秀，优越感受到了挑战，继而产生失落感。

4. 茫然

在中学阶段，学习是为了升学而努力，在进入大学之后，许多学生的人生目标尚未确立，加上大学管理也比较自由，使得许多学生一下子适应不了这种生活状态，进而失去了奋斗的方向，变得茫然无措。

有的学生因为心理素质极差而导致产生严重的心理问题，未能快速适应大学生活，从而出现休学、退学的情况，因而需要加强对这一阶段学生的心理疏导，促进大学生尽早适应大学生活，大学生只有用积极的心理去面对新的环境，找到突破口，才能迎来更好的发展。

（二）大学发展阶段的心理发展

在适应了大学初入校的情况后，大学生迎来了新的心理平衡状态，进入了大学发展阶段。发展阶段是大学生为既定目标和任务而不断努力的阶段。

这一阶段，大学生已经适应了大学生活，开始有规律地学习与生活，这段时间是大学生自我意识增长较快的阶段，其自我的心理调节能力不断提高；这一阶段是自我塑造的重要时期，大学生内心渴望成为什么样的人就会自我鞭策，按照自我独特的方式努力塑造全新的自己。大学生在塑造他们自己的过程中也会遇到各种各样的问题，将会产生焦虑心理、受挫心理，但也会获得成功的喜悦，可以说，这个阶段是一个丰富多彩的阶段。大部分大学生在发展时期还会迎来恋爱期，会寻找志同道合的恋爱对象，在恋爱中体会爱情的甜蜜与负担。总之，这个阶段的大学生在心理上逐渐变得成熟，因为丰富的经历而积累起许多宝贵的经验。

（三）准备就业阶段的心理发展

这一阶段是大部分大学生最后的学校时光，他们在身份上开始由学生转向社会从业者，其面临的环境和挑战的角色再一次发生变化，与刚入校的大学生相比，本阶段大学生的身心走向成熟，能从容地面对发生的危机与挑战。这一阶段，大学生会接受正规的专业训练，在心理上表现为自我意识较强，对未来充满幻想，尽管这些幻想与实际的生活可能有一定的差距，但这是这个阶段的学生都会经历的过程。这一阶段的大学生对其自我职业发展有了一定的规划，为走向社会做了一定的心理准备。这一时期，大学生主要面临的心理困惑是就业还是考研，毕业后与恋人的关系，就业的取向及工作选择等。总的来说，这一时期是对大学生的综合考验，促使其做出一些选择，增强其自我承担能力与选择能力。

四　大学生心理发展的一般性特征

（一）大学生的思维特点

在大学阶段，由于在生理方面趋向成熟，各腺体分泌激素促使其身体处在一个最佳的状态，因此，大学生具有思维敏捷的特点。思维敏捷不仅表现在思维的广度上还表现在深度上。这一时期，大学生开始用他们自己的观点来看待世界，但思维偏向片面化、简单化。另外，大学阶段的学生已经具备一定的创造性思维能力，怀疑精神就是其中的一种，所以大学生出现对事物质疑的现象。随着知识与阅历的提升，大学生的思维能力有了全面的提升，他们不再单一地看问题，而是结合其自身的经验来考虑问题，关心事物之间的关联性，还会依照一定的逻辑思维进行推理，从而得出结论。

大脑通过对客观现实的概括形成了思维，这是认识事物的高级阶段，思维的本质是对社会的认识，是通过分析与综合体现的。思维能力指个体认识客观事物及其规律的能力，思维能力是智力的核心。大学阶段学生的思维已经发展为理论型思维，其思维具有独立性、批判性、独创性，能通过理论基础知识分析的方式认识和处理复杂事物之间的关系，能从复杂的理论中梳理出发展脉络。这一时期，大学生渴望透过事物的现象去探索事物的本质，不喜欢因循守旧，习惯独辟蹊径，取得独创性的新见解。

（二）强烈的求知欲，对未来充满渴望

大学阶段的心理需求主要有以下几种。

1. 维持生存与享受物质的需求。

2. 求知、求新、求美、求上、求索的需求。

3. 交往、交流、交际、助人、奉献、认可的需求。

4. 自尊、自立、自爱、自信、自强的需求。

5. 强壮体魄的需求。

6. 性的需求。

大学生因为获得的认知偏理论，因此怀着极大的热情来展现他们自己的蓬勃向上，渴望为国为民做出贡献，他们富有热情、充满理想，积极向上。但理想与现实之间存在着差距，所以大学生不得不面对各种各样的矛盾，如性格内向与渴望交际的矛盾、独立与依赖的矛盾、求知欲与能力低的矛盾、情绪与理智的矛盾、自我意识与社会规范的矛盾，等等，这些矛盾导致情绪的两面性，时而积极向上，时而消极落寞。大学生还会面对各种各样的心理落差，如随着知识与阅历的成长，大学生渴望得到他人的认可，一旦别人和自己的期望相悖，就会悲观失望；在处理事情的时候满怀信心、急于求成，遭遇挫折时，就会情绪激动，难以平复，这些都是大学生的心理特征。

（三）注重自我认识与自我评价

大学生既是自我认识与自我评价的主体，也是自我认识与自我评价的客体。他们会经常自我审视其自身的行为，不断反思，认识自我，超越自我，大学生的脑海中时常会浮现出"我是什么样的人""我应该成为一个什么样的人""我该怎样发展自己""我的优点与缺点是什么"，等等，这些问题是大学生经常思考的问题。在审视思考过程中，大学生会体验到激动和喜悦，也会因为不足而感到茫然和无措。

这一阶段，大学生有着强烈的了解他自己的愿望，但由于缺乏必要的认识自我的经验，这并非一件容易的事情，有的大学生盲目乐观地肯定自我，有的大学生悲观消极地否定自我，这两种倾向都是阻碍自我发展的方式。因此，大学生要勇于面对他们自己，大胆展现他们自己，客观分析他们自己，不断参加社会实践活动，通过反思、对比的方式获得自我认识与自我评价。

（四）复杂而丰富的感情

大学生有着复杂而丰富的感情。

1. 注重独立，有较强的自尊心、自信心、好胜心。

2. 注重探索，有较强的好奇心和探索欲。

3. 勇担责任，有着"天下兴亡，匹夫有责"的责任感。

4. 追求真理，常常善恶分明、疾恶如仇。

5. 追求真善美，向往纯洁的爱情与友情。

大学生是一个活跃的群体，既具有创造性，还具有无穷的活力。大学生因为具有一定的知识储备，开始综合运用知识开展分析和探索，因此有着较强的探索欲，同时由于其经验不足而可能会导致失败，致使各种情绪都呈现出来，因而大学生情绪上有着较大的波动性。其常常会因为一首歌、一个眼神、一个感人的故事、一个善意的谎言而产生百转千回的情绪体验。调查表明，在大学生群体之中，有超过七成的大学生的情绪会出现两极波动，其情感就如同波动的曲线，忽高忽低，忽快忽慢。

（五）独立与依赖

大学生在大学阶段会产生独立与依赖的矛盾心理。一方面，大学生已经成年，他们在内心深处强烈渴望社会能用成人的眼光来看待他们，加上大学生进入大学之后有了更多的独立自主意识，所以他们标榜独立、渴望独立。另一方面，大学生由于社会经验、人生阅历不足，在解决较复杂的问题时，会表现得惊慌无措，他们会寻求父母、朋友的帮助，且大学生的经济来源主要是家庭提供，经济上的不独立也无法做到人格上的独立，所以大学生会体现出独立与依赖的矛盾，这一矛盾时常扰乱着他们的情绪。

（六）理想与现实的差距所产生的矛盾

大学生正处在意气风发的时期，有自我追求与远大理想，对未来有着美好的憧憬，在个性上追求独立，在心理上追求自立。然而，大学生对在现实生活中所遭遇的打击承受力不足，所以很容易产生受挫心理。例如，在学习成绩上，自我预期与实际成绩的差距很大；在人际关系上，他们自己或许没有想象中那样受其他同学的重视和爱戴；在恋爱上，喜欢用试探的手段来考验对方，发现对方并没有所期许的那样美好，以上种种都会造成理想与现实之间的巨大反差，从而使他们产生受挫感。有的学生能自愈恢复，有的学生则会产生悲观的情绪，严重的还会产生绝望的情绪。

（七）性成熟与性心理之间的矛盾

在大学阶段，大学生生理发育已经趋向成熟，因此恋爱也成为校园生活的一项内容。此时的大学生有了较为明确的恋爱方向，即将其自我打造成什么样的形象来吸引异性的关注，以及追求什么样的异性作为他们自己的恋爱对象。恋爱阶段是大部分学生在大学时期的必经阶段，虽然性的生理发育已经趋于成熟，但性心理及性意识等还处于初级阶段，表现为不了解对方的心理，难以把握与异性之间的关系，加上他们尚未走向完全独立，会受多方力量的影响，从而带来苦闷与不安。有的大学生未在大学阶段谈恋爱，还会产生自卑、自我否定的想法，这也不利于大学生自身的发展。大学生在性心理上的烦恼多较隐晦，常不好意思向身边的人说起，因此很多学生选择默默忍受，没有勇气道出心事，反而加剧了这方面的心理困惑。

以上是大学生心理的主要特征，虽然有各种矛盾，但其自我更新的内驱力，可以帮助大学生的心理逐渐走向成熟。

第四节　大学生的亚健康

一　亚健康的概念及其内涵

亚健康状态是机体介于健康和疾病之间特殊的、动态变化的阶段。这种临界状态又称为人体的"第三状态"或"灰色状态"，此种状态虽然无明确的器质性疾病，但却呈现生命活力降低、生理功能减退、各种适应能力减弱，既可以是疾病的前奏，也可以因处理得当而恢复到健康状态。①

亚健康在生物医学范畴内没有明确的病理变化和阳性体征，各种实验室检查也多为阴性，机体的变化仅限于功能失调，并不影响机体的整体功能，却存在着许多主观不适感和症状，伴随着各种本能行为障碍或自主神经功能紊乱。症状轻重程度不一，差异很大，可以同时或交替出现或与疾病并存。

（一）亚健康的定义

亚健康的理论产生于 20 世纪 80 年代，世界卫生组织认为：亚健康状态是健康与疾病之间的临界状态，各种仪器及检验结果为阴性，但人体却有各种各样的不适感觉。这是新的医学理论、新概念，也是社会发展、科学与人类生活水平提高的产物，它与现代社会人们的不健康生活方式及所承受的压力不断增大有着直接关系。

在当代社会，亚健康人群的比重越来越大，世界卫生组织（WHO）的一项全球性调查表明，全世界真正健康的人仅占 5%（第一状态），经医生检查、诊断有病的人也只占 20%（第二状态），75% 的人处于健康和疾病之间的过渡状态，世界卫生组织称其为"第三状态"，国内常称之为"亚健康状态"。亚健康正成为威胁全球的世纪病，国内外纷纷掀起研究的热潮。值得注意的是，据"21 世纪中国亚健康市场学术成果研讨会"提供的有关统计资料，我国约有 15% 的人是健康状态，15% 的人是非健康状态，70% 的人呈亚健康状态，即我国目前约有 70% 、约 9 亿人处于亚健康状态。

亚健康处在健康与疾病之间，虽然没有明确的疾病表现，可以维持基本的生活与工作，但不可忽略，亚健康可能向健康状态转变，也可能向非健康状态转变，所以应当重视亚健康，加强保健措施，提高人们自身的免疫力水平。如果不加以重视，不进行早期干预，将会进

_____

① 崔天国、王鲁奎、荣宝海主编：《全科医师手册》，河南科学技术出版社 2021 年版，第 1266 页。

一步恶化，导致疾病的发生。

（二）亚健康分类

亚健康根据其表现的状态不同，可以分为躯体亚健康、心理亚健康、社会适应性亚健康、道德亚健康四个方面（见图1-3）。

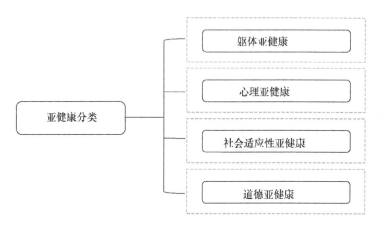

图1-3　亚健康的分类

1. 躯体亚健康

躯体亚健康主要表现为不明原因的不良症状，或者排除疾病原因的身体不适。常见的临床表现如下。

（1）"不定陈述综合征"——身体感到不适，但难以确诊。

（2）某些疾病的前期表现　——身体疲惫、全身不适、夜间盗汗、腰酸背痛、月经不调等现象。

（3）"不明原因综合征"——神经衰弱综合征、更年期综合征、疲劳综合征等。

（4）病源携带状态——乙肝病源携带者、肺结核病源携带者等。

（5）临床检查的高、低限值状态——血脂、血压等指标过高或过低。

（6）高致病危险因子状态——肥胖、吸烟、酗酒、紧张等。

2. 心理亚健康

心理亚健康主要表现在情绪上的焦虑、急躁、抑郁、担心、恐慌、自卑、失望等状态，有的还会出现失眠多梦、注意力不集中、记忆力差、反应迟钝等问题，这些情绪如果得不到及时排解，会造成心理上的疾病，还能够诱发如心脏病、癌症等疾病。

当心理处在亚健康状态时，个体会对周围的环境及挫折产生过度解读，通常会表现出消极、被动的情绪。

3. 社会适应性亚健康

社会适应性亚健康多表现出社会工作、学习、生活等环境上难以适应，与他人之间的交往出现困难，导致人际关系紧张。随着社会的发展，各方面节奏的加快，人们接收信息的范围与速度与以往相比大大扩展了，而人与人之间的关系逐渐淡化。导致这一结果的原因有很多，受教育程度、独立意识、个性强、竞争积累、利益冲突等都是导致人际关系淡化的原因。处在社会适应性亚健康状态下的人，表现出更大的孤独感，进而将他们自己封闭起来，产生社会不适应症状。

4. 道德亚健康

道德亚健康主要表现为信息化时代下，受一些消极三观影响的，不利于人们自身健康发展的状态。出现道德亚健康，将直接影响人们的行为和习惯，严重者还会做出违法违规的行为，最终受到法律的制裁。

二 大学生亚健康表现及产生原因

亚健康普遍存在于社会各个年龄阶段的人群中，大学生是未来社会建设的栋梁，肩负着建设国家、实现其自我价值的任务，大学生多处在身心发育的黄金阶段，需要重视大学生的健康问题。当前高校中亚健康群体占有很大的比例，所以大学生亚健康问题也将是高校建设的重点。

（一）大学生亚健康的主要表现

社会发展速度加快，社会竞争异常激烈，这就要求大学生的抗压能力、承受能力越来越广泛，因此，大学生也成为亚健康群体的一部分。

大学生的亚健康主要体现在以下几个方面：

1. 早晨不能按时醒来，醒后无力起床，情绪消沉。

2. 抬腿无力，走路沉重，心慌气短。

3. 喜欢封闭在他们自己的世界中，不愿意交流，不想参加集体活动。

4. 说话有气无力，懒得说话。

5. 上课意愿一般，不愿回答问题，觉得老师的提问毫无意义。

6. 懒散不愿意行动，课间经常发呆。

7. 说话、写字经常说错或写错。

8. 记忆力下降，反应不够敏捷。

9. 没有食欲，厌恶油腻，口苦无味等。

10. 偶尔出现头晕、眼花、耳鸣等情况。

11. 失眠多梦，入睡困难。

这些情况是人体疲倦的状况或是疾病的征兆，如果有上述 2—4 项，说明有轻微的疲劳，需要及时休息和放松，如果有 5 项及以上的情况，说明不仅重度疲劳，还可能存在着疾病隐患。一般来说，疲劳分为体力疲劳、精神疲劳、病态疲劳、慢性疲劳，如果疲劳得不到及时恢复，长期下去就会积劳成疾，因此必须加以早期识别，及时调整，尽快从疲劳的状态走出来。

（二）大学生亚健康产生的因素

1. 学习上的压力

大学生学习上的压力主要来源于毕业要求、竞争和考试。大学课业负担较重，有学分和考级要求，有的学生心理素质较差，有的学生没有掌握很好的学习方法，有的学生为了考取各类证书而奔忙等，致使学习效率低下，从而产生较大的学习压力。

如果长期得不到调整缓解，大学生的精神一直处于高度紧张的状态，他们就会出现焦虑、强迫等心理。

2. 不健康的生活方式

与中学相比，大学生的自由度大大提高了，但大多数的大学生缺乏生活管理能力，不健康的生活方式比比皆是，如有的大学生吸烟、喝酒；有的大学生沉迷于网络，特别是网游，经常熬夜打游戏；有的大学生饮食不规律，常常暴饮暴食；有的大学生常年不运动导致身体素质极差，这些虽然是生活中的小问题，但如果缺乏自律，使其长期发展的话，就会逐渐养成不良生活习惯，侵蚀健康，最终导致亚健康，引发疾病。

3. 生活事件

生活事件指的是大学生除学习上的困惑外，导致其亚健康的其他生活事件。有的学生上课迟到、早退、旷课，期末考试挂科，导致师生关系不和谐；有的学生在大学期间沉迷于恋爱，荒废了学业；有的学生恋爱经验较少，经常与恋爱对象争吵，有的在分手后又心有不甘，走上极端，造成校园突发暴力事件；有的学生因为从小娇惯，在学校也是以自我为中心，造成与舍友、同乡关系的紧张。对于积极向上、性格开朗的大学生来说，可以及时加以开导，使其释放不良情绪，想办法化解矛盾，恢复正常的校园生活；对于那些性格内向的学生，他们则会感到压抑，或过分地怨天尤人，或过分地贬低他们自己，这些都会影响大学生的身心健康。

4. 择业就业

当代大学生的就业模式是自主择业，这是社会发展的必然阶段，自主择业将会给大学生带来前所未有的挑战。随着自主择业的深入，择业的竞争日益激烈，大学生的择业心理也发生了变化。一方面，大学生渴望通过公平的竞争获得单位的认可，找到心仪的工作，以此证明他们自己的价值；另一方面，大学生在择业的时候又表现出明显的自信心不足，且害怕在竞争中失败。大多数的毕业生都是在这样的心理中度过的，因此毕业季也成为导致大学生亚健康的主要因素。

5. 现实因素

在高校里，有相当一部分的学生来自农村，有的是家庭特别困难的学生，经济上的困难加上见识、阅历的不足，会使他们产生自卑的心理。大多数困难学生比较要强，他们很少与其他同学进行交流，希望通过学习来充实他们自己，但有时定的目标太高，急于求成，给了他们自己很大的压力。有的学生经过一段时间的适应能与大多数学生融为一体，有的则仍然敏感而自卑，严重的还会发展成自闭症，这些现象都是大学生亚健康的诱因。

6. 自然环境

大学生生活自理能力较差，尤其是大学一年级新生，对新的地域环境不适应，或不熟悉，在换季的时节，不能及时增减衣物，对日常饮食不注意，常常感觉困乏、不适，甚至频发感冒、腹泻等疾病。有的地区连续的阴雨天气也会造成一种压抑的感觉，这也是大学生亚健康产生的一个原因。

三 大学生亚健康表现的流行病学特征

亚健康状态如果不及时调整和处理，往往会逐渐发展为具体的疾病。所以，亚健康是一个重要的预警信号，提示我们需要关注自己的生活方式和健康状况，适时调整，以维持健康。

亚健康并不意味着你已经生病，但它是一个预警信号，提示你可能正朝着不健康的方向发展。因此，我们需要积极地管理自己的生活方式，如注意合理的饮食、适当的运动、充足的休息，保持良好的心理状态等，以维持我们的健康状态。亚健康的具体表现如下。

(一) 生物节律失调

生物节律失调是指人体内环节的运行时钟（生物钟）被打乱，导致了一系列健康相关问题。人体的生物节律包括睡眠—觉醒周期、体温周期、荷尔蒙分泌周期等，所有这些周期都是由大脑生物钟控制的。生物节律失调可以导致许多症状和问题，包括失眠、过度睡眠、心理紧张、焦虑等，有时这些症状也许会被误诊为神经衰弱或失眠症，其治疗方法不同，生物节律失调的治疗包括光疗、药物治疗、认知行为疗法等。特别要注意，如果怀疑是生物节律失调，就应该及时咨询医生或其他医疗专业人士。

（二）健忘

健忘通常被认为是记忆力的减退或丧失，主要表现为近期记忆力下降，但长期记忆不受影响。例如，一个人或许会忘记他在早餐或午餐时吃的是什么，或者忘记了刚刚把钥匙放在哪里，尽管这种状况有时会被误解为中老年人的正常衰老过程，但事实上，也可能是其他问题出现的迹象。近期记忆力丧失是由多种原因引起的，其中一些常见的原因包括应激、抑郁、睡眠不足、药物副作用、营养不良、过度饮酒等。此外，一些疾病和症状也能导致近期记忆力丧失，如阿尔兹海默病、脑血管疾病、甲状腺功能异常等。针对健忘，有多种处理方式和策略可以帮助改善记忆力。例如，保持健康的生活方式，包括均衡饮食、充足的睡眠和定期锻炼，这些都被认为能够提升大脑功能和记忆力。此外，记忆训练也可以帮助提高记忆力，例如使用记忆工具和技巧，如创建提醒机制，维持清晰的日程计划等。

尽管健忘常被认为是衰老的正常反应，但如果记忆问题开始影响到日常生活，就应该咨询医生或其他医疗专业人士，通过一些专业测试或者评估来确定是否存在更严重的健康问题。

（三）食欲缺乏

食欲缺乏是一种常见的症状，指的是人们在面对美食时，没有一点食欲，甚至在看到食物时就感到厌烦。虽然这种症状经常被误认为是消化系统疾病的表现，但事实上，食欲减退也是由多种原因导致的，如烦躁、焦虑、抑郁等心理因素，是引起食欲缺乏的常见原因。当人处于持续的负面情绪里时，身体会释放出压力激素，会对食欲产生负面影响，情绪的波动也会导致食欲改变，一些人在心情低落或焦虑时食欲就会下降。另外，一些身体健康问题也可以导致食欲缺乏，包括慢性疾病（如肾病、心脏病）、感染、荷尔蒙失调（如甲状腺功能减退）、口腔问题等。

（四）情绪化反应

情绪化反应是一种情绪不稳定的状态，表现为容易激动、烦躁，且容易失去自我控制力，喜怒哀乐会在不经意间转换。这可能会导致极端化的思维和行为，甚至感到精神崩溃，尽管这种状况会被误诊为精神疾病的早期阶段，但事实上，它也与多种因素有关。精神因素（压力过大）、身体因素（睡眠不足、营养不良）、焦虑症、精神分裂症、双相情感障碍等都能够导致情绪化反应。当一个人承受着过大的压力时，会有过度的情绪反应，尤其是当他没有足够的压力应对机制或者休息时间的时候。过度饮用含咖啡因的饮料也会导致情绪反应过度。

（五）抑郁或情绪低沉

抑郁或情绪低沉是一种常见的情绪状况，表现为对任何事物都缺乏兴趣，没有好奇心和新鲜感，经常感到孤独、无助和前途无望。这种情绪状态可能会导致个体不愿参加社交活动，同时也会伴随一系列的身体症状，如嗜睡、失眠、食欲减退、性欲下降或性功能障碍，这些症状常会被误认为是抑郁症，但实际上，它们是由其他因素引起的躯体不适感，在诱因消除后，大部分可以恢复正常。

值得注意的是，抑郁或情绪低沉或许是临床抑郁症的表现，如果情绪低沉持续时间长，严重影响生活质量，那么应该寻求专业的医疗帮助。抑郁症是一种严重的精神健康问题，需要通过专业的心理治疗和（或）药物治疗进行管理。

（六）焦虑不安

焦虑不安是一种常见的情绪状况，主要表现为经常坐立不安，对未来充满忧虑，或者持续地担忧某个人或某件事，无法从这种困扰中解脱出来。尽管这种情况会被误认为是精神分裂症的早期症状，但事实上，它往往与其他的心理健康问题有关，如焦虑症或恐慌症等。

（七）疲乏无力

疲乏无力是一种常见的身心症状，表现为体力或精力的显著下降，由一种或多种精神因素引发，甚至有阶段性疲劳的表现，也常常伴随着其他症状，如头晕、眼花、心慌、胸闷和食欲缺乏等。虽然疲乏无力有可能被误诊为白细胞减少症或贫血，但实际上也可能是其他原因引起的身心不适。

（八）头痛、胸闷、气短

头痛、胸闷和气短是十分常见的躯体不适症状，经常成为人们寻求医疗帮助的主要原因，这些症状在没有心脏疾病证据的情况下，会被误解为心脏问题的表现。然而，它们实际上可能源于一系列其他的身心健康问题，需要进行全面的医学检查后才能确定。例如，头痛可以由许多不同的因素引起，包括焦虑、抑郁、睡眠不足、用眼过度，甚至是饮食中含有特定的食物或物质，胸闷和气短常见于呼吸系统或心血管系统疾病，但也可能是心理问题引起的躯体反应。

（九）泌尿和消化系统症状

泌尿和消化系统症状是常见的健康问题，表现为尿频、尿急、尿液颜色变深或者泡沫多，也会出现大便稀、腹泻、便后不适或者腹痛等症状。然而，即使有这些症状，在体检时也可能找不到明确的疾病依据，在排除泌尿系感染、胃肠炎、菌痢等明显的病因之后，才能确定这些症状或许源自其他的健康问题。

（十）肢体不适

肢体不适是一种常见的症状，可以在四肢或躯体上表现为麻木、瘙痒、酸痛，或者有虫叮感、蚁行感等异样感觉，这些症状可能源自多种原因，因此在进行评估和处理时需要与许多潜在的疾病和药物反应加以鉴别。例如，肢体麻木常见于神经系统问题的症状，如神经病变、多发性硬化或中风等；而酸痛往往与肌肉骨骼系统的问题有关，如关节炎或肌肉疲劳；瘙痒多与皮肤病、过敏反应或肝胆疾病有关；而蚁行感和虫叮感可能是感觉神经受损或受刺激的结果，例如在外周神经病、糖尿病神经病变或脊柱问题中会出现。

（十一）免疫功能低下

免疫功能低下是机体抵抗力下降状态的一种体现，在这种状态下身体可能会出现全身乏力、流鼻涕、打喷嚏、咽喉不适等类似"感冒"一样的症状，甚至频发口腔黏膜溃疡等，也可能出现皮肤轻微的细菌感染，如毛囊炎等。

四　保护大学生健康的基本策略与重点方向

保护大学生的健康是一项全社会都需要参与的重要任务。大学生是国家的未来，他们的身心健康直接关系到社会的发展。健康不仅包括身体健康，还包括心理健康等，保护大学生的健康，需要全社会的共同参与和努力，只有这样才能培养出健康、快乐、有活力的青年人才，为社会的发展做出更大的贡献。

（一）增强健康意识和自我保健能力

健康意识和自我保健能力是每个大学生都必须拥有和掌握的基本技能。在快节奏的大学生活中，如何维护其自身的身心健康，是一项持久且重要的任务。

合理膳食对健康至关重要。学生应被教导如何理解食物与健康之间的关系，培养良好的饮食习惯，营养的均衡摄入不仅能提供充足的能量支持学习和生活，也有助于增强免疫力，预防疾病。学生应懂得合理膳食并不仅仅是指选择吃什么，而且是指如何吃，什么时间吃。例如，多吃新鲜蔬果，控制糖分和油脂的摄入，合理规划三餐，避免暴饮暴食。

良好的作息习惯也是保持健康的关键。大学生应该知道，规律的作息对于身体健康有着深远的影响，不仅可以提高学习效率，还有助于稳定情绪，保持良好的心理状态。晚上应保证充足的睡眠时间，避免熬夜和过度疲劳，白天则要合理安排学习和休息时间，避免长时间连续坐立，适当的活动可以放松身心。适量的体育锻炼有助于维持健康，运动可以强身健体，提高免疫力，稳定情绪，还能培养团队精神和集体荣誉感。大学生应被鼓励找到适合其自身的运动方式，定期参加体育锻炼，无论是团队运动还是个人运动，都有益于身心健康。

良好的个人卫生习惯是维护其身体健康的基础。大学生应该了解并实践良好的个人卫生习惯，如定期洗手，保持个人和居住环境的清洁，这对预防疾病，尤其是阻断传染病的传播具有至关重要的作用。

通过系统的健康教育，可以提高大学生的健康素养，指导建立健康的生活方式，增强其自我保健能力。他们了解健康并非偶然，是通过日常的积极选择和持续的努力实现的，而系统的教育则需要学校、家庭和社会的共同参与和配合，这样才能培养出健康、自信、有责任感的年轻人，才能为社会做贡献。

（二）营造健康的生活和学习环境

营造健康的生活和学习环境是保护大学生健康的基础措施，它涉及校园的物理环境、社交环境以及心理环境。

一个舒适和安全的宿舍环境有利于学生的身心健康。宿舍应提供足够的空间，有良好的通风和采光，这不仅有助于防止疾病的传播，而且可以提供一个愉快的居住环境，安静、舒适的宿舍环境也有助于大学生的学习和休息。此外，学校应提供一些保证大学生学习休闲娱乐的公共区域，这些地方可以是图书馆、自习室、咖啡馆或者户外的公共空地等，这些区域应该设备齐全，环境优美，既有助于学生进行集中学习，同时也提供了一个可以放松和社交的空间。设施的多样性和开放性鼓励学生在学习之余寻找平衡，释放压力。

食堂的营养供给也是一个重要的环节。学校食堂应提供营养均衡、丰富多样的餐食，包含新鲜的蔬菜、水果、优质的蛋白质以及健康的脂肪，应避免高糖、高盐、高脂肪的食物供给，有助于预防慢性疾病的发生。此外，食堂还必须注意食品安全，食材的准备和处理必须严格按照卫生标准进行。

然而，生活和学习环境不仅仅是物理环境，一个健康的社交环境对学生的身心健康也有很大影响。学校应该鼓励积极、健康的社交互动，通过举办各种集体活动，如学术竞赛、社团活动、体育赛事等，提供一个展示才能，增进友谊的平台。

总的来说，营造一个健康的生活和学习环境需要从多方面入手，我们不仅要关注物理环境，也要注重社交环境和心理环境。因此，学校、学生和社会需要共同努力，只有这样，我们才能创造一个让每个学生都能健康成长的环境条件。

(三) 定期健康检查

定期健康检查是对大学生健康保护的常规工作。这不仅有助于及时发现并处理已出现的身体健康问题，也有助于引导学生建立起对健康的正确认识并形成良好的生活习惯。

学校应当组织定期的身体健康检查。这包括但不限于眼科检查、牙科检查、血液检测、身体测量等，这些基础检查有助于早期发现潜在的健康问题，比如视力问题、营养不良、贫血、超重或肥胖等。一旦发现这些问题，学校应及时引导学生采取相应的干预措施，如调整饮食、增加运动、定期复查等。

学校还要注重学生的心理健康检查。在大学阶段，学生面临着多方面的挑战，继而会产生焦虑、抑郁、适应障碍、成瘾等心理问题。学校可以定期进行心理健康问卷调查，了解学生的心理状况，并在必要时提供心理咨询和心理治疗服务，这些健康检查应该尽可能地覆盖所有的学生，无论他们是否表现出明显的心理问题。学校应该与医疗机构密切合作，以保证每个学生都能得到及时、准确、全面的健康评估。健康检查不仅是发现问题的工具，也是开展健康教育的机会，通过健康检查，学生可以更直观地了解他们自己的身体状况，认识到他们自己的健康问题，才能主动学习如何通过改变生活方式来改善和维持健康。学校可以借此机会加强对学生的健康教育，培养他们的健康生活习惯和自我保健能力。需要注意的是，在实施定期健康检查的同时，一定要尊重学生的隐私，保护他们的个人健康信息，任何健康信息的获取和使用都应遵循相关的法律和伦理规定。

总的来说，通过实施定期的健康检查，可以及时发现学生的健康问题，早期采取防控措施，同时也有助于建立学生的健康意识，形成良好的生活习惯，真正实现以预防为主，早发现、早诊断、早治疗的目标，为学生的健康保驾护航。

（四）心理健康关怀

在当今的大学生活中，心理健康的重要性不容忽视。大学生正处于人生的关键时期，他们需要面对各种挑战，构建人际关系，规划未来职业道路，这些因素都可能对他们的心理健康产生影响。因此，提供充足的心理咨询资源，建立有效的心理健康关怀体系，成为大学生健康管理策略中的必备内容。

学校应建立并维护一支专业的心理咨询队伍，他们应具备专业的心理咨询资质和丰富的实践经验。他们的工作不仅包括为学生提供一对一的心理咨询服务，帮助学生处理面临的问题和困扰，还应包括定期举办心理健康讲座，普及心理健康知识，帮助学生建立正确的心理健康观念。

大学应加大对心理健康教育和服务的投入，建立充足的心理咨询资源，这包括但不限于设立心理咨询室，购置心理咨询相关书籍资料，引入心理测评与咨询相关软件工具，等等。同时，心理咨询服务应尽可能地提供给所有学生，不论他们是否表现出明显的心理问题，预防和早期干预是心理健康工作的重要部分，对所有学生的心理健康教育和服务都不应忽视。

人际关系的处理和建设也是心理健康关怀的一部分。学校应提供相关的课程和活动，比如人际交往课程、团队协作活动等，帮助学生提高社交技巧，建立健康的人际关系。这不仅有利于他们的心理健康，也是他们未来社会生活的重要技能。

另外，大学也需要积极推动与社区、家庭、医疗机构等的合作，构建一个多元化的心理健康服务体系。通过这样的合作，可以更有效地发现和解决学生的心理健康问题，同时也可以为学生提供更丰富、更个性化的心理健康服务。

在关注大学生的心理健康时，一定要尊重他们的个人感受，真诚地倾听他们的需求，提供无判断、无负担的咨询环境。这种尊重和理解是建立信任关系，进行有效心理咨询的基础。

总结而言，心理健康的关怀是大学生健康保护工作中不可或缺的一部分。大学通过提供充足的心理咨询资源，指导大学生正确处理学习、生活和人际关系中的各种问题；通过构建多元化的心理健康服务网络，可以有效地帮助学生保持良好的心理健康状态，使他们更好地适应大学生活，实现个人成长。

（五）鼓励参与体育活动

大学生参与体育活动的重要性已经得到了广泛的认可。体育活动不仅可以提高学生的身体素质，预防多种疾病，还可以增强他们的团队协作能力，培养良好的社交技巧，甚至可以提升他们的心理健康水平。因此，鼓励大学生积极参与体育活动，是保护大学生健康的基本策略。

学校应该设置必修的体育课程。这种课程要覆盖多种体育项目，让学生有机会接触和尝试不同类型的运动。比如，团队运动中的足球、篮球可以培养学生的团队合作精神和领导力；个人运动中的跑步、游泳可以提高学生的身体素质，培养他们的自我挑战和自我管理能力。同时，必修体育课程还应该包括运动理论知识的学习，让学生了解运动的科学原理，学会正确的运动方法，养成良好的运动习惯。

学校应该鼓励学生参加各类体育社团。体育社团可以提供一个更自由、更多样化的运动环境，让学生根据他们自己的兴趣和能力选择适合他们的运动项目。同时，体育社团也是学生社交、组织活动的平台，有助于提高他们的沟通协作能力，增强社区归属感。

学校还应提供充足的体育设施和资源。例如，建设和维护运动场地，购买运动器材，安排专业的体育教师和教练，等等。充足的体育设施和资源不仅可以让学生更方便地参与体育活动，也是他们参与体育活动积极性的重要保障。

然而，鼓励大学生参加体育活动，并不意味着对他们的运动表现和成绩的过分追求。运动的目的是促进健康和发展个人技能，而不是获得竞争的优势。学校应尊重每个学生的运动能力和兴趣，鼓励他们以积极的态度参与体育活动，享受运动所带来的乐趣。

鼓励大学生参加体育活动，也是培养他们终身运动习惯的有效方法。许多研究表明，大学时期形成的运动习惯会对个人的长期健康产生深远影响。通过参与体育活动，大学生不仅可以提高他们的身体健康水平，也可以学习到如何在繁忙的生活和工作中找到时间和方式进行运动，这对他们未来的健康生活有着不可估量的价值。

总的来说，鼓励大学生参加体育活动是一个全面的、多元化的策略。不仅包括设置必修的体育课程，开设各类体育社团，提供充足的体育设施和资源，也包括尊重学生的运动兴趣和能力，培养他们的终身运动习惯。这样的策略有助于保护大学生的健康，增强他们的团队合作能力，同时也为他们提供了一个宝贵的个人发展和社交平台。

（六）健康宣传活动

大学阶段是大学生个人成长和学习的重要时期，也是建立和发展健康生活方式的关键阶段。在此期间，通过定期举办健康宣传活动，如健康知识讲座、健康生活方式推广等，对提高大学生的健康意识，培养他们的健康行为习惯具有重要意义。

健康知识讲座是一种常见且有效的健康宣传形式。学校可以邀请医疗专家、营养师、心理咨询师等专业人士，就健康饮食、运动锻炼、心理健康、性健康等主题展开讲解。这些讲座应涵盖从基础的生理知识到复杂的心理理论，帮助学生全面、科学地了解健康相关问题，引导他们形成科学的健康观念，养成良好的健康行为习惯。

健康生活方式的推广是对健康宣传的进一步实践。学校可以通过举办各种健康主题活动，如健康饮食周、运动节、瑜伽课程、健步走活动等，使大学生在参与和实践中体验和认识到健康生活方式的价值。在这些活动中，大学生不仅可以学习和实践健康知识，同时也可以感受到团体活动所带来的乐趣，提高他们自身对健康生活方式的接受度和持续性。

除此之外，借助现代技术手段，如社交媒体、网络平台等进行健康宣传，也是一种常用且便捷的健康宣传手段。通过发布健康知识文章、视频、直播等内容，可以扩大宣传的覆盖面，提高信息的传播效率。此外，还可以通过在线互动、问答等方式，激发大学生对健康问题的关注和思考，提高他们的健康意识。为了让健康宣传活动更加有效，学校还需要注重活动的针对性和实用性，不同的学生群体面临着不同的健康问题，因此，健康宣传活动应根据学生的年龄、性别、专业等的不同，设计出具有针对性的健康教育内容。同时，健康宣传活动应强调实用性，提供可以在日常生活中实践的健康建议，让学生能够将健康知识转化为实际的健康行为。

举办健康宣传活动，不仅是学校的责任，也需要学生的积极参与。学校应鼓励学生参与到健康宣传活动的组织和实施中来，让他们从参与者变为推动者。同时，通过参与健康宣传活动，学生可以增强他们自己的健康意识，提高他们自身的健康素养，这对他们未来的生活和工作都将产生积极的影响。

总的来说，定期举办健康宣传活动，是提高大学生健康意识、推动他们形成健康生活方式的重要途径。通过开展多元化的健康宣传活动，可以从多方面、多角度提升大学生的健康素养，使他们在享受大学生活的同时，也能保持良好的身心健康，为未来的生活打下坚实的健康基础。

（七）药物和疾病预防

药物和疾病预防是大学生健康保护策略中的重点。在这方面，主要包括对传染病的预防以及对常见疾病的及时救助和治疗，这既需要大学生本身具备基础的医疗常识和自我保健能力，也需要学校提供必要的医疗服务和支持。

在传染病预防方面，疫苗接种是最为有效的手段。学校应与公共卫生机构、医疗机构合作，为学生提供必要的疫苗接种服务，比如流感疫苗、宫颈癌疫苗、乙肝疫苗等。这种合作不仅可以确保学生得到有效的防护，也可以帮助学生了解并形成正确的预防接种观念，增强他们的自我保护意识。此外，学校还应定期组织传染病防控教育，如新型流感病毒防控、艾滋病防治等，以进一步增强学生的防病意识和自我保护能力。

对于常见疾病，大学生自身在一定程度上可以通过健康生活方式和自我保健措施进行预防，比如规律作息、均衡饮食、适量运动等。然而，一旦出现疾病，及时的救助和治疗就显得尤为重要。学校应该设立校医院（室）或者与医疗机构合作，提供专业的医疗服务，以便学生在出现疾病症状时能够得到及时诊治。同时，学校还需要培养学生的急救意识和技能，比如通过开设急救课程、组织急救演练等，使学生在面对突发健康状况时能够进行初步的自我救护或同伴救护，减少疾病对健康的威胁。

大学还应致力于创造一个有利于大学生健康的环境，包括提供清洁卫生的生活场所、严格监控食品卫生安全、设立室内外运动设施等。特别是在流行病高发期，更需要加强公共区域的清洁卫生，避免疾病的传播。

在药物使用方面，学校应通过健康教育课程，让大学生了解合理用药的重要性，知道何时、何种情况下需要用药，如何正确使用药物，避免因药物使用不当所导致的健康问题。另外，学校也需要提供必要的药物服务，比如设立校医院或者药品发放点，提供常见的、必要的药品，以便学生在需要时能够及时获取。

总之，药物和疾病预防是保护大学生健康的关键环节。大学生在这一阶段，既需要学习专业知识，又需要养成健康的生活方式，同时还要掌握一些基础的医疗知识和技能。只有这样，他们才能够在保护其自身健康的同时，为社会的发展做出积极的贡献。

第二章　大学生健康相关行为

第一节　行为与健康相关行为

一　行为

"行为"是一个复杂且含义广泛的概念，通常用于描述生物，特别是人类所展示出的动态活动或响应。它涵盖了一系列包括反应、活动、移动、态度、决策等在内的主动或被动的动作。

行为具有多样性和复杂性。简单的行为可以是生物学反应，例如单细胞生物对环境刺激的反应，或者植物对光源的转向生长；复杂的行为则涉及一系列认知过程，如计划、决策和解决问题。在人类中，行为往往被看作个体与环境交互的一种方式，而这种交互通常是目标导向的，且在特定社会和文化的背景下发生。

行为的产生受到生物因素、环境因素、社会因素等多重因素的影响。从生物角度来看，行为是生物体内神经系统和内分泌系统的复杂反应，人类的行为主要受到大脑，特别是前额叶和边缘系统的控制。环境因素，如气候、食物供应、捕食者压力等，也会影响生物的行为。而在人类社会中，行为受社会规范、文化、教育、生活经验等社会因素的深刻影响。

在研究行为时，科学家采用多种理论和方法，例如观察、实验、比较研究、建模等。心理学、神经科学、社会学、生态学、进化生物学等学科都从它们各自的视角研究行为。比如心理学中的行为主义，主张通过对行为的观察和测量来研究心理活动，认为行为是外部环境刺激引起的反应，而认知科学和神经科学则强调大脑在行为产生中的重要作用，试图揭示大脑如何产生、控制和调节行为。

行为的理解和预测对许多领域都具有重要意义。在心理咨询和治疗中，理解个体的行为可以帮助发现和处理心理问题；在教育中，理解学生的行为可以帮助改善教学效果；在市场营销中，预测消费者的购买行为是制定营销策略的重要环节。此外，研究行为对社会政策制定、环境保护、动物福利等多个领域的影响也具有重要价值。

然而，行为研究同样面临着一些挑战。例如，行为的复杂性和多样性使得其难以被准确地预测和控制。此外，由于行为受到个体差异、社会文化等因素的影响，因此从一个文化或群体中得出的结论并不能直接应用于其他文化或群体。对此，研究者需要采取多元化的研究方法和跨学科的研究方式，以全面、深入地理解行为。

总的来说，行为是生物，特别是人类，与环境交互的重要方式，它涵盖了从基本的生物反应到复杂的认知过程的一系列活动。行为的研究不仅可以增进我们对生物，特别是人类的理解，也可以对社会、经济、教育、健康等多个领域产生深远的影响。

二　健康相关行为

健康相关行为是行为的一种，是一个涵盖了与健康状况和健康结果直接或间接相关的所有行为的概念。健康行为有广义和狭义两种定义，从广义上讲，指的是人体在身体、心理、社会各方面都处于良好健康状态下的行为模式。[①] 从狭义上讲，指的是人们为了增强体质和维持身心健康而进行的各种活动，如充足的睡眠、均衡的膳食、适当的运动等。当然，广义的健康行为带有明显的理性主义色彩，在现实当中没有完美的健康行为，但它可以作为健康行为的目标，引导人们

---

① 傅华主编：《健康教育学》，人民卫生出版社 2018 年版，第 26 页。

逐渐向这些健康行为靠拢。

衡量行为是否健康，需要遵循以下几个标准：

1. 行为是否符合卫生科学。

2. 行为是否有益于自我、他人、社会健康。

3. 行为是否与内在的思维、逻辑、能力相一致。

4. 行为是否敢于担当。

5. 行为是否恰当、理性。

这些行为可以包括但不限于饮食习惯、运动习惯、睡眠模式、护理行为、用药行为、疾病管理行为、心理健康维护行为等，它们可能是个体的、群体的或社区的行为，并且可以是主动的，被动的，有意识的或无意识的。

健康相关行为是指个体或团体与健康或疾病有关联的行为，按其影响可分为促进健康的行为和危害健康的行为。在实际工作中，"健康行为" 一般是指 "促进健康的行为"，如预防疾病、维护、增进或恢复健康相关的行为，这类行为可以是自愿的、以促进健康为目的的主动行为，也可以是遵守法律、规定或信仰的被动行为。促进健康的行为指个体或群体在客观上有益于其自身或他人健康的行为，通常可划分为五大类：日常健康行为、避开环境危害行为、戒除不良嗜好、预警行为及合理利用卫生服务，这些行为均是向着促进健康水平方向的，具有有利性、和谐性、一致性、规律性和适宜性等特征。危害健康的行为指偏离个人、他人乃至社会的健康期望，客观上是指不利于个体或他人健康的一组行为，均为个体在后天的生活经历中习得的，通常可划分为三大类：不良生活方式与习惯、致病行为模式、不良疾病行为和违规行为，这类行为具有危害性（直接的或间接的）、稳定性（长时间维持一定强度的行为）及习得性（后天习得）。与疾病相联系的健康相关行为可分为预防行为、生病行为和患者角色行为。

健康相关行为是公共卫生和健康研究中一个重要的领域。研究表明，这些行为与人们的健康状况、生活质量、生命预期，以及许多慢性疾病的发病率、病程和预后密切相关。例如，不良的饮食习惯，如过度摄入热量、食物种类单一、过多食用加工食品等，可能会增加患心脏病、糖尿病、肥胖症等疾病的风险。反之，良好的饮食习惯，如多吃蔬菜水果、限制盐糖摄入、适量吃肉类等，有利于这些疾病的预防。

不仅如此，运动习惯也是健康相关行为的主要组成部分。充足的身体活动可以帮助维持健康的体重，提高免疫力，降低罹患慢性非传染性疾病的风险，并有助于改善心理健康状况。例如，定期进行有氧运动可以预防和治疗心血管疾病、糖尿病等，而体能训练则可以帮助预防骨质疏松症。除了饮食和运动习惯外，睡眠模式也是健康相关行为的一个重要方面。良好的睡眠模式可以帮助恢复身体功能，提高认知能力，维护身心健康，而不良的睡眠模式，如睡眠时间过长或过短、经常熬夜、经常打扰睡眠等，可能导致一系列健康问题，包括心血管疾病、糖尿病、抑郁症等。

健康相关行为还包括护理行为、用药行为、疾病管理行为等。护理行为主要涉及个人卫生习惯，如洗手、刷牙可以预防感染性疾病、口腔疾病等。用药行为包括正确服用医生开具的药物，遵循医嘱，避免药物过量或误用。疾病管理行为则涉及患者如何管理其自身的疾病，如按时接受治疗、自我监测疾病状况、预防并发症等。

值得注意的是，健康相关行为是可以改变的，但是需要持续的努力和时间。例如，改变饮食习惯、增加运动量、改善睡眠模式等，均需要个体面对挑战，克服困难。社会环境、文化背景、经济状况等因素也会影响健康相关行为。例如，部分人群因为经济原因而无法购买健康的食物，或者没有时间和空间进行运动。因此，改善和推广健康相关行为不仅需要个人的努力，也需要社会的支持和帮助，公共卫生政策、健康教育、社区资源、家庭支持等都可以帮助个体改变和维持健康相关行为。例如，政府可以通过制定公共卫生政策，提供健康食品、运动设施等，提供健康教育来帮助公众改善饮食习惯、增加运动量。而家庭、朋友和社区则可以通过提供情感支持、健康信息和实际帮助，来促使个体改变和维持健康相关行为。

　　总的来说，健康相关行为是影响人类健康状况和健康结果的重要因素。通过理解和改善健康相关行为，我们可以预防和管理多种疾病，提高生活质量，延长生命预期，提升公共卫生水平。此外，健康相关行为的研究和应用也可以为公共卫生政策、健康教育、社区服务等多个领域提供科学依据和实践指南。

第二节　影响与决定健康相关行为的主要因素

　　人类健康相关行为与其他行为一样，受遗传、心理、自然和社会环境等多种因素的影响，行为的发生发展亦受到多水平因素的影响（如个体内部因素、物理环境因素、社会文化因素及公共政策因素等），且影响因素和各水平间存在相互联系，即人的行为与环境是相互作用的。

一　个体因素

　　在个体层面，影响和决定健康相关行为的因素包括生理、心理和生活方式等。综合来看，个体层面的因素对健康相关行为的影响是全方位的，生理、心理和生活方式等因素互相交织，共同塑造着个体的健康行为。

（一）生理因素

　　生理因素是个体的基础属性，主要包括年龄、性别、遗传等。年龄对健康行为的影响十分明显，不同的年龄阶段对应的健康需求和行为模式也有所不同。例如，青少年往往注重运动和社交，而老年人可能更注重营养和疾病管理。性别也是一个重要的影响因素，男性和女性因为生物学差异和社会期待的不同而有不同的健康行为。比如，女性或许更注重饮食和体重管理，而男性更注重力量训练。遗传因素也会影响健康行为，一些基因遗传或染色体畸变造成的疾病能够影响个体的身体状况、食欲、运动能力等，从而影响个体的健康行为。又如，有些人因为遗传因素而对某些食物有特殊的喜好或者反感，也会影响他们的饮食习惯。

（二）心理因素

心理因素包括个体的知识、态度、信念和自我效能感等。这些因素决定了个体对健康行为的认知和评价，从而影响他们的行为选择。知识是影响健康行为的基础，个体需要了解哪些行为是健康的，哪些行为是有害的，以及如何进行这些行为。例如，了解到吸烟有害健康的人也许会选择戒烟。态度和信念是个体对健康行为的主观评价，它们可以影响个体对某些行为的喜好和接受程度。例如，一个认为运动很重要的人往往会自愿进行运动。自我效能感是个体对其自身进行健康行为的信心，它能够影响个体的行为尝试和持久性。例如，一个认为他自己可以坚持健康饮食的人一般会更容易改变饮食习惯。

（三）生活方式因素

这些因素反映了个体在日常生活中的行为模式和环境条件，主要包括工作、休闲活动、家庭角色等。工作是影响健康行为的一个重要因素，不同的职业有不同的健康风险和机会。例如，办公室工作能增加久坐的风险，而体力劳动会增加运动的机会。休闲活动也能影响健康行为，不同的娱乐活动可以有不同的健康效果。例如，看电视可以增加久坐的时间，而户外活动能够增加运动的机会。家庭角色也会影响健康行为，不同的家庭职责和关系往往会导致不同的健康需求和健康问题。例如，家庭主妇需要更多的营养知识和技能，而单亲家长可能面临更大的生活压力和健康风险。

二　社会因素

社会因素对健康相关行为的影响十分深远，这些因素包括家庭、社区、社会网络、文化习俗等。这些因素对健康相关行为的影响是多方面和深层次的,它们构成了个体的社会环境和生活背景,影响着个体健康行为的选择和实施(见图2-1)。

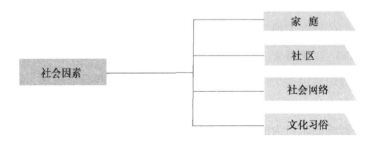

图2-1 社会因素

(一)家庭

家庭是个体健康行为形成的重要场所,因为我们大部分的日常生活都是在家庭环境中度过的,因而家庭成员的态度和行为往往会对我们产生较深远的影响。家庭成员的健康行为能够通过榜样效应或社会影响的方式影响其他成员的健康行为。例如,如果家庭成员有定期运动的习惯,其他成员也会受到影响,逐渐培养起运动的习惯。此外,家庭成员的支持和鼓励也有助于个体养成更健康的行为。比如,家人的支持可以帮助个体戒烟或保持健康的饮食习惯。

(二)社区

社区是影响健康行为的主要环境因素。社区的环境条件、公共服务和社区文化都可以影响个体的健康行为。例如,社区的运动设施、公园和步行道可以影响个体的运动行为。社区的健康教育和预防服务能提供健康信息和技能,帮助个体采取更健康的行为。社区的文化氛围和价值观会影响个体对健康行为的看法和接受程度。例如,一个注重健康和运动的社区会开设一些运动场所,并配备健身器材,鼓励其居民更加积极地进行锻炼。

（三）社会网络

社会网络是影响健康行为的环境因素。社会网络是个体与他人的关系网络，可提供信息、资源和心理支持，帮助个体采取更健康的行为。例如，朋友或同事的鼓励可以帮助个体开始或坚持运动。

（四）文化习俗

文化习俗对个体的健康行为具有深刻的影响。文化影响人的思想意识，不同地区、不同民族、不同文化背景下的人们，由于接受到的教育、经验和环境的不同，他们的生活方式各不相同。例如，不同文化中饮食、休闲、睡眠等生活习惯的差异，反映了不同文化对生活的态度。

三　政策因素

在政策层面的因素对健康相关行为会产生重大影响，主要包括公共政策、法律法规等因素。

（一）公共政策

公共政策是一种通过影响社会和物理环境来影响健康行为的重要工具。例如，食品政策通过规定食品的生产、销售和营销，改变食品环境，影响个体的饮食行为。环境政策可通过保护环境和改善居住条件，改善个体的生活环境，影响个体的行为环境。教育政策可通过提供健康教育和提高健康知识水平，提升个体的健康素养，进而影响个体的行为习惯。这些政策均通过改变个体的行为环境和条件，影响个体的健康行为。

（二）法律法规

法律法规是一种通过规定或禁止某些行为来影响健康行为的手段。例如，禁烟法通过禁止在公共场所吸烟，减少了吸烟的机会和自由度，增强了禁烟接受度，从而降低了吸烟行为的发生率。交通法规通过严禁酒后驾驶，增加了酒后驾驶的风险和成本，从而降低了酒后驾驶行为的发生率。这些法律法规通过规定行为的界限和后果，影响个体的行为习惯。

第四节　大学生行为特点及倾向

一　大学生行为特点

大学生的行为受其心理活动的影响，有什么样的心理活动，就会产生相应的行为。

（一）大学生行为的总特点

从生理发育的情况来看，大学生已经接近成人的体形，且在心理上也逐渐走向成熟，其内心渴望将其视为成年人。在这样的心理支配下，大学生的行为表现为独立性，他们喜欢不确定性、迎接挑战、精力充沛、血气方刚、意气风发，在行为上表现出更多的需求，尤其是精神方面的需求，他们渴望丰富的人生经历、渴望被身边的人和父母认可、关心政治等。但大学生处在心理成熟落后于生理成熟的阶段，特别是在处理恋爱、社会问题时，容易表现出慌乱不安、束手无策。所以大学生行为既有积极的一面，又有消极的一面，在积极与消极博弈的过程中，表现出情绪波动大，看法偏激、缺乏冷静的特点。

大学生群体行为特点表现为以下几个方面。

1. 大学生学习、生活方面的行为特点

进入大学之后，大学生的起居一般都在学校宿舍，过着集体生活。但因为个性及习惯不同而形成了截然不同的两种生活、学习习惯。

就作息来说，大学生大部分能遵守作息制度，合理安排自我起居。随着电子产品的普及，在晚上熄灯之后，有些学生能按时入睡，有的学生则开始玩手机、玩电脑，经常熬夜、追剧、打游戏，睡眠严重不足，导致第二天上课的时候，注意力不集中，久久不能进入学习状态，非常不利于大学生身心健康的发展。同时，因为影响他人作息，还会造成与同学关系的紧张。

就体育锻炼来说，大学生呈现出两极分化的现象。体育锻炼有着积极的作用，喜欢并经常参加体育锻炼的学生，不仅耐力和毅力较强，还能通过体育锻炼达到高效学习、快乐生活的目的。但有一部分学生，完全不喜欢体育锻炼，于是放任自流，将时间浪费到打游戏、聊天等活动上，长期不锻炼，四肢的协调性下降，反应不够灵活，还会使抵抗力下降，身体素质不佳，学习效率降低。

就饮食方面来说，一部分大学生注重营养搭配，科学膳食，能实现营养均衡。一部分大学生存在不良饮食习惯，长此以往会严重影响身体健康。例如，有的学生经常不吃早餐，殊不知，在这样的状态下，大脑的神经细胞逐渐走向抑制，会出现注意力不集中，上课无精打采，会出现疲惫感、饥饿感，严重的还会造成低血糖而晕倒，不吃早饭还可能会导致胃溃疡、贫血等疾病；有的学生喜欢到学校附近的小餐馆吃饭聚餐，小餐馆一般卫生条件较差，有些甚至不达标，容易引起肠道疾病以及食物中毒等；有的学生喝酒上瘾，不仅给其身体造成巨大的损伤，还严重影响了学业。

就消费倾向来说，大学生群体也出现了"两极分化"。有的大学生勤俭节约，能合理分配每月的生活费，做到学习、生活、娱乐都不误；有的学生则不能合理规划，常常提前消费；有的消费超出其自我能力承受之外，造成生活上的拮据，甚至负债。

除了两极分化之外，大学生的消费行为还可概括为：其一，消费的不平衡。有的大学生来自大城市，有的大学生来自偏远的贫困山村，经济基础决定了大学生消费的不平衡。

其二，消费的多样性。大学生的消费主要用于生活、学习、娱乐三个方面，其构成也呈现出多样性的特点。消费的多样化一方面受家庭经济的影响，在消费层次、消费数量上表现出较大的差异性。另一方面，消费也取决于大学生个人，有的需求强度高，会购买更多的东西，因此花费更高，有的大学生物欲较低，花费较少。

其三，消费结构的固定性。大学生中多数学生首先满足生活消费，其次是学习消费，最后是娱乐消费。这一顺序具有固定性。

2. 大学生情感方面的行为特点

人的社会属性决定了人必须在社会中生存，必须与人交往。人与人在交往的过程中会产生各种各样的情感，它影响着认识的深入，同时也影响着恋爱、交友、人际关系的发展。

积极的情感直接影响着学生的情绪发展，从而促使他们的身心得到全面的发展，相反，消极的情感，容易滋生消沉、抑郁、抱怨情绪，不利于大学生的健康发展。在大学阶段，老师对学生的情感引导具有重要的作用，教师应当充分利用情感的积极因素，提升大学生的学习积极性，从而增进其身心健康。

大学生情感方面的行为特点主要包括以下三个方面：

其一，感情浓厚，易激动。

进入大学之后，学生以全新的面貌开始大学生活，这一时期，除了学习之外，各项能力快速发展。部分大学生会根据他们自己的兴趣爱好，发展他们自己的特长，为他们自己加分，追求知识、扩大交际、积极实践的过程，能增强情感体验，使得情感体验变得丰富多彩。一方面，大学生在交往中体会到友情、爱情的美好；另一方面，大学生还能将其升华为更高的层面，增强自我责任意识，自觉形成对祖国命运的关怀，对个人的前途及意义进行认真思考。

大学阶段是人生情感最丰富的阶段，这一时期也是肾上腺分泌最旺盛的阶段，大学生在这一时期经常会出现大喜大悲的情绪，当看到感人的文字或动情的画面时，会感动落泪，还会为了追求真理、正义而斗争。当然，情绪消极的一面表现在大学生不冷静，易冲动，有时为了一些小事而大打出手，甚至做出更多不理智的行为。这是由于大学生的逻辑思维尚处于发展阶段，对待问题容易偏激，进而导致情绪上的波动，影响他们的行为。

其二，重视友情，渴望被肯定、理解。

在大学阶段，脱离了高中繁重的学习任务和高考的压力，大学生更加重视人际关系。绝大部分大学生都是离开他们曾经生活的城市到其他城市读书，需要独自面对生活和学习上的各种问题，在遇到困难时需要寻求其他人的帮助，即使得不到帮助也希望能够找到可以倾诉的对象，理解并安慰他们自己。大学生同时也愿意帮助朋友、分担其喜悦和忧愁，其内心具备强烈的交往意愿，希望通过互相帮助增加理解和信任，从而结成深厚的友谊。

大学生交友的标准不一，通常是性格相同、兴趣相同、互补的人容易走到一起，当然也有少量的学生错误地将友谊当成哥们儿义气，面对朋友的错误，为其掩饰，将友谊定义为吃喝玩乐等，这些都需要及时纠正，培养正确的交友观念。

其三，渴望爱情。

在大学阶段，生理上已经发育成熟，心理上也趋向成熟，因此渴望体验爱情。大学宽松的环境，使得男女大学生能在一起学习、活动与交往，这些都为爱情提供了发展的土壤。

大学生的爱情动机各不相同，由于动机不同，因此爱情的层次也呈现出区别，主要表现为有的学生将爱情融入婚姻、事业中进行考虑，男女大学生成为彼此成长的动力，互相促进，彼此成就；有的学生仅是出于对爱情的好奇而恋爱；有的大学生就觉得应当恋爱；有的学生则是为了打发无聊的时光，等等，后几种恋爱都是没有成熟的考虑，因而在恋爱中表现出更大的盲目性。

（二）大学生行为的具体特点

大学生行为的具体特点表现在以下几个方面。

1. 自主与孤独

大学生在知识储备、文化修养、思想觉悟上较高，他们大多数能树立正确的价值观，并在价值观的影响下表现出较强的自主性。他们坚持真理、爱好和平、主张个性，但有的学生只限于在同学或者朋友面前热情，对陌生人却异常拘谨，其自身又表现出自制性差、自律性低的特点，其主要原因是他们的自主意识尚未发展健全。有的大学生缺乏换位思考能力，不善于反思自我言行的习惯，有时会让他们处在孤独的地位。

2. 目标性与盲目性

学校教育应提倡大学生树立正确的价值观，指导他们制定明确的目标，协助引导大学生的生活与学习。大学生处在人生的特殊阶段，这一阶段的大学生，对未来有着无限憧憬，对生活充满热情，为成为时代新人而努力，这种目的性作为他们的需求指向和动机归结，引导和规定了大学生的行为方向。可以说，大学生行为主要围绕这一目标而展开，其日常的学习、工作都向该目标看齐。然而，大学生虽然思维敏捷，意气风发，但整体上缺乏稳定性，支撑思想判断的核心价值体系尚未完全确立，因此其行为容易受外界影响，在行动的过程中伴随着随意性行为，表现为盲目、叛逆等，行为与目标相背离，严重的还会出现迟到、早退、吸烟、沉迷网络、网恋等，这些都反映出大学生行为的盲目性。

3. 探索新事物与急功近利

大学生思维敏捷、追求创新，他们处于时代浪潮的潮头，喜欢接触新鲜的事物，学习能力较强，接受能力也较强。随着社会经济的发展，人们生活及工作节奏逐步加快，学业与就业方面的压力不断加大，很容易让大学生产生急功近利的想法，使其变得缺乏耐心与战胜困难的勇气，严重的还会丧失人生前进的动力。

4. 有序与多变

大学生的生活环境较为单一，通常是教室、宿舍、食堂三点一线，长期的生活环境养成了大学生相对稳定的生活节奏。这一行为进一步发展为规范性，即大学生的行为朝着遵守校纪、法规、社会制度的方向发展。大学生行为又是多变的，这种现象与其身心发展的特殊阶段紧密相关，求变是为了求新，求新是为了突破。但这种变化如果把握不好的话，就会适得其反，表现为对集体生活规律的破坏，对校纪校规的无视，对社会稳定的破坏。这种行为的产生源于大学生思想上的偏激，情绪上的不稳定，表明这一阶段大学生心理上的不成熟。

5. 沉稳与冲动

在大学阶段，大学生思维具有较强的逻辑性，加上一定的知识储备，使得大学生做事谨慎、缜密，他们对其所做的事情有一定的预见性。这种沉稳可进一步指导他们的学习，养成踏实的学风。大学生在面对现实与理想之间的矛盾时，表现为情绪上的不稳定，尤其是在产生不满情绪时，显示出悲观、消极的态度，甚至具有较强的破坏性。这样冲动的行为也是大学生的常见行为。

二　大学生行为倾向

大学生的行为倾向，大体可分为四种类型。

(一) 积极进取型

这一类大学生性格开朗，具有积极向上的进取意识。在思想上较为成熟，情绪较为稳定，有明确的目标，能自觉地将理想付之于行动。他们在学习中保持着积极主动的心态，善于发现问题、解决问题，能从容应对繁重的学习任务，善于将压力转化为动力。在生活上，善于规划，能合理处理学习与娱乐的关系，做到劳逸结合。可以与同学和睦相处，积极参加课外活动，拓展他们自己的社交网。在宿舍能与舍友友好相处，对生活充满热情，敢于尝鲜。

(二) 顺应仿效型

顺应仿效型的大学生在大学群体中所占的比重较大，这些学生能主动模仿那些优秀的人，自觉维护大学生群体的整体性与一致性，能较快地适应新的变化，尽早地融入学习与生活中。

(三) 怀疑批判型

这类大学生时刻秉持一种怀疑的态度来审视周围的世界，他们对周围的事物抱有怀疑态度和批判的精神，喜欢独立思考，对一些问题善于打破常规的看法，能另辟蹊径，寻求独特的解决途径。但这一类学生看待问题容易走向偏激，反而不利于问题的解决。

（四）随意松散型

这一类学生的自我存在感较弱，习惯于随波逐流，其行为具有较大的盲目性，喜欢无拘无束的生活，这类学生容易产生自由散漫、随波逐流的现象。随意松散型的大学生，缺乏自我内驱力，当管理不够严格的时候，他们习惯于放松自身，最终导致碌碌无为。

第五节　大学生主要的健康相关行为问题

一　不良饮食习惯

在现代社会里，不良饮食习惯已成为大学生的一大健康问题，教育和引导大学生养成健康的饮食习惯是非常必要的。他们应该意识到合理饮食的重要性，尽量选择营养均衡的食物，避免过度摄入糖分、咖啡因和酒精，同时，也要注意饮食的规律性，确保有足够的时间来消化食物。然而，目前大学生在饮食习惯方面普遍存在许多不利于健康的问题。

（一）糖分过高

糖分摄入过高是大学生不良饮食习惯中的一大问题，严重影响了他们的身体健康。甜品，如巧克力、蛋糕、冰激淋等，都含有大量的糖分，但是这些糖分对身体并无太多营养价值，反而会转化为身体无法立即利用的热量，从而积聚为脂肪，增加体重。过度的糖分摄入还会导致血糖波动，在短期内会出现能量下降、情绪不稳定等症状，长期来看则可能增加患糖尿病、心脏病等慢性疾病的风险。

令人担忧的是，许多大学生对食物中的糖分含量并不清楚。例如，一个甜甜圈就含有约 10 克的糖，一瓶碳酸饮料含有高达 40 克的糖，即使是一些看似健康的饮品，如果汁、奶昔等，也可能含有意想不到的糖分。这些糖分远远超过了世界卫生组织建议的每日糖分摄入量（不应超过总热量摄入的10%）。

许多加工食品，如饼干、薯片、调味酱等，均有隐含的糖分。在食品加工过程中会添加糖分或使用含糖分的添加剂来改善食物的口感，增加保质期，这些糖分对身体的影响和直接摄入的糖分一样严重。

因此，大学生应该学习读解食品标签，了解食品中的糖分含量，提高对糖分知识的认识，尽可能选择含糖低的食品，减少对甜食和加工食品的依赖，避免过度摄入。对于喜欢甜食的学生，则可以尝试一些健康的替代品，如新鲜的水果和蔬菜，不仅能满足对甜味的需求，还能摄入更多的营养成分。通过健康教育培养健康的饮食理念，大学生就能够自觉控制糖分的摄入量，保持健康体重，降低患慢性疾病的风险。

（二）咖啡因过量

咖啡因摄入过量是目前大学生健康问题的影响因素。许多大学生都把咖啡或能量饮料作为驱赶疲劳、提振精神的主要方法，特别是在熬夜复习或完成作业的时候。咖啡因虽然可以短暂地提高精神状态，集中注意力，但效果只是暂时的，过量摄入咖啡因不仅可能导致心跳加速，还可引发焦虑、肌肉颤抖和失眠等问题。长期依赖咖啡因，其身体会产生耐受性，逐渐需要更多的咖啡因才能达到相同的提神效果，反而会进一步加剧这些影响健康的问题。咖啡因过量会影响大学生的饮食习惯和营养摄入，咖啡因还具有抑制食欲、影响营养物质吸收利用的作用，这不仅会导致体重下降，还可能引发营养不良的问题，如贫血、骨质疏松等。

（三）快餐和零食

快餐和零食的过度食用是大学生的重要饮食问题。由于紧张的学习和广泛的社交活动，大学生的生活节奏往往很快，他们常常没有规律的就餐习惯，经常会选择便捷的快餐作为主食。这些快餐包括汉堡、炸鸡、比萨饼等食品，快餐类食品确实能够快速提供热量，但营养往往不均衡，高脂肪、高糖、高盐，而且缺乏必要的维生素和矿物质。以汉堡为例，一份快餐汉堡含有超过 1000 卡路里的热量，这已经接近人体一天所需的热量摄入量了，而这份汉堡中的盐分含量却已经超过人体一天所需的量，过多的盐分摄入还可增加高血压和心脏病的患病风险。快餐往往含有大量的反式脂肪，摄入过量可使血液胆固醇增高，从而增加心脏病发生的风险。零食问题也同样严重。许多零食，如薯片、巧克力、饼干等，含有大量的热量和糖分，但却缺乏必要的营养。例如，一包薯片含有超过 500 卡路里的热量，但除了脂肪和糖分外，几乎没有提供其他营养物质。过度食用这些零食会导致体重增加，同时还会影响正餐的食欲，导致营养不良。快餐和零食的选择对大学生的健康造成了重大影响，他们需要意识到这些食物的危害，并尽可能地选择营养丰富的天然食物，如新鲜的蔬菜、水果和全谷类食物，这些食物不仅能够提供足够的热量，还可以提供必要的维生素和矿物质，富含膳食纤维。

（四）饮食不规律

学业压力、社交活动和自由宽松的校园生活可能会让大学生的饮食时间变得不规律，不吃早餐、深夜吃夜宵或者一日多餐都是常见的情况。这些不规律的饮食习惯会干扰人体生物钟，进而影响新陈代谢，导致体重增加或其他健康问题。早餐是一天中最重要的一餐，它为我们提供了必要的能量和营养，有助于维持身体的正常运转，忽略早餐会让人整整一天都感到虚弱和缺乏能量，从而影响学习或工作效率。研究显示，经常不吃早餐的人更有可能体重超标，因为他们大多会在午餐和晚餐时食用过量的食物，以补偿早餐的缺失。深夜吃夜宵也是一个健康危险因素。深夜人体新陈代谢减慢，摄入的热量不易被消耗，反而容易被存储，转化为脂肪，导致体重增加。此外，深夜饮食也会干扰睡眠，影响人体生物钟，出现一系列健康问题，如睡眠障碍、消化系统疾病等。不规律的饮食还会导致营养不良，如果大学生无法在固定的时间内获得均衡的饮食，他们可能会错过摄取必要营养的机会，如蛋白质、脂肪、碳水化合物以及各种维生素和矿物质。

二　长期缺乏锻炼

体育锻炼是维持身体健康的关键，但许多大学生因为学业、兼职工作或者其他，诸如社团活动、自我学习等事务，往往忽视了体育锻炼，他们大部分时间可能坐在书桌前，或者沉迷于电子设备，如电脑、手机等，而缺乏足够的身体活动。如果长期缺乏锻炼将会导致一系列健康问题，如体重增加、心脏病、骨质疏松，甚至影响心理健康。

长期缺乏锻炼可能会导致体重增加，甚至肥胖，锻炼能够帮助人们消耗热量，燃烧脂肪，保持能量平衡。如果大学生缺乏足够的身体活动，他们摄入的热量超过身体消耗的热量，将会导致体重增加。例如，一项研究发现，坐在电脑前每多一个小时，体重就可能增加0.2千克。肥胖不仅影响形象，还会增加糖尿病、心脏病和其他慢性疾病发生的风险。锻炼能够增强心脏功能，调节血液循环，提高心脏的工作效率，长期缺乏锻炼也可能增加心脏病的患病风险。一项研究发现，长期不进行体育锻炼的人，比经常进行体育锻炼的人患上心脏病的风险高出50%。缺乏锻炼还会导致骨质疏松。锻炼能够帮助人们增强骨密度，降低骨折发生的风险。一项研究发现，长期不进行体育锻炼的人，骨密度会降低10%左右，这将增加他们摔倒或骨折的风险。

定期锻炼亦有助于保持心理健康，帮助人们提升低落的情绪，释放心理压力，改善睡眠质量，预防和治疗抑郁症和焦虑症。长期缺乏锻炼的人可能更容易感到疲倦，出现精力和体力下降等问题。

总的来说，长期缺乏锻炼会对大学生的身体健康和心理健康产生较大影响。他们需要意识到体育锻炼的重要性，尽量抽出时间坚持运动，无论是跑步、游泳、瑜伽，还是简单的散步和拉伸，都能够达到增加身体活动，改善健康的目的。当然，他们也需要学会合理安排时间，平衡学习、工作、休息和锻炼，才能促进健康。

三　熬夜和睡眠不足

由于繁重的学业任务，尤其是在学期末测评考试阶段，大部分学生会熬夜复习，通过减少睡眠的方式尽量挤出更多的学习时间。大学生的社交活动也喜欢在晚上进行，这会导致他们经常晚睡或者熬夜。这种长期的睡眠不足不仅会引发情绪问题，如焦虑和抑郁，还会影响他们的学习和记忆能力。

（一）睡眠不足可能会导致情绪问题

睡眠是大脑放松和休息的主要方式，如果缺乏足够的睡眠，大脑无法得到充分的休息，会导致情绪不稳定。一项研究发现，每晚睡眠少于6小时的人，比睡眠充足的人更有可能出现焦虑和抑郁症状。另一项研究发现，连续三晚熬夜会导致人的情绪反应能力降低，更容易产生负面情绪。

（二）睡眠不足可能会影响大学生的学习和记忆能力

睡眠是大脑处理和巩固记忆的重要时刻，如果缺乏足够的睡眠，大脑就无法充分巩固记忆，从而影响学习效果。一项研究发现，每晚睡眠少于7小时的学生，他们的学习成绩比睡眠充足的学生低10%。另一项研究发现，每晚睡眠少于6小时的人，他们的长期记忆可能会降低25%。

（三）长期睡眠不足可能会影响大学生的身体健康

睡眠是身体恢复和修复的有效方法，如果缺乏足够的睡眠，身体无法得到充分的恢复，就会导致免疫力下降，增加患病的风险。一项研究发现，每晚睡眠少于7小时的人，他们的感冒风险比睡眠充足的人可能高三倍。

四　过度依赖电子设备

在信息时代，电子设备是人们的生活必需品。然而，过度使用这些设备可能引发一系列的健康问题，包括眼睛疲劳、颈部和背部疼痛，以及对睡眠质量和心理健康产生影响。

长时间盯着电脑或手机屏幕会导致眼睛疲劳，这被称为视觉疲劳或"电脑视觉综合征"，主要症状包括眼睛干涩、疲劳、视力模糊以及对光线敏感。长时间盯着屏幕还可能加剧近视的发展，每天使用电子设备超过 2 小时的大学生，其近视的患病率比使用少于 2 小时的大学生高出了 30％ 。长时间坐在电脑前或低头看手机，会导致颈部和背部的疼痛，因为这些姿势会导致颈部和背部的肌肉紧张，从而引起疼痛。过度使用电子设备还可能会影响大学生的睡眠质量，因为电子设备屏幕发出的蓝光会干扰人体的生物钟，使晚上入睡困难。此外，过度使用电子设备还会影响到大学生的心理健康，过度的网上社交可能会引起社交焦虑，大量的信息输入会导致信息过载，甚至遭遇网络暴力或营销欺诈等，这些都能增加心理疾病发生的风险。

总的来说，大学生需要注意电子设备的健康使用。定期休息，避免长时间连续使用电子设备，同时需要注意姿势，避免长时间的不良坐姿，他们在睡觉前必须限制使用电子设备的时间，以改善睡眠质量，也需要注意他们自己的网上社交和信息输入，以保护心理健康。这样，他们可以在保护其健康的同时，提高学习工作效率。

五　吸烟和饮酒

吸烟和饮酒是大学生群体中普遍存在的两大健康问题，尽管宣传教育已经使大部分大学生意识到了这两种行为的危害性，但仍有一部分学生选择吸烟或过度饮酒。

吸烟是目前已知的危害健康的行为，它与多种慢性疾病和癌症的发生发展都有关。长期吸烟会导致肺癌、口腔癌、喉癌和食管癌等多种癌症，而且，吸烟还能增加心脏病、中风、慢性阻塞性肺病等疾病的风险。此外，吸烟还会影响大学生的体能，使他们在运动时感到呼吸困难。

过度饮酒也是常见的健康危险因素，会导致肝炎和肝硬化等肝脏疾病，也可能增加心脏病、高血压、胃病等疾病的风险。在心理方面，长期过度饮酒可能会导致酒精依赖，以及其他心理问题，例如暴躁、易怒、焦虑和抑郁。酒精也会损害认知能力，影响大学生的学习和记忆力，甚至引发一些社会问题，例如酒后驾驶和暴力行为。

在大学中，吸烟和饮酒可能是学生社交及应对压力的一种方式。一些大学生认为，吸烟和饮酒可以放松心情、缓解压力，或者他们在社交活动中因受同伴的影响而被动选择吸烟或饮酒。但是，这些都是危害健康的行为，大学生需要学会健康的应对方式，例如运动、冥想、阅读或者和朋友谈心、聊天。

总的来说，吸烟和过度饮酒都可能对大学生的健康产生长期影响。大学生需要意识到这些行为的危害性，选择更科学健康的生活方式，大学和社会也需要提供更多的健康教育和环境支持，以有助于他们做出正确的选择。

六 不良卫生行为

不良卫生行为是一个普遍存在的问题，它既对个体健康构成威胁，还会影响到社群和公共卫生，这种行为模式从不洗手到不规律的个人清洁行为，再到不安全的食品处理和性行为，范围极为广泛。在日常生活中，人们往往忽视基础的卫生习惯，如在咳嗽和打喷嚏时不遮口，或是用脏手触摸食物和面部，这样的行为不仅增加了他们自身患病的风险，还可能成为疾病传播的媒介。不仅如此，不良卫生行为还与心理健康息息相关，长时间处于不清洁或不健康的环境中，容易造成不适感，自觉烦躁不安，甚至可能增大心理压力，导致焦虑或抑郁等心理问题。在社会层面上，这样的不良习惯会被普遍认为是不文明或不负责任的行为，可能受到社会歧视或被孤立。在这种背景下，让学生群体了解不良卫生行为，并进行健康教育，培养公共卫生意识显得尤为重要。不良卫生行为大致包括如下几个方面：不洗手是最常见的不良卫生习惯，很多人在使用洗手间前后、进食或处理食物前，或触摸脏东西后不及时洗手，这极易导致细菌和病毒的传播；传染病患者咳嗽或打喷嚏不遮口会将病毒和细菌传播到空气中，增加他人感染的风险；不刷牙则容易导致口腔问题，如牙周病、蛀牙等，长此以往还可能会影响整体健康。除此之外，还有不安全的食物处理方式、随地吐痰或乱扔垃圾等问题，都需要引起大学生的关注并遵从科学的行为规范。

第六节 大学生有利健康的行为及其养成

一 大学生养成有利健康行为习惯的意义与价值

养成有利于健康的行为习惯对于大学生来说有着深远的意义和价值。

（一）有利于体质提升和身心健康

在大学期间，学生的生活节奏和周围环境都发生了显著变化，这会对他们的身心健康产生影响。因此，养成均衡饮食、适量运动和按时作息的良好生活习惯，对维持健康至关重要。

均衡饮食是保持健康体质的基础。适当的营养可以提供身体所需的能量，帮助大学生应对日常学习和生活。例如，蛋白质可以帮助身体修复和重建，碳水化合物可以提供能量，而维生素和矿物质则可以保持身体机能的正常运转。同时，均衡饮食还可以帮助预防慢性疾病，如心血管疾病、糖尿病和肥胖症等。

适量运动可以帮助提高体质，增强身体抵抗力，同时也有助于心理健康。有研究显示，运动可以提高心率，进而促进血液循环和氧气供应，这不仅可以帮助强化心脏和肺功能，还可以提高免疫系统的效能。此外，运动可以刺激大脑分泌内啡肽等"快乐激素"，愉悦心情。

按时作息是维持身心健康的一个关键因素。良好的睡眠可以帮助身体和大脑得到充分休息和恢复，提高学习和记忆效率，增强情绪稳定性。研究显示，缺乏睡眠会影响大脑的认知功能，包括注意力、决策力和创造力。

（二）有利于提高学习效率

良好的身心健康状况对提高大学生的学习效率有促进作用。健康的身体和放松的精神可以增强注意力、提高记忆力、优化思维能力，从而提高学习工作效率。

营养均衡的饮食是维持大脑正常功能的重要条件。复杂的碳水化合物，如全谷物和蔬果，能提供稳定的能量，帮助大学生保持良好的注意力；欧米伽－3脂肪酸，如鱼油和坚果，能帮助提升记忆力和思考能力；而维生素B族和铁质则能促进神经传递物质的合成，有助于提高学习效率。

适度的运动有助于调节心情，提高学习效率。运动可以增加心脏泵血量，使大脑得到更多的氧气和营养，帮助提高注意力和记忆力；此外，运动还可以刺激大脑产生内啡肽等化学物质，这些物质能改善情绪，提高大脑的神经可塑性，有助于学习和记忆；运动还能帮助缓解压力，使大脑处于一个更放松的状态，有利于创新思维的产生。

充足的睡眠是提高学习效率的关键。在睡眠过程中，大脑会加强记忆，同时清除脑部废弃物，这对于保持大脑功能、提高学习和记忆能力至关重要。长期的睡眠不足可能会导致注意力下降，记忆力衰退，严重影响学习效率。

（三）有利于提升个人魅力

维持良好的健康状况对提升大学生个人魅力有积极的影响。这不仅体现在他们的外在形象上，如健康的肤色、亮丽的眼神、旺盛的活力，而且体现在他们的内在气质中，如自信的态度、积极的心态、优雅的举止。

良好的身体状况能直接改善外在形象。定期的运动可以帮助大学生塑造良好的体型，提高身体的协调性和灵活性，使他们显得更加健康和活力四射。同时，合理的饮食可以提供所需的营养，改善肤色，使皮肤更加光滑和有弹性。足够的睡眠则能消除黑眼圈，让眼神更加明亮，提高外在魅力。

良好的心理状况有助于提升内在气质。充足的睡眠和适当的松弛可以帮助大学生放松心情，保持积极的心态，这样的积极心态会反映在他们的言语和行为上，使他们显得更加自信、乐观。同时，有规律的生活习惯也会让他们更有时间和精力去培养兴趣爱好，丰富他们自己的内心世界，从而提升其个人魅力。良好的健康习惯还能够提升大学生的社交能力，一个有良好生活习惯、身心健康的人通常更擅长处理人际关系，更能够享受生活中的美好时刻，这也是个人魅力的一部分。

（四）有利于塑造良好的生活习惯

大学生活阶段是从青少年步入成年的关键时期，这个阶段所养成的良好生活习惯将对他们的身体健康、学业进步乃至未来的工作生活都产生正面的影响。

合理饮食是保持健康的基础。在饮食上，大学生应避免过量食用高热量、高脂肪的食物，应多吃新鲜的蔬菜、水果和全谷类食品，这些食品富含维生素、矿物质和膳食纤维，可以满足身体的日常需要，同时也能预防肥胖和慢性病的发生。此外，他们还应定时吃饭，避免暴饮暴食，以保持身体的正常运转。规律作息是保证身体健康和学习效率的重要条件。大学生应保证每天有足够的睡眠时间，避免熬夜和长时间用眼，充足的睡眠可以提高大脑的工作效率，促进记忆和学习能力，同时也能增强免疫系统的功能，预防疾病的发生。适量运动是维持身体活力和增强身体素质的有效手段。大学生应该把运动作为日常生活的一部分，如散步、跑步、做健身操等，这些运动不仅能锻炼身体，提高体质功能，还可以释放多巴胺，使人感到快乐和满足。

在大学阶段养成良好的生活习惯，对大学生的身心发展、人际关系和未来生活都有着深远的影响。这些习惯一旦养成，就会深深地影响到他们的生活方式，甚至成为他们未来生活的指南，使他们更好地享受健康和快乐的生活。

（五）有利于提高社会责任感

健康的生活方式不仅仅是对个人健康的投资，也是对社会健康的贡献。对个人而言，维持良好的健康习惯是保护其自身免受疾病侵害、提高生活质量的重要手段，对社会而言，每个人的健康选择都直接影响着整个社会的医疗负担和公共卫生状况。当大学生养成健康的生活习惯时，实际上是在减少未来慢性疾病，如心脏病、糖尿病、癌症等的发生风险，这样不仅有利于其自身的长期健康，也可以有效减轻社会医疗系统的负担。在全球化的背景下，公共卫生问题已经不仅仅是单个国家的问题，而是全人类面临的重大挑战。每一个个体的健康选择都会对整个社会的健康状况产生影响。此外，养成健康的生活习惯还能帮助大学生提高他们的社会责任感，他们会更加关注社会健康问题，更愿意参与公共卫生活动，提高社区健康水平，这也将帮助他们成为更具社会责任感的公民。

总的来说，通过养成健康的生活习惯，大学生不仅可以保护和提升其自身的健康水平，同时也能以实际行动减轻社会医疗负担，对社会的公共卫生状况做出积极贡献。这也是他们作为社会公民应尽的责任和义务。

二 大学生养成有利健康行为习惯的培养方法和路径

养成健康行为习惯不仅对大学生的身体健康有益，也有助于精神健康和科研学习。因此，大学生需要学习、理解和实践一些健康的生活与学习技能，以促进其身心的健康发展。

（一）保持良好的饮食习惯

保持良好的饮食习惯是大学生养成健康行为的重要部分，也是身体和思维功能的基础。在大学生活中，学生面临着各种各样的诱惑和影响，包括不吃早餐、晚餐的不规律、经常吃外卖和垃圾食品等，这些都可能导致营养不良、体重增加，甚至更严重的健康问题。因此，大学生需要学习如何做出更健康的饮食选择，以及如何管理他们自己的饮食习惯。

对于食物的选择，大学生应尽可能地选择新鲜的水果和蔬菜，它们富含维生素、矿物质和膳食纤维，对保持身体健康有促进作用。新鲜的肉类、鱼类和禽类，以及豆类和坚果，可以提供高质量的蛋白质，是身体细胞的重要建材。同时，应适量吃全谷类食物和瘦肉，它们可以提供身体需要的能量，也可以防止体重过快增加。特别应注意避免食用过多的糖分，尤其是精炼糖，糖分不仅会导致体重增加，还会增加患慢性疾病的风险。不仅要注意食物的种类，还要注意食物的数量和吃饭的时间。养成规律的饮食习惯，早、中、晚三餐都要吃，早餐要丰富，晚餐要适量，这样可以保证身体有稳定的能量供应，也有利于保持稳定的体重。

要养成这种健康的饮食习惯，大学生需要学习一些新的技能和知识。例如，学习如何读懂食品标签，了解食品的营养成分，这样可以更好地判断哪些食品是健康的，哪些食品应该避免选择。学习如何烹饪简单、健康的饭菜，不仅可以省钱，还可以控制食物的营养成分和分量，应将健康饮食作为一种生活方式，而不仅仅是为了减肥或者保持身材。在大学生活中，保持良好的饮食习惯可能会遇到一些困难，但只要有意识地做出健康的选择，就可以养成良好的习惯。

（二）定期进行体育活动

定期进行体育活动是大学生保持健康的有效方式。身体活动能帮助大脑更好地应对繁杂的日常事务，提高心肺功能，提升记忆力，增强集中力，并有助于提高睡眠质量。此外，定期的体育活动还能帮助大学生保持理想的体重和体型，从而提高自我形象和自尊心，这在大学的社交环境中尤为重要。

对于大学生来说，他们面临的学业和就业压力往往非常大，他们需要找到一种适当的方式来缓解。体育活动就是一种非常有效的放松方式，无论是慢跑、游泳、打球，还是做瑜伽，都可以让他们有机会将注意力从书本上移开，转向身体的运动和呼吸，通过运动，不仅可以更好地释放压力，还能锻炼身体、增强体质、促进健康，从而保持身心健康。

体育活动对心肺健康的影响也不容忽视。定期进行有氧运动，如跑步、骑自行车或游泳，可以增强心脏的泵血功能，加速血液循环，从而保证大脑和身体的各个部位得到足够的氧气和营养物质。同时，有氧运动还可以提高肺部的功能，使其能够更有效地吸收氧气，排出二氧化碳，以此来保持大脑的高效运转。

体育活动还可以帮助大学生保持理想的体重和体型。在大学期间，一方面，许多学生由于饮食不规律、作息时间不规则或者缺乏运动而导致体重增加。定期进行体育活动，不仅可以燃烧多余的热量，减少脂肪积累，还可以增强肌肉，改善身体比例，帮助管理身材。另一方面，体育活动还可以使身体产生疲劳感，促进睡眠，提高睡眠质量。一项研究发现，定期进行体育活动的人比那些不运动的人更容易进入深度睡眠阶段，而深度睡眠是身体恢复和修复的关键。因此，对于那些因精神心理问题或繁重学业而导致睡眠质量不佳的大学生来说，选择体育活动是一种很好的改善睡眠的方式。

在大学生活中，有可以进行体育活动的许多设施。学校通常都会有健身中心和各种体育设施，大学生可以选择他们自己喜欢的运动方式，如跑步、游泳、打球或者健身等。另外，许多学校还设有各种体育课程和俱乐部，大学生可以选择加入这些组织，与其他同学一起运动，既能保持健康，又能结交新朋友，增加社交经验。大学生应该利用好学校提供的各种资源，养成定期进行体育活动的习惯，为他们的大学生活增添更多的活力和快乐。

（三）保持足够的睡眠

睡眠对于生物体而言是一个复杂而至关重要的生理过程，对于身体和大脑的恢复起着关键作用。对大学生来说，他们所面临的学业挑战、社交礼仪以及自我发展需求使得他们更需要充足的睡眠。

睡眠质量和数量可影响到大学生的学习效果。良好的睡眠可以提高记忆力、创造力、解决问题的能力，有助于提升学习效率。研究显示，一方面，充足的睡眠能够促进记忆的固化过程，有助于信息的长期储存；另一方面，睡眠不足或者睡眠质量差的个体在解决问题、做决策或者进行创新思考方面的表现往往会不如那些睡眠充足的人。

睡眠直接影响身体健康。在睡眠时，身体会进行一系列的恢复工作，比如细胞的修复、免疫系统的增强、荷尔蒙的调节等，只有在充足的睡眠下，这些重要的生理过程才能顺利进行，身体才能在第二天保持最佳状态。反之，持续的睡眠不足还会导致多种健康问题，比如免疫力下降、内分泌失调、体重增加等。

睡眠对于大学生的心理健康也有影响。大学生面临着很多挑战和困惑，良好的睡眠可以有效地缓解压力，减少焦虑和抑郁的情绪。研究发现，睡眠质量好、睡眠充足的人在应对压力时，有着积极的心态，能保持乐观。

大学生应该意识到充足的睡眠对于他们的学习、生活、健康的重要性，并采取积极的措施来保证睡眠的质量和数量。大多数成人需要每晚7—9小时的睡眠时间，这个标准对于大学生也是适用的。他们应该设定固定的作息时间，每天尽量在同一时间上床休息、起床，以保持生物钟的相对稳定。此外，他们还应该创造一个良好的睡眠环境，包括舒适的床铺、安静的环境、暗淡的灯光等。

（四）适度的社交活动

人是社会性动物，人们需要彼此的交往和互动。对大学生来说，社交活动可以帮助他们获得归属感和接纳感，有助于提升其自尊心和自信心。

适度的社交活动可以增加其表达他们自己的机会，倾诉他们自己的想法和感受，以及聆听他人的观点和经验，这对于个体的情绪调节和心理健康有促进作用。

社交活动还有助于大学生建立更广泛的人脉网络。大学生在各类社交活动，如社团活动、志愿者活动、学术交流或者朋友聚会等中，都有可能遇到来自各行各业、各种背景的人，这些人或许会成为他们的朋友、伙伴、导师，甚至未来的合作伙伴。这些人脉关系对于大学生的学习、生活甚至未来的职业发展都有着重要的影响。

适度的社交活动是大学生健康的重要组成部分。大学生面临的压力和挑战是多方面的，在社交活动中，他们可以找到支持和理解的伙伴，可以分享所遇到的问题和困扰，还能寻求建议和帮助，或者只是简单地倾诉，这些都有助于他们缓解紧张情绪，提升应对压力和挑战的能力。

对于如何进行适度的社交活动，大学生应该根据他们自己的兴趣和需求来选择。他们可以参加各类社团活动，如兴趣小组、学术社团、体育队伍等，他们也可以参加志愿者活动，如社区服务、公益项目等，这些活动不仅可以提供社交的机会，也可以帮助他们发现和实现他们自己的价值。当然，他们也可以选择与朋友聚会，比如一起吃饭、看电影、旅行等，这些都是放松身心、享受生活的好方法。当然，也要注意保持社交活动的限度，以确保他们自己的身心健康为前提，学会在社交活动和其他生活需求之间找到一个合适的平衡点，避免过度社交所导致的麻烦和疲劳。

（五）学会管理压力

压力是大学生生活中无法避免的一部分，如学术压力、人际压力、考试压力、未来规划等。如果不加以妥善处理，就会对他们的身心健康产生负面影响，如睡眠质量下降、情绪波动、注意力难以集中等。因此，学会压力管理才可以帮助他们降低焦虑，提高学习效率，维护人际关系，享受美好的大学生活。

压力管理的第一步是识别压力源。每个人的压力源都有所不同，对一些人来说，则可能是学业，对其他人来说，则可能是人际关系或者未来的不确定性。大学生在明确他们自己的压力源之后，通过冥想、瑜伽等训练呼吸、放松身体的练习，可以将注意力从压力中暂时转移，使他们能够更清晰地看待其自己的问题，有助于制定有针对性地解决问题的策略。

写日记或进行艺术表达是一种很好的调节心情的方法。写日记可以帮助大学生梳理他们的情绪和想法，让他们有机会从新的角度思考问题，而艺术表达，如绘画、音乐、舞蹈等，可以让他们有一个安全的出口，把压力转化为创造力，一举两得。

运动也是一种非常有效的压力管理方法。运动可以帮助释放压力，同时还可以促进身体健康，保持良好的精神状态。适当的运动，如散步、慢跑、游泳等，都可以帮助大学生放松身心，缓解压力。

总之，学会管理压力对于大学生来说是非常重要的。他们应该尽早识别压力源，找到适合自己的压力管理策略，这样才能有效地应对压力，保持身心健康，享受大学生活。

（六）保持乐观的心情

在大学生活中，保持乐观并积极适应环境是塑造健康生活方式的主要内容。毕竟，大学生活是个人成长、学术发展和个性发展的重要阶段，无论是面对学术挑战，还是处理人际关系，或者适应新的生活环境，都需要一种乐观积极的心态和强大的适应能力。

乐观的态度并不意味着要无视现实中存在的问题，而是一种在面对困难和挑战时，能够积极寻找解决方案，坚定能够克服困难的信念。乐观的人具有良好的心理状态，能更好地应对压力，避免情绪的负面影响，并积极地寻找解决问题的方案。这种积极的心态不仅有助于提高学习效率，而且有助于建立和维持良好的人际关系。

适应环境的能力是每个大学生都需要的技能，特别是对于那些性格内向的学生，或者是远离家乡的学生来说，环境变化可能会带来一些不确定性和不适感，适应力强的学生能够更快地适应新环境，更快地找到属于他们自己的学习节奏和生活方式，他们会更加开放地接受新事物，更加灵活地处理问题，并且能够在压力下保持平衡和冷静。

然而，对一些在面对挑战和压力时感到困惑和迷茫的大学生而言，他们可能会采取一些逃避的策略，例如消极应对，怨天尤人，或者过度紧张等。这些消极的应对策略不仅无法解决问题，还会引发焦虑、抑郁等心理问题，这些问题如果得不到及时和有效的处理，就会对大学生的学习效率、人际关系和身体健康造成更大的影响。

（七）对生活始终保持热爱之心

对生活保持热爱之心在大学生健康行为习惯的塑造中具有积极意义。这种热爱，归根结底，是一种内在的动力和积极的态度，它驱使大学生在面对学术和生活的困难与挑战时能够始终保持活力和动力。

大学是一个提供广阔学术探索空间的地方，学生可以发现和追求他们自己的兴趣所在。对生活的热爱和对知识的渴望，是学生发展和提高其自身能力的驱动力，他们在学习过程中，不仅要掌握知识，还需要结合自己的特长和兴趣，将学到的知识应用到实际生活和研究中去，在面对问题时，能够积极寻求解决方案，不断提升他们自己的技能和能力。

与此同时，对生活的热爱也体现在他们对自己的期待和自我价值的追求上。他们对自己的未来有着明确的规划和愿望，能够坚定地追求他们自己的目标，这也是他们努力学习的动力。他们不会满足于现状，而是始终保持着对未来的期待和热情，这种积极的态度可以促使其健康快乐地成长。

然而，对一些心理健康状况不佳的学生而言，长期的焦虑和抑郁可能使他们对学习失去热情和动力，无法将能力发挥出来。虽然他们在智力和能力上与其他学生并没有太大差别，但是由于各种原因，他们无法充分利用自己的特长，发挥优势，从而学习动力下降，对未来感到迷茫，甚至产生心理问题。

因此，为了让大学生能够保持健康的生活习惯，大学和社区应该提供一些必要的支持和资源。例如，提供心理咨询服务，指导他们科学应对压力和挑战；设立学习支持中心，帮助他们提高学习效率和动力；开展各种课外活动，鼓励他们积极参与，从中找到他们自己的兴趣和特长，增强其自信心和自尊心；建立良好的社区环境，促进大学生积极发展并保持其健康的行为习惯。这些措施不仅可以帮助大学生重建对生活的热爱，而且可以增强他们的学习动力，有利于养成健康的生活习惯。

第三章 大学生健康教育概述

第一节 健康教育及校园健康促进概念

一 健康教育

健康教育，旨在提升个体和群体的健康水平，以及提高其健康决策的能力。健康教育不仅关注生理的健康，也关注心理和社会的健康，因此它是一种整体的、全面的健康提升策略。

（一）健康教育的内涵

健康教育是通过有计划、有组织、系统的社会和教育活动，促使人们自觉地采纳有益于健康的行动和生活方式，消除或减轻影响健康的危险因素，预防疾病、促进健康、提高生活质量。

健康教育的核心是积极教育人们树立健康意识、帮助人们了解哪些行为是影响健康的，自觉地选择有益于健康的行为和生活方式。健康教育应提供改变行为所必需的知识、技能与服务，并促使人们合理地利用这些服务，如免疫接种和定期健康检查等，从而达到预防疾病、治疗疾病和促进康复的目的。

健康教育不同于卫生宣传，正确的信息诚然是健康教育的基础，但健康教育必须具备增进健康行为的其他因素，如充分的资源、有效的社区领导、社会的支持以及自我帮助的技能等。健康教育要采用各种方法帮助个体了解其健康状况，并做出合理的选择，而不是强迫人们改变某种行为。

健康教育的重要功能在于争取领导和社会支持，逐步形成健康促进的氛围，健康教育必须充分发挥群众的广泛参与，唤起群众对危害健康行为的认识以及建立起改变不文明、不科学行为的决心。

同时也要看到，行为与生活方式的改变不是个人孤立的行动。许多不良行为不一定是个人的过错，也不是个人的愿望就可以解决的。当人们做出有关健康行为的决策时，往往会受到一些个人无法控制的影响因素，如工作条件、市场供应、教育水平、经济能力和环境状况、社会规范和风俗习惯等的制约。因此健康教育不能只关注个体，还要从宏观着手，要着眼于家庭、社区和政府部门，保证获得有效的支持，以促使个体、群体和全社会行为的改变。

（二）健康教育的目的

健康教育的目的主要包括改善健康状况，预防疾病，推广健康生活方式，提升健康的决策能力。这些目标通过不断的教育过程，使个人和群体能够掌握并实践健康知识，以实现长期的、全面的健康提升。

1. 改善人们的健康状况

通过提供健康知识，培养健康技能，以及引导健康价值观，健康教育可以帮助人们实现更好的身体健康，包括减少疾病发生，提高生活质量，以及增加预期寿命等。同时，健康教育也关注心理健康，通过提高人们对心理健康问题的认识，帮助他们掌握应对压力和困难的方法，可以减少焦虑和抑郁发生的风险。

2. 预防疾病

通过健康教育，人们可以理解疾病的发生机制，学习如何降低患病的风险，以及如何早期发现和处理健康问题。例如，对于传染病，健康教育可以通过教导人们采取有效的预防措施（如手部卫生和疫苗接种）来降低感染风险和传播概率。对于慢性病，健康教育可以通过提高人们对健康生活方式的认知和实践，如合理膳食和定期运动，来降低发病率。

3. 推广健康的生活方式

健康的生活习惯，如良好的饮食与睡眠习惯，适量的运动，以及避免有害健康的行为（如吸烟和过量饮酒），对于预防各种疾病和提高生活质量至关重要。通过健康教育，人们可以了解并实践这些健康习惯，形成长期的、积极的生活方式。

4. 提升健康的决策能力

对于每个人来说，健康都是一个持续的、复杂的决策过程，涉及饮食、运动、药物使用、医疗服务选择等各个方面。健康教育可以提供必要的信息和技能，帮助人们做出有利于他们健康的决策。这种能力不仅可以在个人层面上提高其健康状况，也可以在社区和社会层面上推动健康政策的制定与实施。

（三）健康教育的内容

健康教育的内容广泛且丰富，涵盖了一系列与健康有关的主题。这些内容可以从多个角度来阐述，包括健康和疾病的知识，健康技能和行为的培养，健康决策的能力，以及健康社会和环境的创建。

1. 健康教育的内容包括健康和疾病的基础知识

健康教育的内容来自各个学科，如生物学、医学、公共卫生、心理学、社会学等。比如，健康教育会涵盖人体的生理机能，疾病的原因和症状，预防和治疗方法，以及疾病对个人和社会的影响。这些知识既可以帮助人们理解他们自己的身体状况，也可以使他们学习健康的常识。

2. 健康教育的内容涉及健康的技能和行为

健康教育包括如何制定和实施健康的生活习惯，如合理的饮食、适量的运动、良好的睡眠，以及避免有害的行为，如吸烟和过量饮酒。此外，健康教育还会教授一些实用的健康技能，例如如何阅读和理解医疗信息，如何进行心肺复苏，以及如何展开急救等。

3. 健康教育的内容包括健康的决策

这涉及个体在面对不同健康问题时可以做出的科学的选择，例如在选择食品、药物、运动方式，以及医疗服务等方面。决策能力包括如何避免健康风险，如何保护他们自己免受伤害及生病时的处置方法等，通过教育，使人们学会在不同选择之间权衡利弊，以实现最有利于他们自己的健康决策。

4. 健康教育的内容还关注到健康的社会和环境因素

包括如何理解和应对健康的社会决定因素，例如，教育、收入、职业，以及住房等对健康的影响。同时，健康教育也会关注环境对健康的影响，例如空气和水质、食品安全以及工作和生活环境等。这些内容帮助人们认识到健康不仅仅是个人的问题，也是社会和环境的问题。

（四）健康教育的原则

健康教育的原则是健康教育实施的基础，指导着健康教育的设计和执行。

1. 科学性原则

健康教育的信息和知识必须基于科学事实，不能传播错误或误导的信息，教育内容应当基于最新的医学和公共卫生研究成果，以确保信息的准确性和时效性。

2. 个体性原则

每个人都有不同的健康需求和条件，因此健康教育需要根据个体的差异进行定制，即根据年龄、性别、文化背景、健康状况等因素，提供针对性的教育内容和方法。

3. 可行性原则

健康教育的建议和措施需要考虑到实际可行性，包括考虑个人的能力和环境，即推广的健康行为应当是个人可以实际执行的，推动的政策改变也需要考虑到社区的实际条件和资源状况。

4. 参与性原则

健康教育应当鼓励个人和社区的参与。教育的过程不应当只是单向的传递，而应当是互动的、参与性的。这可以通过鼓励问答、讨论、实践等方式来实现。

5. 持续性原则

健康是一个长期的过程，因此健康教育也需要持续的坚持，这不仅需要持续提供健康知识，还需要持续支持和鼓励健康行为的实施。

6. 整体性原则

健康不仅是身体的健康，还包括心理和社会的健康。因此，健康教育需要关注健康的多个方面，包括身体健康、心理健康，以及社会和环境对健康的影响。

二 校园健康促进

校园健康促进是一种全面的策略，它强调了整个校园社区——包括学生、教职员工、家长以及更广泛的社区在内——在创建一个支持所有人健康和学习的环境中的角色。校园健康促进的基本原则是，健康和教育二者是相互影响、相互促进的，即一个健康的学生更容易专注于学习，而一个接受良好教育的学生则更有可能做出有利于健康的选择。因此，健康和教育的成功是相互联系的。

校园健康促进包括许多领域，如营养和饮食、体育活动、心理健康、安全、社会和情感学习、环境健康等，这不仅仅是关于学生个人的健康行为，更是关于整个校园环境如何支持健康和学习的问题。健康的饮食和体育活动在校园健康促进中起着核心的作用。学校提供的健康饮食选项，以及提供给学生进行体育活动的机会，都可以帮助学生养成良好的生活习惯。心理健康也是校园健康促进的重要部分。学校可以提供适当的心理健康资源和支持，帮助学生应对大学阶段常见的心理问题，如自我意识、身体形象、关系问题、抑郁和焦虑等。一个安全、舒适、充满支持的环境对于学生的健康和学习亦非常重要。这包括有利于学习的课堂环境，以及无暴力、无欺凌的校园氛围，这样的环境能让学生在学习中尽情探索，增加他们的积极性和安全感。校园健康促进也强调社区参与。学校、家庭和社区之间的紧密合作是实现校园健康促进的关键，家长、教师和社区成员都可以参与到创建和维护健康校园环境的行动中。

总的来说，校园健康促进是一种多方面、整合性的方法，它不仅仅关注学生的健康，而且关注整个校园社区的健康，它强调健康和教育的相互影响，以及如何创建一个有利于学生健康和学习的校园环境。

三　大学校园环境的主要特点

大学校园环境的主要特点如下（见图 3 - 1）。

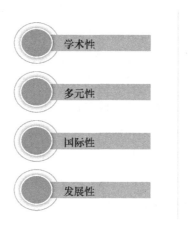

图 3 - 1　大学校园环境的主要特点

（一）学术性

大学校园作为知识与文化的殿堂，具有强烈的学术气息，是人们追求学问、增长才干、培育人才、发展科学技术的重要场所。

1. 学术自由与探索精神

学术自由与探索精神是大学校园的显著特点，它塑造了一个鼓励探讨、反思、质疑与创新的环境，这一环境并非偶然出现，而是大学校园的理念、制度和实践相互作用的结果，对整个社会有着深远的影响。

在大学校园里，学术自由被视为一种基本权利和价值。这种自由赋予师生勇于追寻真理的权利，无论这个真理有多么不寻常或具有争议性，他们都被鼓励去质疑现有的知识观念，无论这些观念是文化习俗、道德观念还是科学理论，学术自由都赋予学者权利，去质疑既定的观点，也有权公开表达他们自己的观点，而不需要担心被惩罚或者遭到排斥。它促使每个人都尊重并理解不同的观点，鼓励开放、平等和包容的学术对话。

而探索精神是由学术自由所催生的。在大学校园内，学术研究不仅仅是复述和传播已知的知识，更多的是在未知领域中探索，是对新领域、新方法和新思想的积极追求。教师和学生积极参与各种研究活动，无论是在实验室里进行实验，还是在图书馆里翻阅书籍，抑或是在田野进行实地调查，他们都全身心地投入，寻求解答问题的答案。在这些过程中，他们需要反思已有的理论，并尝试新的研究方法，甚至提出颠覆性的观点，从而推动科学和知识的发展。

大学校园鼓励学科交叉和创新。在此环境下，传统的学科界限被打破，化学、物理、生物、社会科学等各种学科领域的知识被整合，形成新的研究领域和研究方向。这种跨学科的研究方式不仅推动了知识的整合和创新，还促进了科学的进步和社会的发展。

综上所述，学术自由和探索精神不仅是大学校园的学术特征，也是其价值所在，它让大学校园成为人类知识的摇篮和进步的源泉，使每一个在其中求学的人都能体验到学术研究的乐趣和意义，激发他们对知识的热爱和对真理的追求。

2. 学科专业化

学科专业化是现代大学教育的核心特征，它以深度和专业性为基础，旨在为社会提供具备专业知识和技能的毕业生。

首先，大学课程的设置和规划常常围绕特定的专业领域展开。通过精心设计的课程，学生可以系统、深入地学习某个专业领域的知识。例如，法学专业的学生除了要学习法理学、宪法学等基础课程外，还需要学习刑事诉讼法、民事诉讼法等专业课程。通过这样的课程设置，学生在逐步掌握专业知识的过程中，可以形成较为完整的知识体系，这些内容具有很强的学术性。

其次，大学教师在专业领域具有深厚的研究背景和丰富的教学经验。他们不仅负责教授课程，还要进行前沿的科研活动，推动专业领域的知识更新和技术进步。通过与教师的互动和交流，学生可以了解最新的研究进展，熟悉专业领域的研究方法，提高他们自己的研究能力。

再次，大学教育强调理论与实践相结合。大学生除了在课堂上学习专业理论外，还需要参与实习、实验、科研项目等实践活动。通过这些活动，学生可以将理论知识应用到实际问题的解决中，培养他们自己的实践技能，同时也能在实践中反思和拓展理论知识。

最后，大学的教学评估反映了学科专业化的特点。学生的学业成绩不仅依赖于他们在考试中的表现，也取决于他们在课程项目、论文、实习报告等方面的表现。这些评估方法能更全面、更准确地反映学生的专业素养，有助于他们更好地发展其专业能力。

总的来说，学科专业化是大学校园学术特点的体现，它构建了一种以专业为中心的教学模式，鼓励学生在深度和广度上掌握专业知识，培养他们成为专业领域的专家。这种模式不仅促进了知识的深化和专业化，也为社会经济的发展提供了强大的人力资源支持。

3. 学术资源丰富

大学校园的学术资源丰富无比，从图书馆到实验室，从研究中心到各种学术网络数据库，这些资源构成了一个庞大的学术资源体系，提供了强大的学术支撑，也为师生的学术研究和学习提供了必要的条件。图书馆是大学校园中最重要的学术资源，一所优秀的大学图书馆不仅收藏了大量的书籍、期刊和报纸，还能提供各种电子资源，如电子图书、学术数据库、在线期刊等。这些资源覆盖了各个学科领域，无论是历史的研究、科学的探索，还是文学的欣赏，都能在图书馆中找到所需的资源。同时，图书馆还为师生提供了一个安静、舒适的学习和研究环境，为他们深入阅读、思考和研究提供条件。实验室和研究中心也是大学校园中的学术资源，这些设施为师生开展实验研究、技术开发、实践训练等提供了必要的条件。例如，自然科学和工程技术领域的研究往往需要精密的仪器和设备，而这些设备通常都设在实验室中。同样，社会科学和人文科学的研究也需要数据分析、案例研究等工具和方法，而这些则常常通过研究中心提供，这些设施的配备，提高了大学校园开展学术研究的能力，为师生进行学术研究创造了平台，有助于提升学校的综合实力。此外，大学校园还经常开展各种学术活动，如学术讲座、研讨会、学术交流等，这些活动让师生有机会听取国内外知名学者的学术报告，参与学术讨论，交流研究心得，不仅丰富了大学校园的学术生活，也提升了师生的学术水平和视野。

在这种丰富的学术资源环境下，大学校园成为知识创新和才能培养的热土，每一位师生都能在这里找到他们自己的学术方向，追求他们自己的学术兴趣，实现他们自己的学术价值。因此，大学校园丰富的学术资源，是其能够持续进行高质量教学和研究的重要保证。

（二）多元性

大学校园是文化多元性的具体体现，这种文化多元性涵盖了民族、地域、学科等多个维度，为校园生活注入了丰富多彩的元素，也为师生的学习和成长提供了宝贵的机会。

1. 民族多元性

民族多元性体现了学校教育和社区交往的开放和包容。这一特点不仅丰富了大学生活，也为学生提供了开阔的视野和深入了解世界的机会。

在大学中，来自不同民族和种族的学生将其独特的文化传承与生活经验注入校园之中，每一个学生都是其文化背景的代表，通过他们的语言、饮食、服饰、节庆、艺术、音乐等，我们能够直观地感受到各种文化的独特魅力和深刻内涵。民族多元性也促进了大学课程的丰富和多样化。为了增进学生对不同民族和种族文化的理解和尊重，大学会开设一些相关的课程，如非洲研究、亚洲研究、拉丁美洲研究等，这些课程不仅教授理论知识，还通过实地考察、文化交流等方式，让学生亲身体验和感受不同文化的内涵和魅力，而且可以通过讲座、展览、演出等方式，邀请各领域专家学者和艺术家，让学生近距离接触和了解世界各民族的精彩文化。民族多元性还反映在学术研究上。大学鼓励并支持跨文化、不同民族的学术研究，促进不同背景的学者和学生共同合作，探索人类社会的共同问题。这种合作不仅有助于提高研究的质量和深度，也促进了全球视野和人文情怀的培养，无论是人文社会科学还是自然科学，都需要全球化的视角和多元化的思维，这正是民族多元性所能提供的。

2. 地域多元性

无论是从城市、乡村，还是从不同的省份、国家，甚至不同的大洲来的学生，都带着他们的地域特色和独特视角，构成了大学校园丰富多彩的"文化氛围"。

地域多元性对于校园生活的影响极其深远。每个地域都有其独特的饮食、服饰、音乐、舞蹈、节庆等文化元素，这些元素在大学校园中得到充分的展现和传播。例如，南方的学生可能会为校园带来麻辣的川菜和清新的茶文化，而东北的学生或许会为大家表演激昂的二人转，国际学生则可以介绍他们的家乡特色，如日本的折纸艺术、印度的瑜伽文化、非洲的鼓舞表演等。这些来自不同地域的文化元素，共同构成了一个多元且富有动态的校园文化景象。地域多元性在教学和研究中也具有重要的影响。不同地域有其特有的历史、经济、社会、环境等方面的问题，这为学术研究提供了丰富的素材和多元的视角。比如，地理学家会研究不同地域的气候变化，经济学家则研究不同地区的经济发展模式，而社会学家可以研究不同社区的社会结构和文化冲突。这些研究不仅有助于我们更全面更深入地了解这个世界，也为解决全球性问题提供了有力的理论支撑和实践经验。地域多元性对于培养具有全球视野和跨文化交际能力的人才具有关键作用。大学校园是培养未来全球公民的重要基地，在这里，学生可以通过接触和理解不同地域的文化，提升他们的文化敏感性和跨文化交际能力，同时，他们也可以通过参与有关全球性问题的学术研究和社会实践，提升他们的全球公民意识和社会责任感。

3. 学科多元性

学科多元性让大学校园成为一个蓬勃发展的知识殿堂，滋养着师生的求知欲望和探索精神，各个学科领域的存在，使得大学校园充满了智慧的火花和创新的活力。一方面，学科多元性能够促进各学科间的互相理解支持，实现知识共享与互补，还能为校园生活增添丰富的色彩。不同专业的学生有着不同的思维方式和学习方法，他们在日常生活中的举动，甚至在课外活动中的表现，都会受到他们自己所学专业的影响。比如，文学专业的学生习惯举办诗歌朗诵会，科学专业的学生会定期举办科技展览，而艺术专业的学生可能会开办艺术展或音乐会，这些活动不仅能让大家了解不同专业的知识和技能，也使校园生活变得更加丰富多彩。另一方面，学科多元性对教学和学术研究有着深远的影响，可以促进科学发展，培养学生跨学科思考和学习的能力。在教学上，不同学科的课程可以相互借鉴和学习，形成一种交叉融合的学习模式；在学术研究上，多元的学科结构为交叉学科的发展提供了可能，比如生物信息学、神经经济学等新兴学科，就是在不同学科知识碰撞和融合的过程中诞生的，这种交叉和融合，使得大学的教学和研究更加深入和广泛，也让大学能够更好地应对社会发展的需求。学科多元性也是培养复合型人才的重要基础。在当今社会，对于人才的需求越来越多元化，单一的专业知识已经无法满足社会发展的需求。因此，大学也开始强调跨学科的学习和研究，培养学生具有广泛的知识结构和创新的思维能力。在学科多元的大学校园中，学生有机会了解和接触到不同的学科知识，拓宽他们的知识视野，提升他们的综合素质。

（三）国际性

大学环境具有国际性的特点，这一现象是现代教育全球化的直接反映。随着科技的发展和信息的全球化传播，世界越来越紧密地联系在一起，大学教育也随之变得越来越国际化。在很多现代大学里，国际性已经成为其教育体系的重要组成部分。

1. 大学中学生和教职工构成日益多元化

在大学环境中，学生和教职工的日益多元化已经成为一种常态，这是由于大学教育的国际化趋势，以及对知识和学术的全球交流与合作的需求。因此，我们可以看到许多大学有来自世界各地的学生和教职工。

学生群体的多元化呈现出独特的动态。来自五湖四海的学生携带着不同的文化、社会背景和经历，当大家在校园中相互交流，分享各自的想法和观点时，不仅促进了他们全球视野的形成，也提高了他们的文化敏感性和跨文化交际能力，极大地丰富了校园文化。大学生活中的多元文化经历为他们提供了一个无与伦比的学习平台，让他们在实际经历中学习和理解不同文化，为他们未来在全球化社会中生活和工作打下了坚实的基础。

与此同时，教职工的多元化同样丰富了大学的学术环境。教师和研究人员来自各个不同的国家和文化背景。这种多元化在学术研究中产生了极为丰富的交流和碰撞，推动了知识的创新和发展，这种多样性也给学生带来了更丰富的学习体验，他们可以提供多元的教育视角，能够拓宽学生的视野，培养他们的跨文化交往的能力，为学生未来的发展提供重要支持。

大学环境中的多元化并不是一个孤立的现象，而是全球化背景下的必然产物。大学是全球知识和文化交流的平台，通过不同国家和不同文化背景学生和教职工的交流学习，实现了全球化教育的目标，促进了知识的传播和创新，为解决全球问题提供了更多元化的视角和方案。

2. 国际合作是大学科研工作的重要一环

在大学，尤其是国际化活动开展较多的校园里，国际合作的科研项目多种多样，从基础科学研究到应用技术开发，从社会科学研究到自然学科研究，无所不包。这些合作通常涉及资源共享，比如数据共享、设施共享、人员交流等。这种资源共享可以减少重复投入，提高研究效率，还可以使研究团队获取更多的数据和信息，从而进行更广泛、更深入的研究。

在科研合作过程中，各方不仅可以共享数据和设施，还可以交流观点和想法，学习各自的研究方法和技术。这种观点和方法的交流对科研创新有着积极的推动作用，在合作过程中，团队成员可以了解到其他文化和社会的研究视角，还可能会引发新的思考，激发新的创新灵感。国际科研合作还可以提高研究的全球影响力，共同发表的论文和报告往往会吸引更大的关注和更多的引用，这有助于提高研究的知名度和影响力。同时，合作关系也可以提高大学和研究团队的国际地位和声誉。

国际科研合作在促进全球问题的解决方面发挥着关键作用。许多重大问题，如气候变化、公共卫生危机、能源问题等，都需要全球范围的合作来解决。通过国际合作，科研团队可以集中资源和智慧，共同面对这些全球性挑战。

总的来说，国际合作在大学科研工作中发挥着重要作用。通过与全球合作伙伴的共同努力，科研团队可以开展更高效、更高质量、更具创新性的研究，共同推动科技进步，促进全球问题的解决，增强各国之间的文化交流和了解，对于大学的发展和全球的进步都具有深远的影响。

3. 大学课程呈现出国际化发展趋向

在全球化的背景下，大学课程呈现出国际化的发展趋势，具体体现在课程内容的广泛性上。越来越多的大学课程不再局限于研究单一的国家或地区，而是着眼于全球性的议题，如全球化、气候变化、全球治理等，这样的课程使学生有机会了解和探讨全球范围内的重大问题，培养他们的国际视野和全球公民意识。

大学课程的教学方式也体现出国际化的趋势。很多大学都积极推行国际教育项目，例如海外学习、国际研讨会和国际实习等，这些项目让学生能直接接触到不同的文化和社会环境，增强他们的跨文化交际能力。例如，通过海外学习项目，学生可以在另一个国家的大学里学习一段时间，亲身体验当地的文化和社会环境，与当地的学生和教师进行面对面的交流。这种直接的体验和交流可以帮助学生深入理解和接纳不同的文化和观点，提升他们的全球公民素养。

很多大学课程还强调跨学科的学习方式。这种方式鼓励学生从多个学科的角度理解和分析问题，培养他们的多元思维能力。例如，解决气候变化问题不仅需要理解气候科学，还需要理解经济、政治、社会等多个方面的因素。这种跨学科的学习方式能帮助学生更全面地理解全球性的问题，提高他们解决复杂问题的能力。

在大学课程国际化发展的趋势下，学生有更多的机会学习和理解全球性问题，提升他们的国际视野和跨文化交际能力，这将为他们在全球化社会中的生活和工作提供必要的准备。

（四）发展性

大学环境的发展性是其重要特点，具体体现在对知识的不断探索、教育模式的创新、科研方法的进步，以及对个体全面发展的关注等方面。这种发展性特征对于教育质量的提高、科学技术的发展，以及社会经济的进步都具有促进作用。

1. 知识的不断探索和进步是大学环境发展性的体现

大学是社会的知识中心，担负着创造、传播和应用知识的重任。为此，大学致力于对各个学科领域进行深入的研究和探索，通过科研活动不断产出新的知识，推动科学的前沿不断向前。这种对知识的不断追求和热爱，使大学成为人类文明进步的重要引擎。

2. 教育模式的创新也是大学环境发展性的体现

面对时代的变迁和社会的发展，大学正在积极探索新的教育模式和教学方法，以适应新的教育需求。比如，许多大学开始实施素质教育，注重培养学生的创新思维和批判性思考能力。同时，大学也积极采用现代科技，如在线教育、人工智能等，提高教学效率，增强教学效果。这些教育模式的创新，使大学教育能更好地服务于社会，更好地培养出适应社会需求的人才。

3. 科研方法的改进是大学环境发展性的体现

科研方法是科学研究的核心，直接决定了研究的效果和质量。为了提高科研质量，大学不断地改进科研方法，如提高数据分析的精确度，改善实验条件，推进科技创新，打造科研平台等，这些措施的实施，为大学的科研活动提供了强大的支持，促进了科研成果的产出。

4. 对个体全面发展的关注是大学环境发展性的体现

大学不仅关注学生的知识技能培养，也关注他们的个人成长和发展。许多大学通过提供丰富多样的课外活动，培养学生的领导力、团队协作能力，以及社会责任感等素质。同时，大学也关注教职工的发展，提供各种培训和培养机会，支持他们的职业成长。

第二节 大学生健康教育所涉及的主要理论

一 健康行为理论

大学生的健康教育与健康行为理论之间存在着密切的关系。健康教育是一种通过教育、传播信息和影响个人、群体或社区的信念、态度、意愿的技能，促使他们自愿地采取有利于健康的行为和生活方式的过程。而健康行为理论则是研究和解释行为发生、维持和变化的心理学和社会学理论。

在健康行为理论中，健康信念模型、行为改变阶段模式、理性行为理论和计划行为理论等，都是理解和研究个人健康行为和改变行为的理论基础和关键。例如，健康信念模型提出，个人的健康行为受其对疾病的严重性认知、易感性认知、对行为的益处、障碍感知及自我效能感的影响。该模型认为，当某一个体感知到或意识到某种疾病的严重威胁，并且认为威胁发生的可能性比较大，而且在采取健康行为的过程中需要付出的代价较小收益较大时，其行为才比较容易发生变化，健康信念是人们对健康和疾病所持有的理念。健康信念的形成是人们听取劝导、采取健康相关行为、改变有害行为方式的关键，是受教育对象自愿采取有益行为的基础。

健康教育正是运用这些理论知识，有针对性地进行教育活动，旨在引导大学生理解并认同健康行为的重要性，从而增强他们的健康素养，改变他们的不良生活习惯，增强其自我保健能力。具体而言，健康教育会通过一系列课程、讲座、实践活动等形式，向大学生介绍健康的饮食习惯、适量的体育锻炼、良好的精神状态等知识，并激发他们采取健康行为的动机。

然而，健康教育并不是一种单向的知识传递过程，而是一个双向的互动过程。大学生作为接受教育的主体，他们的行为选择、生活环境、社会背景等多重因素，都会对其健康行为产生影响。因此，健康教育需要考虑到大学生的具体情况，采取个体化、差异化的教育策略，促使教育更符合他们的实际需求和期望。

健康相关行为理论是分析健康相关行为的形成和改变等机制及规律的研究方法，不仅可以指导健康教育工作者寻找人们不采取有利于其健康行为的可能原因和影响因素、帮助明确干预对象人群和相关人群、指导其对个人或组织制定实施有效干预策略的思路、形成干预效果评价与监测指标，而且对健康教育实践及健康促进项目实施具有重要意义。随着社会的发展和科技的进步，健康行为的理念和形式不断更新，健康教育的内容和形式也需要随之调整。因此，健康教育与健康行为理论是一个动态互动的过程，两者之间的关系需要在实践中不断探索并加以完善。

总的来说,健康教育与健康行为理论的关系表现在,健康教育依赖于健康行为理论的支持和引导,而健康行为理论则通过健康教育的实践得以应用和检验。通过这种相互作用,我们可以更有效地推动大学生健康行为的改变,提高他们的健康素养,促进大学生身心健康。

二 社会认知理论

大学生健康教育与社会认知理论的关系是一个联系紧密且互相影响的过程。社会认知理论认为,人类活动是由个体行为、个体认知及个体所处外部环境三种因素交互决定的。该理论已被广泛应用于健康教育中,特别是在理解和改变大学生的健康行为方面。

首先,社会认知理论的一个关键概念是观察学习或模仿学习,这意味着个体可以通过观察他人的行为和行为后果来学习新的行为。在大学生健康教育中,教育者可以借鉴这一概念,通过提供健康行为的角色模型,比如体现健康饮食和运动习惯的教师、学生或公众人物,来鼓励学生模仿这些健康行为。

其次,社会认知理论强调了自我效能的概念。自我效能是指个体对他自己能否成功执行一项特定行为的信心,会影响人们的行为动机。研究表明,个体的自我效能感较强,更可能采取健康行为。在健康教育中,可以通过提供具体的技巧和策略,如学会制订实现健康目标的计划,以应对未知的困难和挑战,来提高学生的自我效能感,从而鼓励他们采取和坚持健康的行为。

社会认知理论还强调环境对行为的影响。在大学生健康教育中,这意味着我们需要关注和改变影响学生健康行为的环境因素,比如改善校园的运动设施,提供更多的健康食品,或者建立积极健康的社区氛围。同时,教师还需注意到,大学生的健康行为也会反过来影响他们的认知和环境。比如,学生通过实践和体验所得到的健康行为和成功经历,能够提高他们的自我效能感和健康认知,从而促进强化他们的健康行为。

社会认知理论为大学生健康教育提供了一个理论框架，强调了观察学习、自我效能和环境因素在行为改变中的作用，同时也强调了大学生健康行为改变的过程是一个动态的互动过程。

三　自我决定理论

自我决定理论是关于人的内部动机和行为自我调节的心理学理论，该理论认为，个体的行为动机来自其自身内在的需求、感受和欲望，以及外在的社会环境、人际互动和被认可等因素。

在大学生活中，学生拥有前所未有的自主性和自由。他们需要自己决定饮食、锻炼、休息、社交和学习等各个方面，这种自主性和自由带来了许多机会，但也带来了挑战。自我决定理论为理解这些机会和挑战提供了有力的工具。

自我决定理论的核心概念包括自主动机和调节。自主需要是一种自我决定的心理需要，伴随着一种积极的体验和自由感，自主动机发生在个体因为真正喜欢或看到某种行为的价值而从事该行为，而非因为外部因素或奖励，自主动机与更持久的行为、更好的健康和更高的满意度有关。相反，当人们因为压力、恐惧或期待的奖励而行事时，他们可能不会长时间坚持或不会感到满足。

大学生健康教育中的一个关键问题是如何鼓励学生做出健康的选择，而不仅仅是告诉他们什么是正确的，这就是自我决定理论发挥作用的地方。通过理解和满足学生的基本心理需要——自主性、胜任感和归属感——教育者可以帮助学生内化健康行为的价值，从而提高他们的自主动机。例如锻炼，许多大学生知道锻炼的好处，却很难找到动力，通过自我决定理论我们不难理解，如果学生认为锻炼是健康所需，而不是外部强加的，他们更有可能坚持。此外，如果他们觉得他们有能力成功地进行锻炼，并且他们在健身中心或锻炼小组中有归属感时，他们的动机就会进一步增强。饮食也是如此。当大学生觉得他们能够选择健康的食物，并且认为这些选择与他们的价值观和目标相符时，他们更有可能做出健康的饮食选择。但是，只依靠信息和教育是不够的，学校需要提供一个支持性环境，让学生感到他们有能力和资源做出健康的选择，并为他们提供机会来体验和增强这些选择的价值，积极鼓励他们在健康行为方面设置和追求他们自己的目标。

四　健康促进理论

在高等教育背景下，大学生经历了生活、学习和发展的重要阶段。这一时期，学生不仅需要面对学术压力，还需要应对与成长相关的各种生活挑战，如个人关系、身体健康、生活习惯、环境因素等。此时，健康教育成为支持他们健康和福祉的关键组成部分，为了更有效地进行健康教育，我们需要引入一些能帮助他们改变生活方式，达到理想状态的措施。健康促进是促使行为和生活条件向有益于健康改变的教育和环境支持的综合体。

健康促进是指健康教育以及能促使行为与环境改变的政策、法规、组织结合在一起、影响、教育人们促进健康的一切活动的全部过程。健康促进主要针对两类健康决定因素采取行动：一类是个人无法控制的健康决定因素，包括社会、经济和环境条件；另一类是个人可控的健康决定因素，包括个人健康行为。

健康促进与健康教育在健康相关行为的改变中起着同等重要的作用。健康促进框架中包含健康教育，健康教育须以健康促进战略思想为指导和支持，政策、法规、组织及环境的支持都是健康促进的组成部分。但健康促进需要健康教育来推动和落实，且健康教育是健康促进战略中最活跃、最具有推动作用的具体工具。如果健康教育得不到有效的环境（包括政治、社会、经济、自然环境）的支持，健康教育在帮助个体为改变某些行为而做出努力时就会显得软弱无力。同时，为了促进健康，单纯提供信息是不够的，需要结合个体的认知、情感和社会环境因素，促使其从内部产生改变意愿，并积极采取健康行为。因此，健康教育不能脱离健康促进，健康促进也不能没有健康教育，该理论强调了人们的主观经验、自我效能感、目标设定和社会支持在健康行为中的重要性。

考虑到大学生的特殊背景，健康促进理论为我们提供了一个完整的框架来理解他们的需求和挑战。例如，当我们考虑到饮酒或吸烟这类不良行为时，仅仅告诉学生这些行为的健康风险是不够的，相反，我们需要理解学生为什么选择实施这些行为，他们的朋友或家庭如何影响他们的选择，以及他们是否觉得他们自己有能力和资源做出不同的选择。以饮酒为例。许多大学生或许是因为社交环境或寻找归属感而参与聚会并喝酒，健康促进理论建议我们应该考虑如何提高学生的自我效能感，让他们相信他们自己可以在不喝酒的情况下建立信任、维持友情。此外，通过提供非饮酒的社交活动和强化社会支持，可以帮助学生找到适合他们自己的健康的社交方式。在饮食习惯方面，健康促进理论也提供了指导。许多大学生可能因为时间或经济方面的问题而选择快餐而非健康食品，在这种情况下，提供关于健康饮食的信息肯定是不够的，我们需要帮助学生设定实际和可以达到的目标，提供经济和简单的健康食谱，以及提供关于如何在繁忙的日程中做出健康选择的策略。锻炼也是大学生常常面临的挑战。尽管他们可能知道锻炼的好处，但因为各种原因而缺乏动力，健康促进理论建议，我们可以通过提供灵活的锻炼时间、学习和锻炼结合方法，以及提供团体锻炼的机会，帮助学生找到锻炼的动力和机会。

第三节　大学生健康教育的基本方法

一　讲授法

讲授法是一种常见的教学方法，特别是在传统的教室环境中，教师或讲师会把信息直接传递给学生，学生的任务就是听取和理解这些信息。

（一）讲授法简介

讲授法，是教师以讲授为主导所进行的教学活动。教师通过口头语言向学生描绘情境、叙述事实、解释概念、论证原理和阐明规律，它是使用最早的、应用最广的教学方法，可用于传授新知识，也可用于巩固旧知识，其他教学方法的运用几乎都需要同讲授法结合进行。

讲授法有多种具体方式：第一，讲述。它侧重于生动形象地描绘某些事物现象，叙述事件发生、发展的过程，使学生形成鲜明的表象和概念，并在情绪上受到感染。凡是叙述某一问题的历史情况，以及某一发明、发现的过程或人物传记材料，常采用这种方法。在低年级，由于儿童思维的形象性、注意力不易持久集中，在各门学科的教学中，也多采用讲述的方法。第二，讲解。主要是对一些较复杂的问题、概念、定理和原则等进行较系统而严密的解释和论证。在文、理科教学中讲解被广泛应用，在理科教学中应用尤多，当演示和讲述不足以说明事物内部结构或联系的时候，就需要进行讲解，在实际教学中，讲解和讲述经常结合运用。第三，讲演。教师就教材中的某一专题进行有理有据、首尾连贯的论说，中间不插入或很少插入其他的活动，这种方法主要用在中学的高年级和高等学校。

讲授法的特点在于信息量大。学生可以通过教师的说明、分析、论证、描述、设疑、解疑等教学语言，在短时间内获得大量的系统的科学知识，因而适用于传授新知识、阐明学习目的、教会学习方法和进行思想教育等的教学，其灵活性大，适应性强，无论是在课内教学还是课外教学，也无论是在感性知识教学还是理性知识教学时，讲授法都可运用。它使学生通过感知、理解、应用而达到巩固掌握的目的，在教学进程中便于调控，且随时可与组织教学等环节结合起来。

（二）讲授法在大学生健康教育中的具体应用

在大学生健康教育中，讲授法作为一种最常见的教学方法，已经被广泛地应用。

大学生健康教育的主要目标是增强学生的健康意识，改善生活习惯，提高其自我保健能力，在此过程中，讲授法可以有效地传递健康知识，培养学生良好的健康行为。

讲授法在大学生健康教育中的应用，通常以教师为主导，结合现代教学媒体，全面、深入地传授健康知识。教师通常会预先准备一些与健康相关的主题，比如营养与健康、体育锻炼与健康、心理健康等，然后通过讲解、示例和实际操作等方式，让学生理解并掌握这些知识。

讲授法在大学生健康教育中的优点很多。首先，它可以大量、快速地传递信息，使学生在较短的时间内获得丰富的健康知识。其次，为了更符合学生的实际情况，讲授法的内容可以根据他们的需求进行灵活调整。此外，教师可以利用各种教学媒体，如图片、视频、动画等，使得讲授内容更生动，更易于理解。

然而，讲授法也存在一些局限性。比如，讲授法由于过度依赖老师而忽视了学生的主动参与，使得学生在学习过程中处于被动接受的状态。此外，过分强调理论知识的传授，而忽视了实践操作的重要性。

尽管如此，通过改革和创新，讲授法在大学生健康教育中的效果可以得到显著提升。比如，教师可以在讲授过程中穿插互动环节，如问答、讨论等，激发学生的学习兴趣，提高他们的参与度。同时，教师也可以将讲授内容与实际生活紧密结合起来，通过案例分析、实地考察等方式，使学生能够将理论知识与实践经验相结合，从而更好地理解和掌握健康知识。

总的来说，讲授法在大学生健康教育中的应用是必要的，它可以有效地传授健康知识，帮助学生建立正确的健康观念。但是，也需要适时地进行改革和创新，以提高教学效果，满足学生的个性化学习需求。

二 演示法

演示法是一种强大的教学工具，能够帮助学生通过观察和模仿来理解和掌握新的技能和概念。然而，为了最大化其效果，教师需要细心地规划与实施演示法，同时也要注意培养学生的独立思考和创新能力。

(一) 演示法简介

演示法的基本原理是让学生通过观察教师或其他专家的操作来理解和掌握新的技能或概念。演示法被广泛应用在各个学科和领域。

作为教学方法，演示法有以下几个主要优势。首先，它提供了具体的可视化过程，有助于学生更深入地理解概念或技能。其次，演示法能够模拟真实的环境或情境，使学生能够在相对安全的环境中尝试新的技能。最后，演示法能激发学生的兴趣和好奇心，从而提高他们的学习动机。

然而，演示法也存在一些限制。例如，如果没有适当的指导和反馈，学生可能会模仿错误的技巧或过程。另外，过度依赖演示法则会导致学生过于依赖他人的思考和理解，而忽视了他们自己的独立思考和创新能力。

有效的演示法需要教师遵循一定的步骤和策略。首先，教师需要清楚地定义学习目标，并选择合适的演示内容和方法。其次，教师需要确保学生能够清楚地看到和理解演示过程，这就要求教师借助一些额外的教学工具，如白板、PPT 或者视频等。再次，教师需要在演示后提供足够的时间让学生进行实践和反馈。最后，教师需要定期评估和反思演示法的效果，以便进行必要的调整和改进。

(二) 演示法在大学生健康教育中的具体应用

传统的教育方式如讲座、课堂讲解等，往往无法吸引学生的兴趣和参与，故此，教育者需要采用更为生动、直观的方式，如演示法，来进行健康教育。

演示法是一种富有视觉效果的教学方法，通过动态的、可视的、立体的方式，使学生更好地理解和掌握健康知识。这种教育方式可以应用于大学生的各种健康教育环节中。

对于生理健康的教育，演示法可以使学生更直观地理解人体的结构和功能。比如，通过模拟人体的部位和系统进行教学，或是演示正确的运动方式和饮食搭配，使学生了解怎样保持身体健康。再者，也可以演示疾病的形成过程和预防方法，如通过糖尿病模型展示高糖饮食对人体的影响，以增强学生的自我防护意识。

心理健康教育中通过角色扮演等，可以使学生更好地理解和处理心理问题。比如，可以通过模拟不同的生活场景，教育学生如何面对压力、处理人际关系，以及怎样进行自我情绪调控。

演示法也为教育者提供了一种新的、有效的健康教育方式。教育者可以通过演示法，向学生展示健康的生活习惯是如何形成的，以及不良习惯对健康的影响。例如，通过模拟熬夜和正常作息的对比，使学生理解保持良好的生活习惯对身心健康的重要性。

总的来说，演示法在大学生健康教育中的应用，可以使学生更加直观、生动地理解和掌握健康知识，提高对健康的关注及维护其自身健康的技能。

三 引导教学法

引导教学法是一种以学生为中心的教学策略，强调让学生通过教师的引导，由他们自己发现、理解和应用知识，依赖于在学习过程中建立问题、探索答案、深化理解。在引导教学法中，教师扮演的角色是促进者和指导者，而不再是传统的知识传授者。

（一）引导教学法简介

引导教学法的基本原理包括激发学生的好奇心、关注学生的理解和思考、及时给予反馈和引导。

引导教学法可以激发学生对学习内容的兴趣和好奇心。老师可以通过提出有意思的问题、设置情境或者使用其他方式激发学生的好奇心，一旦学生的好奇心被激发起来，他们就会主动寻找答案，并积极参与到学习过程中。

引导教学法重视学生的理解和思考。教师不仅要关注学生是否掌握了知识，更要关注学生是否理解了知识，能否运用知识去思考并解决问题。在教学过程中，教师需要时常对学生的理解和思考进行检查，以确保他们真正领会知识。引导教学法强调及时给予学生反馈和引导。在学习过程中，教师要及时反馈学生的学习成绩，肯定他们的进步，并指出所存在的问题。在学生遇到困难或者产生误解的时候，教师需要及时提供引导，帮助他们纠正错误，启发他们找到正确的思路。

引导教学法有诸多的优点，其中最主要的是它能够激发学生的积极性，培养他们的自主学习能力和创新思维能力，是一种很有价值的教学方法。通过引导教学法，学生可以在解决问题的过程中深入理解知识，形成更为持久和更深刻的记忆。同时，引导教学法也有助于形成良好的师生关系，创建积极的学习氛围，提高教学效果。但是，引导教学法也存在一些挑战，比如对教师的能力要求较高；需要投入更多的时间和更大的精力；需要适当的教学环境和资源等。然而，只要我们能克服这些挑战，正确使用引导教学法，就能收到良好的教学效果。

（二）引导教学法在大学生健康教育中的具体应用

引导教学法在大学生健康教育中的应用，主要是通过激发大学生的学习兴趣，引导他们主动参与健康知识的学习，培养他们的健康习惯和生活方式，以此提高他们的健康素养。

教师可以通过设置情境，让大学生关注他们自己的健康。例如，可以设计一些模拟的情境，如食品安全事件、突发传染病、应急救护等，引发学生对健康问题的关注，使他们意识到健康知识的重要性。在情境中，学生可以学习食品安全、疾病预防知识，树立健康生活方式理念，提高处理健康问题的能力，也可以通过提出问题，引导大学生探究健康知识。例如，可以提出一些关于饮食、运动、休息等方面的问题，让学生自己去寻找答案，在这个过程中，学生可以通过查阅资料、讨论交流、实地考察等方式，进行深入的学习和研究，理解和掌握相关的健康知识，形成他们自己的健康观念和习惯。教师还能够通过示范和实践，引导大学生形成健康的生活方式。例如，教师可以示范正确的运动方法，供学生观察和模仿，同时也可以组织一些健康活动，如健康知识竞赛、健康生活实践等，让学生在实践中亲自学习和体验。

总的来说，引导教学法是一种有效的健康教育方法。它以学生为主体，通过激发学生的学习兴趣，引导他们主动参与健康知识的学习，有助于他们深入理解健康知识，培养形成健康生活方式的习惯，提高健康素质，为未来的美好生活打下坚实的健康基础。

四　混合教学法

混合教学法是现代教育的必然趋势，它可以提供一种灵活、互动、个性化的学习体验，通过有效的混合教学法，可以提高学习效果。

（一）混合教学法简介

混合教学法是一种结合传统面对面教学和在线教学的教育方法，它融合了这两者的优点，即实体教室中的互动与在线教学的灵活性。混合教学法可以为不同学习风格的学生提供更丰富的学习体验，还能提高学习成效。

混合教学法的实质是对教育资源的优化配置。在现代教育环境中，技术进步已经改变了我们的学习方式，使教育不再局限于教室，在线学习已经成为教育的常用方法，但是我们不能否认面对面教学互动和及时反馈的重要性。混合教学法正是这两种方法的完美结合，它既利用了在线学习提供的便利性和灵活性，又保持了面对面交流的优势。

混合教学法的核心目标是利用最适合各种学习目标的教学方法。对于需要学生自主探索和独立思考的知识，我们可以使用在线学习工具，让学生在他们自己的节奏下掌握知识。对于需要高度互动和即时反馈的学习内容，我们可以在实体教室中进行。这样的教学模式可以帮助学生更好地理解知识，并将其应用到实际问题的解决中。

混合教学法可提供了更多的个性化学习机会。在线环境中，学生可以根据他们自己的学习速度和风格来调整学习进度，这样可以保证每个学生都有足够的时间来理解和消化新的知识。同时，教师也可以通过跟踪学生的在线学习行为，来了解学生的学习进度和难点，从而提供更个性化的指导。

混合教学法也有助于提高学习的参与度和动力。一方面，通过在线学习，学生可以在任何时间、任何地点进行学习，这种灵活性可以提高学习的吸引力。另一方面，面对面的互动可以增加学生的参与感和归属感，从而提高学习的积极性。

混合教学法的实施需要考虑许多因素，包括课程设计、教学资源、学生支持等。首先，课程设计需要确保在线学习和面对面学习的有机结合，每种方式都能够对学习目标做出贡献。其次，教学资源需要支持混合教学法的实施，包括适合在线学习的教材、交互式的学习工具等。最后，学生支持是混合教学法成功的关键，包括提供技术支持、学习策略指导等。

(二) 混合教学法在大学生健康教育中的具体应用

在大学生健康教育中应用混合教学法，可以提供更广泛、更深入的健康教育模式和内容，帮助大学生提高其自我管理健康的能力。通过混合教学法，我们可以看到学生的健康知识得到了显著提高，健康行为习惯逐渐养成，整体健康状况得以改善，并且能积极参与其健康管理。

在实体教室中，健康教育可以包括讲座、小组讨论和实际操作等形式。讲座可以提供健康知识的基础，例如营养学、健康生活方式和疾病预防等，小组讨论可以让学生参与到健康问题的探讨交流中，例如如何健康饮食、如何制订锻炼计划等，实际操作可以让学生了解如何在实际生活中应用健康知识，例如烹饪健康食品、进行有氧运动等。在线环境中，健康教育可以通过视频、在线讲座、互动游戏和自我评估等形式进行，视频和在线讲座可以让学生在他们自己的节奏下学习；互动游戏可以让学生在娱乐中学习；自我评估可以让学生了解他们自己的健康状况，并根据结果制订健康改进计划。

混合教学法的优势在于它可以将各种教学方式融合到一起，面对面教学可以提供直接的交流和反馈，能够立即解答学生的疑问并得到个性化的指导，在线学习则提供了灵活性，让学生能够在适合他们自己的时间和地点进行学习，不受时间和地点的限制。

在实施混合教学法时，需要注意以下几点。首先，要设计出适合混合教学法的课程，确保在线学习和面对面教学能够协同工作。其次，要提供适合的教学资源，包括适用性的教材和工具，以及在线学习的平台和内容。最后，要向学生提供支持，包括技术支持和学习策略指导，帮助学生有效地进行混合学习。

第四章　大学生心理健康教育

第一节　大学生心理健康教育的历史及未来

大学生心理健康教育是教育者根据大学生特定年龄的发展规律而实施的，以便有目的、有计划、有组织地采取各种方法、措施，促进大学生身心的健康发展，提高大学生的生存能力及社会适应力。

一　国外学校心理健康教育的发展历程

现代科学意义上的心理健康教育起源于心理辅导，并率先在欧美等地区孕育、发展、繁荣起来。20世纪国外学校心理健康教育的发展经历了三大运动，这三大运动使学校心理健康教育从初级阶段发展到了成熟阶段，具有重要的意义。

（一）三大运动

1. 职业指导运动

工业革命的到来促进了社会生产力的发展，因此对劳动力的要求越来越高，年轻群体选择什么样的职业受到广泛的关注。著名的心理辅导师帕森斯掀起了一场辅助青年认识自我、了解自我的运动，指引青年了解他们自己，选择合适的职业，并指导规划职业生涯，这场运动受到了热烈的响应。他于1907年创立了系统的心理辅导计划，为改善劳动者对职业的适应状况，每周会给学生开设一节职业辅导课程，标志着心理健康教育进入学校。

2. 心理测验运动

心理测验运动源于特殊教育，对特殊教育的重视是在 20 世纪初，这期间，法国著名的心理学家比奈－西蒙为特殊儿童编制了智力测验量表，对儿童智力进行鉴别。现在心理测验已被引入各大学校，得到了广泛应用，并且在心理评估、心理诊断技术上不断发展，促进学校心理健康教育朝着科学化、规范化方向发展。

3. 心理卫生运动

工业革命带来的社会巨变，引发了大量的心理疾病，因此，当时社会工作的重点是采取有效措施，疏导大众心理，预防心理疾病的发生。

1908 年，美国人比尔斯的《自觉之心》问世，这是一部特殊的著作，特殊是指它是由一位作者根据其亲身经历编写的。书中，作者阐述了一个精神病患者和康复者的真实经历，该著作与当时流行的心理分析相佐证，使人们逐渐接受了心理健康、心理卫生等概念。比尔斯的这部著作极大地影响了精神病学家及心理学家的观念，成为世界心理卫生运动的开端，推动了心理卫生、心理健康的发展，其本人也成为心理健康教育的先导者。

（二）学术化阶段

第二次世界大战之后，心理咨询成为一门学术性的学科，心理测验和心理辅导被社会所普遍接受。此时的学校所开展的心理健康教育内容进一步拓展，不仅关注学生的职业规划、适应能力，还关注学生的全面发展，进而衍生出不同的辅导模式，其中以关注学生个性及人的全面发展的辅导模式受到当时社会的普遍重视。1943 年，著名的心理学家卡尔·罗杰斯的《辅导与心理治疗》出版，提出了"以来访者为中心"的辅导模式以及"非指导式"的辅导原则，将心理健康教育引入一个全新的领域，通过倾听来进一步走入学生内心，使学生敞开心扉。

20 世纪 40 年代之后，一些关于心理健康教育的刊物、著作、心理测试卷不断问世，拓展了心理辅导研究的领域，心理辅导模式不断增多，这些都为心理健康教育奠定了基础。

第二次世界大战之后，出现了"咨询心理学家"，他们对学生进行专门的心理健康教育以及心理学培训，使得心理辅导者的专业角色进一步增强，专门的职业与职业辅导逐渐分离。

1958 年，美国联邦政府颁布了《国防教育法》，规定学校需要推行辅导及评估计划，在高校开展辅导训练课程，这些都极大地推动了学校心理健康教育工作的开展。

（三）专业化阶段

从 20 世纪 50 年代开始，美国心理健康教育逐渐朝着专业化的方向发展。具体事件包括：

1952 年，美国中小学指导人员协会、美国心理学会第 17 分会"咨询心理学分会"成立。

20 世纪 60 年代之后，美国颁布了全国性文件，规定了专业辅导人员的作用、培养标准、方法。

1976 年，弗吉尼亚州通过了心理咨询执照制度的立法，标志着美国学校心理健康教育走上了专业化道路。

专业化表现在从事学校心理健康教育的人员需要达到美国心理学会以及全美学校心理学家学会制定的相关标准，需要取得硕士、博士学位，并持有由州政府颁发的资格证书。

在理论上，美国各大学校的心理健康教育立足于心理学派的相关理论，辩证地运用观点，采取科学的方法进行心理辅导。常见的科学方法有宣泄法、咨询法、矫治法、收集与分析法、测量表法、数据处理法等。

美国各大学校的心理健康教育的内容包括六个方面：

1. 信息服务。

2. 职业规划与就业指导。

3. 记录智力、兴趣、人格、测量结果的档案。

4. 磋商性服务，指的是辅导人员与社会、家庭、学校之间的合作关系。

5. 个人心理问题的指导。

6. 辅助学生治疗心理疾病及矫正不良的行为及习惯。

除此之外，美国政府对健康教育的评估工作也非常重视，强调辅助学生的有效性转化，以此提升学生的心理健康素质。

（四）国外学校心理健康教育的未来

当下，国外学校的心理健康教育得到了不同程度的发展，有的国家走在了心理健康教育的前端，并获得了较大的成就。结合国外学校心理健康教育的现状，未来心理健康教育主要会朝着以下方向发展。

1. 发展性的工作取向

心理辅导在最初发展阶段的主要工作重点在矫正上，针对一些心理上存在问题的学生进行针对性的辅导，例如情绪障碍、行为偏差、适应力差等，引导他们适应环境，消除各种不良情绪，获得健康的发展。未来的心理健康教育将从矫正性转向发展性，主要表现为促进学生的全面发展，在纠正心理偏差的同时，进一步激发其内在潜能，促进了身心的健康发展。

在当下的心理健康教育工作中，矫正性工作仍是其一个方面，但已经不是主要的内容，心理健康教育工作的重点放在了学生的整体性发展上，引导学生挖掘更大的潜能发展其自身。发展性工作倾向的主要特点表现在如下方面。

其一，在辅导对象上，由原来的有心理障碍的学生拓展到全体的学生。

其二，在辅导内容上，由原来的心理治疗、职业指导拓展为集生活、学业、职业于一体的辅导。

其三，在辅导目标上，由单一的解决心理障碍问题发展到多层次的目标上。短期目标是解决学生心理问题、纠正偏差；中期目标是能正确认识其自身，对学习及人际交往能较好地适应，具有独立自主的能力；长期目标是以培养正确的世界观、人生观、价值观为主，通过教育实现其自我发展的终极目的。

2. 重视从业人员的专业性

从20世纪60年代开始，美国出台了专业心理辅导人员培训的相关文件，进一步规范了心理健康教育人员的培训标准。目前从事心理健康教育人员的门槛越来越高，心理辅导的专业化程度越来越高，表现为高等学校开设了心理辅导咨询的专门课程，只有具备相应资格和标准化培训的心理教育者，才能拥有心理辅导与咨询的证书，且从事心理健康教育的人员具有高学历、高水平的特点。

3. 学校、家庭、社区三结合的辅导模式

日常的心理辅导仍然以学校辅导为主。但由于心理辅导教师与学生人数的比例悬殊，造成心理辅导教师缺乏，为了解决这一问题，国外的学校采取了一系列措施来拓展辅导工作。

其一，在学校形成一个心理辅导网络，在这一网络中，有专业的心理辅导人员，还有教师、学生干部等，通过专业的心理辅导人员为教师及学生干部培训相关的知识与技能，实现了心理辅导工作的推进。

其二，聘请来自社区的专业辅导人员，这一类专业辅导人员具有不同的身份，有的是大学生，有的是学生家长，有的是退休人员，其基本任务就是辅助辅导主任的心理健康教育工作以及做好社区的联络工作。

除了学校的心理健康辅导之外，现代的心理健康辅导模式已经延伸至家庭、社区，形成了学校、家庭、社区相结合的辅导网络模式。学校的心理辅导人员应当与学生的家长保持密切的联系，针对学生存在的问题与家长进行积极的沟通，并找到解决问题的方法。同时，学校还可以结合校外支援单位，如心理卫生中心等，为学生提供一定的心理辅导服务（见图4-1）。

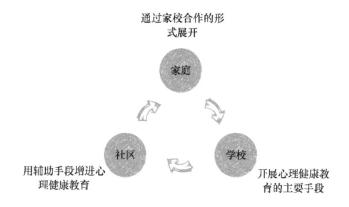

图4-1　学校、家庭、社区相结合的辅导模式

4. 加强心理健康教育的评估

心理健康教育的评估具有一定的难度，在定量评估上，心理辅导员在辅导学生心理健康上花费的时间无法精确计算，除了正常的工作日上班时间外，还有下班、周末、节假日等；在定性评估上，心理辅导员无法估量需要用多长时间才能取得预期的效果，因此，心理健康教育工作的评估具有一定的难度。尽管如此，国外学校都非常重视心理健康教育的评估，投入较大精力建立工作评估模式，促使心理辅导工作取得更好的评估效果。

5. 心理健康教育理论走向包容性发展

当前，国外心理咨询以精神分析理论、人本主义理论、行为矫正理论、理性—情绪疗法等为代表的心理咨询理论众多，每种理论各有优劣。

行为矫正理论的优点在于其可操作性强，该理论有清晰的概念、操作过程、具体目标，可行性强，但行为矫正理论重在矫正，往往忽略了人的内心世界，存在一定的片面性。

人本主义理论与行为矫正理论正相反，它注重人的个性、情感的发展，主要建立起良好的辅导关系，但其不足之处在于没有明确的心理辅导方法，其可操作性有待提升。

因此，各个学校心理健康教育多广采博取、兼容并收，结合具体的环境开展心理健康教育。按照心理辅导的不同时期划分，可分为心理辅导初期、中期、实施三个阶段，当下学校的心理健康教育处在心理辅导初期，一般会采用人本主义的理论，采取对学生充分尊重、关注其心理困惑的方式，与学生建立起相互信任的关系。到了心理辅导中期，则通过理性—情绪疗法理论来分析学生的心理问题，并通过相关理论进行归因；到了心理辅导实施阶段，需要采用精神分析理论、行为矫正理论进行干预，这样分阶段地利用各种理论完成心理辅导的全过程。

二 国内大学生心理健康教育的历史

我国的大学生心理健康教育开始于 20 世纪 30 年代，其发展历史大致可以分为三个阶段（见图 4 - 2）。

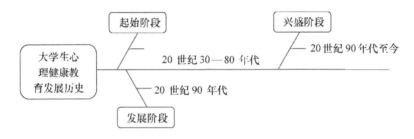

图 4 - 2 大学生心理健康教育发展历史

（一）大学生心理健康教育起始阶段（20 世纪 30—80 年代）

早期心理健康发展缓慢，中国最早的心理健康机构是 1936 年 4 月成立的中国心理卫生协会，著名的心理学家丁瓒创办了医学心理学研究，并开办了心理卫生咨询门诊。这些为我国心理学科的发展奠定了基础。

到 20 世纪 70 年代末期，通过一些大学生问卷调查，发现结果大学生的心理健康状况并不理想，于是广大专家学者开始重视大学生心理健康教育，对大学生的生活适应力、日常交际、情感问题、抗压能力等方面开展广泛的研究，这些为大学生心理健康教育的发展奠定了思想基础。

20 世纪 80 年代，北京、上海等一线城市的高校开设了我国早期的心理咨询机构。如北京师范大学设立的心理测量与咨询服务中心、北京大学心理学系设立的心理咨询室、上海交通大学的益友咨询服务中心、华东师范大学设立的学生问题咨询所等，这一时期高校的心理健康教育机构发展迅速。

（二）大学生心理健康教育发展阶段（20 世纪 90 年代）

随着大学生心理问题的凸显，国家、学校都比较重视大学生的心理健康，于是在 1990 年成立了高校大学生心理咨询专业委员会，在大学生心理健康教育方面开启了理论研究，标志着我国大学生心理健康教育工作进入了新的发展阶段。

这一阶段，我国形成了专业的大学生心理健康教育研究队伍，高校开展了大学生心理健康教育的研究工作，各大高校纷纷建立它们自己的心理健康教育机构——心理咨询中心或者心理健康服务中心，开通了心理咨询与辅导服务热线。除了设置全国性的大学生专业学术机构之外，还通过建立大学生心理健康教育专业委员会分会、心理咨询与辅导、心理卫生学术讲座、学术研讨等，使得大学生心理健康教育研究工作有了较快的推动。

前期的研究围绕着心理健康教育与德育的关系、心理健康教育的意义、心理健康教育的标准及构建模式等展开，进一步明确了大学生心理健康教育的理论及实践方向。在理论构建的同时，国家层面对大学生心理健康教育工作也非常重视，这一阶段对大学生进行了抽样调查，发现因为心理原因而导致的休学、退学、自杀比较普遍，于是在 1994 年 8 月，党中央颁布了《中共中央关于进一步加强和改进学校德育工作的若干意见》，明确提出要在全国范围内开展心理健康教育，"通过多种方式对不同年龄阶段学生进行心理健康教育和指导，帮助学生提高心理素质，健全人格，增强承受挫折，适应环境的能力"；并进一步要求"德育工作者要深入学生中去，通过谈心、咨询等活动，指导他们处理好在学习、成才、择业、交友、健康、生活等方面遇到的矛盾和问题"，同时根据大量的实践经验编写了心理健康教育教材。为提升教师关于大学生的心理健康教育的能力，国家教委思想政治工作司在 1994 年 5 月举办了首届"高校心理咨询教师培训班"，之后在全国范围内掀起了心理健康教育工作的浪潮。

（三）大学生心理健康教育兴盛阶段（20 世纪 90 年代至今）

1997 年举办了中国心理卫生协会大学生心理咨询专业委员会第五届学术年会，这次会议进一步推动了高校大学生心理健康工作的快速发展。

1999 年，《中共中央、国务院关于深化教育改革　全面推进素质教育的决定》指出，"要针对新形势与青少年成长的特点，加强学生的心理健康教育，培养学生坚韧不拔的意志，艰苦奋斗的精神，增强青少年适应社会生活的能力"，这一纲领性文件为大学生健康教育的发展指明了方向。

2001 年，教育部印发了《关于加强普通高校大学生心理健康教育工作意见》，该工作意见指出："加强大学生心理健康教育工作是新形势下全面贯彻党的教育方针，实施素质教育的重要举措，是促进大学生全面发展的重要途径和手段，是高等学校德育工作的重要组成部分。"[①] 对大学生心理健康教育工作给予充分的肯定，并为高校的大学生心理健康工作提出了建设性的意见。

党和国家非常重视大学生心理健康教育工作，并开展各项积极的工作来推进大学生心理健康的发展，使得大学生心理健康教育迎来了兴盛阶段。

2002 年，教育部印发了《普通高等学校大学生心理健康教育工

---

① 李墨池编著：《现代大学生心理健康教育》，天津科学技术出版社 2018 年版，第 2 页。

作实施纲要（试行）》，该实施纲要规定了大学生心理健康教育工作的指导思想、任务、方法、管理、师资等，进一步促进了大学生心理健康教育工作的开展。

2011 年，教育部印发《普通高等学校学生心理健康教育工作基本建设标准（试行）》《普通高等学校学生心理健康教育课程教学基本要求》两个文件，使得大学生心理健康教育进入了标准化、制度化的发展阶段。这一时期，大学生心理健康教育工作有了明确的标准及要求，并积极推进工作的开展。

三 大学生心理健康教育的未来

未来大学生心理健康教育的发展趋势表现在以下几个方面。

（一）规范化发展

规范化指的是大学生心理健康教育朝着科学的、系统的、规范的方向发展。规范化发展的重要标志就是心理健康教育者专业水平的提升。著名的教育学家托马斯指出："一所好学校就是那种在其教与学中能成功体现对人、真理、正义和责任感尊重的地方。教育的这些首要的道德既是其自身的目标，也是实现的手段，而忽略这些精神和文化品德的学校，无法使它的学生发展成精神、道德、社会、文化、审美、心理和体育等方面都健康的全人。"教师在构建"好学校"过程中起着关键作用，在心理健康教育上，心理健康教育者所担任的角色是"人类灵魂工程师"，所以教师首先要了解学生的心理，其次还要不断拓展其自身的健康教育能力，增强维护大学生心理健康的能力。

将来的大学生心理健康教育将进一步提升心理健康教育者的专业素养，通过继续教育、岗位培训等手段来提升健康教育技能，通过颁发资格证书、构建心理健康教育专业等提升整体的师资力量。

（二）普及化发展

身心健康是大学生健康的表现，以往人们强调身体健康的重要性，往往忽略心理构建。随着心理健康观念的发展，人们认识到心理健康与身体健康同等重要，甚至心理健康直接影响身体健康，因此将心理健康教育提升到前所未有的高度。高校要培养社会主义现代化人才，就需要重视大学生的心理健康教育，推进大学生心理健康教育的普及化。

从大学生自身来看，实现大学生心理健康教育的普及化发展，将学生从学习中解放出来，更加注重其自身的全面发展，同时培养形成德智体美劳全面发展的意识。

从学校发展来看，实现大学生心理健康教育符合高校内在发展要求。未来的大学生心理健康教育将作为构建教育观、人才观的重要因素，学校将依靠大学生心理健康教育，帮助学生全面、客观地认识他们自己，实现其人生价值。

（三）现代化发展

现代化发展主要从技术领域切入，心理健康教育可以通过现代技术的支持实现信息的传递、运用、存储、管理，尤其是互联网的出现，大大提升了大学生心理健康教育工作效率。一方面，利用互联网实现了时间、空间上的跨越，可以迅速、准确地把握信息；另一方面，网络大大拓展了大学生心理健康教育工作的范围，实现了通过网络开展健康教学，实现健康辅导的目的。

网络技术运用于大学生心理健康教育工作中的主要表现为：

其一，建立、储存、管理、使用大学生的相关档案。

其二，开展网上咨询活动。

其三，老师可以通过网络开展继续教育和专业培训。

其四，建立全国大学生心理健康教育网络系统和心理咨询与治疗专家系统，实现信息的交流与共享。

（四）功能的齐全化发展

大学生心理健康教育分为三个层次的功能（见图4－3）。

大学生心理健康教育要始终围绕图4－3所示三个功能展开，并

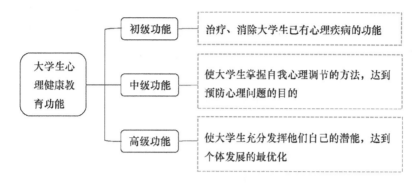

图4-3 大学生心理健康教育功能

且不断向高级功能靠拢，随着社会、学校、家庭、大学生自身对心理健康的重视，高校开始最大限度地集中人力、物力、财力来对大学生心理健康教育实施全面的干预。

著名的心理学家弗洛姆说："当今是个心理学的时代，心理学的新趋势是注重如何帮助健康的人发挥潜能。"心理学成熟的标志在于从关注人的心理健康到关注人的心理潜能的开发，朝着全面促进人的全面发展迈进。

第二节　大学生心理健康教育的目的和意义

一　大学生心理健康教育的目的

大学生心理健康教育是针对大学生常见的心理特点、问题、现状提出来的。大学生正处于生理和心理巨变的时期，这一阶段，他们是最活跃、最热情、最敏感的人群，因此表现为前后反差较大，无法适应环境，以及在自我认识、人际关系、个人发展、恋爱关系、职业规划等方面的思考与冲突，大学生情绪处在不稳定的时期，常常伴随着前一刻信心高涨，后一刻垂头丧气，甚至面对问题感到措手不及的状况。

大学生心理健康教育围绕着大学生身心发展特点而展开，注重大学生心理品质的培养与提升，积极预防各种心理障碍，通过理论与实践的结合，开展日常教学、心理素质训练、心理辅导、心理咨询等工作，促进其心理健康。

教学是大学生心理健康教育的主要途径，根据教育部颁布的《关于加强普通高等学校大学生心理健康教育工作的意见》《普通高等学校大学生心理健康教育工作实施纲要（试行）》，大学生心理健康教育工作的指导思想、目的、任务体现在以下方面。

1. 全面贯彻党的教育方针，以全面提升素质教育为目标，以提高大学生的心理素质为重点，促进学生全面发展和健康成长。

2. 根据大学生的心理特点，有针对性地讲授心理健康知识，宣传普及心理科学基础知识，使学生了解其自身的心理活动和个性特点，认识到心理健康的重要性，特别是心理健康对他们自己成长的重要意义，树立起心理健康意识。

3. 提高心理调适能力，掌握维护心理健康和提高心理素质的方法。

4. 认识并识别心理异常现象，使大学生了解常见的心理问题的表现、类型及原因，初步掌握心理保健的常识，同时以科学的态度对待各种心理问题。

5. 分阶段对大学生进行辅导，使辅导更具针对性。

2011 年，颁布的《普通高等学校学生心理健康教育课程教学基本要求》规定了大学生心理健康教育在教学上的基本目标。

（一）了解心理健康的基础知识

通过学习使学生了解心理健康的标准及意义，了解异常心理的表现，树立正确的心理健康观念。

1. 大学生心理健康导论

通过教学使学生了解心理咨询的基本概念和功能、心理咨询的内容与类型，建立起正确的心理咨询观念以及自助和求助的意识。

2. 大学生心理咨询

通过教学使学生了解心理咨询的基本概念和功能、心理咨询的内容与类型，建立起正确的心理咨询观念以及自助求助的意识。

3. 大学生心理困惑及异常心理

通过教学使学生了解常见的大学生心理困惑及异常心理，了解心理疾病，懂得哪些状态可以通过自我调整或心理咨询进行解决，哪些心理疾病需要专业医疗机构进行诊治。

（二）了解自我，发展自我

1. 大学生的自我意识与培养

通过教学使学生认识到自我发展的重要性，了解并掌握自我意识发展的特点，能够识别在自我意识发展过程中出现的偏差及原因，并能够对其进行调适，建立自尊自信的自我意识。

2. 大学生人格发展与心理健康

通过教学使学生了解人格的基本知识、当代大学生的人格特征和自我人格发展状况，掌握大学生常见人格缺陷的表现、形成原因及调适方法。

（三）提高自我心理调适能力

1. 大学期间生涯规划及能力发展

通过教学帮助学生了解在大学期间需要发展的能力目标，并在此基础上对他们自己的大学生涯进行科学规划，有目的地安排他们自己的时间，更好地适应大学生活，获得自我发展。

2. 大学生学习心理

通过教学使学生了解大学学习活动的基本特点与学习心理特点，了解大学生学习心理障碍的表现及成因，学会调适心理障碍，使其拥有良好的学习心理状态。

3. 大学生情绪管理

通过教学使学生了解他们自身的情绪特点，掌握情绪调适的方法，自主调控情绪，保持良好的情绪状态。

4. 大学生人际交往

通过教学使学生了解其人际交往的意义、特点及类型，理解影响大学生人际交往的因素，掌握基本的交往原则和技巧，了解人际关系障碍的类型及调适方法，增强人际交往能力。

5. 大学生性心理及恋爱心理

通过教学使学生了解自身性生理和心理的发展，认识他们恋爱的心理特点，了解其自身在性心理和恋爱心理方面存在的问题，形成对性心理和恋爱心理的正确认识。

6. 大学生压力管理与挫折应对

通过教学使学生学会正确管理压力和应对挫折，了解大学生压力及挫折的主要来源，正确理解并加以科学应对，明白压力与挫折对人生的意义。

7. 大学生生命教育与心理危机应对

通过教学使学生认识生命，尊重生命，珍爱生命，帮助大学生识别心理危机的信号，掌握初步的干预方法，预防心理危机，维护生命安全。

二　大学生心理健康教育的意义

(一) 心理健康教育有利于大学生的身体健康

身体健康与心理健康各占健康的 50%，它们之间是相互关联的，身体健康是心理健康的物质基础，心理健康可以有效促进机体的正常运转，保持身体健康，不健康的心理往往是疾病的主要原因，因此，必须保持两方面的和谐统一。

在我国古代，人们就已经意识到心理对健康的影响。儒家主张"中庸之道"，道家主张"无为"，佛教主张"四大皆空"，这些都与心理（情绪）有关。医学家认为"喜、怒、哀、乐"等都是致病的原因，因此指出"情志过度百病生"的观点；《黄帝内经》提到"心者，五脏六腑之主也，故悲哀忧愁则心动，心动则五脏六腑皆摇"，这种言论与现代医学的原理不谋而合，人一旦受到情绪上的刺激，就会产生较大的情绪波动，进一步影响神经系统、内分泌系统，从而对各大系统和器官造成损害。而积极的心理对身体健康的作用是任何药物都不可替代的。

心理健康教育的意义在于指导大学生注重心理健康与心理卫生，自觉抵御一些不良的行为习惯，养成积极、乐观、阳光的心态，促进身心健康发展。

（二）心理健康教育有利于大学生环境适应力的增强

"物竞天择，适者生存"，强调了环境适应力的意义，要想生存下去，必须具备较强的环境适应力。

大学生在初入大学校园时，其角色发生了改变，离开了他们依赖的父母，结交新的朋友，适应新的环境等都会给大学生带来许多适应性问题，心理健康的大学生面对棘手的问题，通过寻求帮助或者自我摸索能很快适应新的环境，但有些心理素质较差的大学生就会选择孤立、逃避的做法，这样花费了较长的时间仍然适应不了大学生活。

在进入大学之后，大学生还要适应人际关系，找到适合他们自己的学习方法，养成健康的作息，促进健康习惯的养成。

在步入社会之后，他们需要了解社会的生存法则，适应工作岗位，善于发挥自我优势来不断发展其自己，以实现人生价值。对于那些心理健康的学生来说，社会将是一个大舞台，只需要尽情表演即可。对于心理承受能力较差的大学生来说，他们会产生诸多的抱怨，与环境不相容，设限他们自己的发展空间，这样就很容易在激烈的竞争中被淘汰。

所以，心理健康教育可以增强大学生的环境适应力，使大学生更好地融入集体，融入社会。

（三）心理健康教育有利于大学生心理素质的提高

心理素质反映的是大学生的精神、性格、情绪、气质等方面的心理因素，心理素质是其他素质形成的前提条件。大学生的心理素质不仅影响着大学生在校期间的生活和学习，也影响着他们走入社会的生活、工作和学习，可以说，心理素质影响着人的一生，它直接关系到大学生未来的发展水平。如果心理素质差，不仅不利于大学生生活、学习的开展，还有可能引发各种问题及心理障碍，严重的话，还会导致精神疾病。因此，高校需要结合当下大学生的心理健康状况，通过各种措施提升其心理素质，提高其环境适应力，并积极干预各种负面情绪。

（四）心理健康教育有利于培养大学生健全的人格以及高尚的品德

心理健康教育的最终目的是培养大学生健全的人格以及高尚的品德，所以心理健康教育的开发水平直接决定着大学生心理健康发展的水平。大学生心理健康的过程是一个不断规范自我行为，增强环境适应力，满足社会期望的完善过程，其中他们自身的人格品德发展是核心。性格又是人格的核心，一般来讲，人的性格反映着一个人的思想状态，有的大学生表现为积极的性格，在生活和学习中表现为热爱集体、关爱同学、具有正义感、富有同情心等，所以好的性格特征可以促进个体高尚思想品德的发展，使健康的人格与高尚的品德紧密联系在一起。故培养大学生高尚的品德，树立其正确的世界观、人生观、价值观，不断提升心理健康水平，需要依靠大学生心理健康教育的发展。

（五）心理健康教育有利于大学生智力的发展，有效提高学习效率

开发大学生的潜能是大学教育培养学生的目标之一，而心理健康教育也是开发学生潜能的一个途径。心理健康教育不仅可以促进大学生心理素质的提升，还可以进一步发展他们的潜能，使得大学生的素质得到全面综合发展。心理健康教育激发大学生潜能的原理在于它可以帮助大学生养成自我肯定的习惯，朝着更高层次的发展水平迈进，从而不断超越和突破自我。大学生自身通过心理健康教育可以不断提

升自我的心理素质，完善自我心理品质，促进自我智力发展，最终达到提高学习效率的目的。

有研究表明，心理健康的人多表现为积极的情绪，而积极的情绪可以维持持久的专注力，保持思维的活跃，提高观察能力，此外，积极的情绪还能促使大学生发挥主观能动性，积极创造，促进智力的发展。另外，心理健康的大学生在多变的环境中，还表现出更强的适应力，能尽快形成和谐的交际环境，这些也为智力的发展，学习效率的提升奠定了基础。

第三节　大学生心理健康教育的实施方法

一　"四级网络"工作体系构建

所谓"四级网络"，指的是以班级、辅导员、心理咨询师、专业心理医生为基本组成的系统，通过相互协作，共同促进大学生心理健康教育工作的开展（见图4－4）。

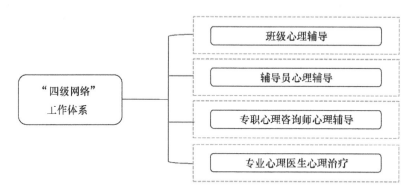

班级心理辅导

辅导员心理辅导

专职心理咨询师心理辅导

"四级网络"工作体系

专业心理医生心理治疗

图4－4　"四级网络"工作体系

（一）班级心理辅导

大学班级心理辅导的具体内容需要根据班级具体情况来确定，而且心理辅导的内容随着时间的推移，呈现出不同的倾向。

1. 班级心理辅导的内容

总结而言，班级心理辅导的内容主要有以下几点（见图 4 - 5）。

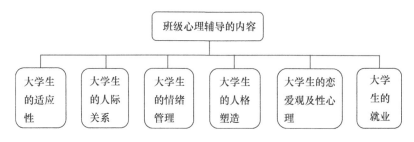

图 4 - 5 班级心理辅导的内容

（1）大学生的适应性

适应性主要针对的是大学一年级新生，新生在大学阶段正式开始独立生活，在生活上需要自立，安排他们的起居，合理安排时间等，在自我认识上，需要处理好自我与环境、同学、生活等方面的关系。大学生适应性内容包括：

在人际关系方面，帮助学生正确处理与同学、舍友、教师、异性的关系。

在学习方面，激发学生的学习内驱力，树立正确的学习动机，掌握科学的学习方法，促进学习效率的提升。

在生活方面，引导学生适应全新的环境与全新的学习氛围，能解决新环境中的各种问题，提升他们的自我认知能力，树立信心，建立成熟的心理防御系统。

（2）大学生的人际关系

与适应性中的人际关系不同，此时的人际关系是学生交往的高级阶段。班级心理辅导为大学生的人际关系提供了一定的环境，增加了同学之间的交流与互动，鼓励学生敞开心扉大胆交际，通过交往建立人脉关系。同时，班级心理辅导还提供一些人际交往的技巧，帮助大学生克服心理障碍及社交恐惧，增进人与人之间的交往。

（3）大学生的情绪管理

班级心理辅导为大学生提供了两个方面的情绪辅导。首先，引导大学生了解对方的心理感受与状态，能够换位思考，充分考虑到他人的感受与情感；其次，辅导学生学会管理情绪，尤其是负面情绪，在大学阶段遇到的一些不顺心的事，可能会引发负面情绪，负面情绪不仅不能解决问题，反而会使问题扩大化、严重化。班级心理辅导可以引导学生从负面情绪中走出来，冷静分析、积极应对，从而引导大学生解决问题，走出困境。

（4）大学生的人格塑造

班级心理辅导主要针对大学生的人格心理，从自我意识角度进行相应的辅导，引导学生正确认识他们自己，评价他们自己，形成对他们自己的客观认识。班级心理辅导还培养学生的自我控制能力，通过其自我主观能动性，提升对他们环境的适应力。此外，班级心理辅导还对学生的自尊、自信、自我等方面进行积极引导，全面促进大学生人格的塑造。

（5）大学生的恋爱观及性心理

在大学阶段，性发育趋向成熟，恋爱和性是大学生不可回避的问题，因此有必要对大学生的恋爱及性心理进行辅导，包括恋爱观、恋爱心理、心理卫生、性心理、性健康、性保健等方面。班级心理辅导还要对大学生的恋爱观、性道德等方面进行教育，处理好恋爱与学习的关系，引导学生走向由恋爱促进学习的观念，正确认识性现象，掌握正确的恋爱观及性心理。

（6）大学生的就业

班级心理辅导还可以对大学生进行就业辅导，通过就业心理辅导，帮助学生了解当前的就业形势，树立正确的就业观。大学生面对日益竞争激烈的就业环境，通常会产生自卑、沮丧、抑郁的心理，这些都是负面情绪，不利于他们客观地认识其自我。因此，班级心理辅导应当培养大学生形成就业自信心，积极挖掘学生的能力、兴趣、特长，并进行职业规划，对工作角色加以正确定位，以此缓解就业焦虑。班级心理辅导还应当帮助学生提升其自身能力，这样在就业择业时，就能展现出他们优秀的一面，提升就业的成功率。

2. 班级心理辅导的方法

班级心理辅导的方法主要包括以下方面。

（1）建立班级心理委员工作机制，发挥他们的自我防控作用。

建立班级心理委员工作机制就是要构建两大体系：一是学校心理健康监控体系；二是学生心理素质拓展体系。这两大体系分别起着防控心理问题及健全学生人格的作用。

心理委员主要由班级中具有服务意识、热心于心理健康工作的学生担任，所负责的工作有：

①协助学校心理健康教育中心开展心理健康知识的科普及宣传。

②协助开展各项群体性心理活动。

③预防和减少不稳定的心理因素。

④在发现危机事件时及时反馈，避免恶性事件的发生。

⑤开展心理素质拓展活动，促使学生关注心理健康，提高心理素质。

通过以上具体工作强化心理委员工作的成效，优化学生的学习氛围，促进班级的健康发展。

（2）拓展多样化的宣传策略，建立健康的班级心理环境

班级是学生学习和开展人际交往的主要场所，因此班级的心理环境直接影响着学生的心理健康。营造良好的班级心理环境，使学生感受到集体的力量与温暖，体会到集体的关怀，可以促使大学生培养乐观、自信的品质，同时有助于正确认识他们自己、增强其心理承受能力。相反，班级的心理环境较差，学生在班级氛围中可能会形成焦虑、压抑、自卑、厌学等不良情绪，就会严重影响学生的心理健康，因此建立健康的班级心理环境是开展心理健康教育的基础。

制定目标明确、思路清晰的宣传策略，采取多样化的宣传形式，

如通过黑板报、学校刊物、网页等，努力营造一个健康、高雅的班级氛围，加强班级心理文化建设，促进向心力的凝聚。

（3）开展班级心理健康教育相关活动，促进大学生的自我教育

通过开展班级心理健康教育相关活动，可以强化大学生对心理健康的认识，唤起他们对心理健康教育的热情，为养成心理健康而努力，比如开展心理健康主题班会，选取大学生感兴趣的话题作为切入点，采取自由讨论或头脑风暴的方法，增强大学生对心理健康的认知。另外，还可以通过拓展第二课堂或社会实践活动来加强班级心理健康教育，如开办演讲、小品、话剧等，为大学生健康教育创造条件，通过他们的自我创造能力来创新活动形式，在参与过程中，不断提升他们的自我心理健康水平。

（二）辅导员心理辅导

辅导员的心理辅导与班级心理健康辅导有一定的重合，这里选取辅导员的独特性进行阐述。

辅导员与大学生的关系最密切，是维持大学生心理健康的重要力量和有效资源。辅导员通过一定的心理健康培训，可以直接为大学生服务，可以独立开展一般的心理咨询活动，及时疏导大学生的心理问题。例如，在一年级新生入学时，辅导员可以通过组织团体活动，对广大新生开展适应性教育，以促进新学生更快地适应新环境。

辅导员的心理辅导可以通过以下途径来展开（见图4-6）。

1. 掌握一定的心理健康知识与方法

辅导员工作的性质决定了对辅导员的基本素质有较高的要求，主要表现在高校辅导员在知识结构上，需要具备教育学、管理学、哲学、社会学、历史学等领域的知识，同时，在管理学生心理健康方面还应掌握一定的心理健康知识与方法。

首先需要掌握一些心理学原理，如首因效应、近因效应、定时效应、晕轮效应等，能熟练运用这些原理来指导具体的学生工作。另外，高校辅导员还应当主动了解学生的性格、能力、气质、兴趣等方

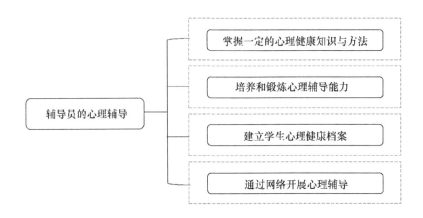

图 4-6 辅导员心理辅导的四个方面

面的差异，掌握学生的心理活动，一旦出现心理问题能迅速采取相应的办法，帮助学生早日脱离心理困扰，拥有健康的心理。

2. 培养和锻炼心理辅导能力

心理实践对高校辅导员心理辅导能力的提升具有积极的现实意义。对于辅导员自身来说，只有其自身具备一定的心理辅导能力，才能从容应对大学生的各种心理问题，面对不同心理问题，可以快速找到解决的最佳方法，提升工作效率。

首先，高校辅导员可以在日常的工作与学习管理中强化心理辅导工作，扮演一位心理辅导师的角色。

其次，高校辅导员应当加强其自身察言观色的能力，及时捕捉大学生的心理变化，以此了解大学生的心理状态。一旦发现心理问题，及时采取应对的方法。

再次，一些有条件的高校应该定期组织开展辅导员心理辅导技能培训。

最后，高校辅导员可以利用空闲时间积极参加学校心理咨询中心的活动，与专业的心理辅导师进行交流与学习，以此提升他们自己的心理辅导能力。

3. 建立学生心理健康档案

建立学生心理健康档案，是高校辅导员开展大学生心理健康教育的一个基础工作。对于刚进入大学的新生，辅导员老师首先通过查看档案的方法了解每一位学生的基本情况，然后通过和每一位学生的接触和深入交流进行全面了解，随时掌握学生的心理状态，并建立起心理健康档案。

大学生心理健康档案的建立，应当遵循客观、真实的原则，不仅要以心理健康测试为基础，还要结合学生在日常工作、学习以及面对面谈心过程中的表现加以客观反馈。对一些存在心理健康问题的学生，应当采取持续的跟踪观察，对出现心理问题的学生进行及时引导，如果心理问题在引导下收效甚微，不能好转，应当尽快寻找心理咨询师的帮助，采取积极的干预措施。

心理健康档案随着学生的身心发展处在一个动态变化的过程中，并非一成不变，辅导员需要根据学生的心理变化情况，适时调整，及时更新，确保心理健康档案处在动态管理的过程中。

4. 通过网络开展心理辅导

以往高校辅导员对大学生的心理教育通常采取集体交流或者面对面个别交流的方式，在一定程度上解决了学生的心理问题，但效果并不理想，其原因很多。最主要的原因在于，有的学生内向、敏感、羞于表达，不愿意将真实的想法告诉辅导员，因此，辅导员无法准确掌握学生的真实内心，给心理辅导工作带来了难度。

随着现代网络技术的发展，通过网络媒介开展交流，大大提高了人际交往的便利性。高校辅导员可以利用网络与学生开展深入交流，一些学生难以启齿的心声，通过网上交流的方式可以吐露给教师，教师针对每个学生的不同问题展开针对性的引导，大大提升了心理健康工作的效率。辅导员还可以通过网上匿名的方式与大学生进行沟通，匿名的方式很好地保护了个人隐私，学生可以畅所欲言，吐露他们自己的心理困惑，辅导员可以根据其知识储备进行解答，给学生一些可行性的办法，引导学生早日走出心理困惑，促进心理健康。另外，高校辅导员还可以借助网络开设心理学基本知识、心理健康相关检测及心理咨询等专栏，辅助开展学生心理健康教育工作。

（三）专职心理咨询师心理辅导

专职心理咨询师是心理健康教育的专业化队伍。在日常的心理健康咨询过程中，需要做到"四结合"——以专业心理咨询师为主，开展主动咨询与主动邀请学生咨询相结合，发展咨询与障碍咨询相结合，团体咨询与个别咨询相结合，面谈、电话、书信以及网络咨询相结合的方式，全面提升大学生的心理健康素质。

1. 主动咨询与主动邀请学生咨询相结合

专职心理咨询师不仅要对学生的主动咨询给予热烈的响应，还要具备主动联系学生，邀请学生自主咨询的意识，这可以在早期有效减少大学生心理健康问题的出现。

2. 发展咨询与障碍咨询相结合

坚持以发展咨询为主，障碍咨询为辅的原则，引导学生认识到寻求心理咨询是为了其自我更好地发展，主要目的是引导学生心理健康发展，勇于面对生活与学习上的各种问题，加快潜能的开发。而对那些心理有问题的学生采取的是积极干预的措施，避免心理疾病严重化。

3. 团体咨询与个别咨询相结合

按照心理咨询数量的不同，可以分为团体咨询与个别咨询。团体咨询通常将咨询对象分成课题小组进行咨询，其目的是解决团体的共同心理问题，其优点在于团体咨询的感染力强，气氛热烈，但对个人的深层次问题无法延伸，个别的问题难以周全。个别咨询主要以一对一的方式展开，具有保密性强、易于交流、可深入交流的特点，但个别咨询的形式比较耗费时间，对社会的影响力不大。

在开展大学生心理健康教育的过程中，专业心理咨询师应当根据具体情况，将团体咨询与个别咨询结合起来，取长补短，促进心理健康工作不断向前推进。

4. 面谈、电话、书信以及网络咨询相结合

以往心理咨询的主要方式包括面谈咨询、电话咨询、书信咨询等，当下网络咨询成为大学生喜爱的一种方式。一方面，当代大学生成长于网络环境下，与传统的咨询方式相比，他们更倾向于使用网络咨询；另一方面，网络咨询可以突破时间和空间的约束，为大学生提供一个畅所欲言的环境，更容易向心理咨询师吐露心声。所以，专职心理咨询师开展心理辅导应当加大网络咨询的力度，拓展多形式的咨询方式，加快大学生的心理健康教育。

（四）专业心理医生心理治疗

对于一些出现心理疾病的大学生应当转介给专业的心理医生进行干预治疗。高校应当加强与校外精神卫生医疗机构的联系，对辅导员或班主任老师开展定期培训，使其了解常见心理疾病的危害及干预处置措施，当发现有严重心理疾病或心理障碍的学生时，他们必须将其及时转送到专业的精神卫生机构，进行药物治疗或者住院治疗，这样能够促进大学生的尽快康复。

二　"五位一体"方法体系构建

所谓"五位一体"，是指将开展心理健康的五大方法串联起来，使之互相配合，协同发力的方法体系，以更好地促进大学生心理健康教育工作的实施（见图4-7）。

（一）课堂教学

通过课堂教学开展大学生心理健康教育是最快捷的方法，课堂上通过心理健康相关知识、理论、测评与评价方法的讲授，为指导学生心理健康实践打下基础。在课堂教学中，将必修课程与选修课程相结合、理论学习与心理训练相结合，采取案例讨论、专题答辩等方式增强课堂的活跃度，在积极的课堂氛围的引导之下，学生能够跟随老师的节奏，提升学习效率。

图4-7 大学生心理健康教育"五位一体"方法体系构建

（二）宣传教育

在校园中，可以举办多种形式的校园心理健康宣传活动，如举办心理讲座、心理培训、文化心理沙龙、心理电影赏析等，还可以举办知识性、应用性较强的学术报告、主题班会、心理知识竞赛等，养成学生关注心理健康的习惯。经过不间断的宣传强化，可以有效提升大学生心理健康意识。同时针对大学生常见心理困惑或心理问题，可以借助报纸、广播、网络等途径在校园中宣传，扩大心理健康教育的影响范围。

（三）心理咨询

学生在成长过程中会遇到这样或那样的问题，及时寻求心理咨询，可以排除大学生的心理障碍，促进其身心全面发展。学校可以按照大学生阶段性心理问题，定期举行心理健康专题培训活动，可以采取互动或问答式的方法进行被动咨询，有助于发现问题，以此作为后期心理健康教育的主要内容。还可以通过网络开展电子邮件咨询或者在线心理咨询的方式，方便大学生进行主动心理咨询，在咨询过程中可以直接对学生进行一对一心理辅导或有效的引导，帮助其尽快走出心理困境。

（四）危机干预

对于存在心理问题或心理障碍的大学生，应当及时给予积极、有效的心理干预，实行动态的心理管理。另外，学校应当进一步完善心理危机援助体系，利用学校现有的资源，建设由班级、学院、学校、医院构建的心理健康防护网络，建立心理健康教育中心、院系与班级之间心理信息的相互沟通及交流体系，做好心理健康教育工作。具体工作措施如下：

1. 掌握学生的心理动态发展与动态管理。

2. 做好定期汇报，跟踪大学生心理危机动态发展。

3. 定期汇报心理健康案例、措施。

（五）调查研究

调查研究是统计大学生心理个性特征，经过研究分析得出大学生心理健康共性的特征，进一步掌握心理健康教育的规律，可以结合心理健康教育的实践进一步创新心理健康教育的内容与方法，深入开展心理健康教育研究，进一步提升大学生心理健康教育的工作效率，改良健康干预的方法策略，使得大学生心理健康教育朝着科学化、规范化、高效化的方向发展。

第五章　大学生营养健康教育

第一节　营养相关概念

了解和遵守正确的营养原则对于维持健康、预防疾病至关重要。在此之前，必须对营养及其相关概念有比较准确的认知。

一　营养与营养学

从字义上讲，"营"的含义是"谋求"，"养"的含义是"养生"，"营养"就是"谋求养生"。

在现代医学体系内，营养被定义为人体消化、吸收、利用食物或营养物质的动态过程，是人类从外界获取食物满足其自身生理需要的过程，包括摄取、消化、吸收和体内利用等。营养学是研究机体营养规律以及改善措施的科学，即研究食物与机体的相互作用，食物营养成分（包括营养素、非营养素、抗营养素等）在机体内分布、运输、消化、代谢和利用的规律，以及在此基础上采取具体的、宏观的、社会性的措施改善人类健康状况、提高生命质量的一门学科。

根据营养学的定义，我们可以进一步将营养学概括为研究营养过程、营养需要和营养来源以及营养与健康关系的科学。其目的是通过研究食物中对人体有益的成分及人体摄取和利用这些成分以维持与促进健康的规律和机制，并采取具体的、宏观的、社会性的措施提高人类健康水平。

现代营养学起源于18世纪末，整个19世纪和20世纪初是发现和研究营养素的鼎盛时期。营养学在发展过程中，不断分化出不同的学科和应用领域，如基础营养学、食物营养学、公共营养学、临床营养学、运动营养学、分子营养学和营养流行病学等。这些学科和领域拓展并深化了营养学的研究范围与应用领域，其中基础营养学是所有营养学分支学科的基础，一方面，不同学科和领域的发展完善了基础营养学的理论，另一方面，分支学科反过来又拓展了基础营养学的应用范畴，从而形成良性互动。

在营养学中，食物是一个经常被提及的概念。食物和食品的含义基本等同，都是指"能够满足机体正常生理和生化需求，并能延续正常寿命和繁衍种族的物质"。在《中华人民共和国食品安全法》中，食品是指各种供人食用或者饮用的成品和原料，以及按照传统既是食品又是中药材的物品，但是不包括以治疗为目的的物品（药品）。食品能为机体活动提供能量和各种营养物质，不同的食品所提供的营养物质的种类、含量和质量各不相同，这些营养物质就是营养素。

二 营养素

营养素是指食物中可为人体提供能量、构成机体和组织修复以及具有生理调节功能的化学成分。食物除了含有营养素外，还可能含有非营养素类物质，这些物质对人体仍有某些作用和好处，只是没有被归入营养素范畴，这些物质被统称为植物化合物，而营养素和植物化合物之外的成分如果在疾病治疗方面能够发挥作用，就可属于药物的范畴，如某些植物中的生物碱就属于药物成分的范畴，而对人体有害、有毒的物质则属于有毒有害物质的范畴，这样食物成分的特性和归属就可以被分得很清楚。

传统的营养素共分为蛋白质、脂类、碳水化合物、维生素和矿物质五大类，近年来，有些人认为，水是人体需要的第六大营养素，碳水化合物中的膳食纤维是第七大营养素。这七大营养素具体功能如下。

(一) 蛋白质

蛋白质是生命的物质基础,是有机大分子,是构成细胞的基本有机物,是生命活动的主要承担者,没有蛋白质就没有生命。氨基酸是蛋白质的基本组成单位,它是与生命及与各种形式的生命活动紧密联系在一起的物质。

蛋白质是组成人体一切细胞、组织的重要成分,占人体重量的16%—20%,即一个60kg重的成年人,其体内有蛋白质9.6—12kg。人体内蛋白质的种类很多,但其性质、功能各异,都是由20多种氨基酸按不同比例组合而成的,并在机体内不断进行代谢与更新,具有维持组织生长、更新和修复、构成生理活性物质、促进身体新陈代谢等作用。

食物蛋白质是由氨基酸组成的,是能量来源的一种,其质量的好与坏取决于所含氨基酸的种类及数量。从营养价值上看,蛋白质分为三类:完全蛋白质、半完全蛋白质、不完全蛋白质。食物蛋白质具有营养互补作用,即两种或两种以上的食物蛋白质混合食用,其所含的必需氨基酸能取长补短,相互补充,从而提高机体蛋白质的利用率。

(二) 脂类

脂类是人体需要的重要营养素之一,能供给机体所需的能量、提供机体所需的必需脂肪酸,是人体细胞组织的组成成分。

人体每天需摄取一定量的脂类物质,但摄入过多可能会导致高脂血症、动脉粥样硬化等疾病的发生和发展。

脂类是由醇和脂肪酸作用生成的酯及其衍生物的统称,主要包括油脂和类脂两大类别。油脂即甘油三酯,或称之为脂酰甘油,是油和脂肪的统称,一般将常温下呈液态的油脂称为油,呈固态的油脂称为脂肪。脂肪是由甘油和脂肪酸脱水合成的,即脂肪酸羧基中的OH与甘油羟基中的H结合,失去一分子水,使甘油与脂肪酸形成酯键,变成了脂肪分子。在动物的脂肪中，不饱和脂肪酸很少，在植物油中则比较多，当机体需要能量时，脂肪组织中的脂肪酸被分解为能够被肌肉组织所利用的能量。高等动物和人体内的脂肪还具有减少身体热量损失，维持体温恒定，减少内部器官之间摩擦与缓冲外界压力的作用。类脂包括磷脂、糖脂和类固醇三大类。

（三）碳水化合物

碳水化合物由碳、氢和氧三种元素组成，由于它所含的氢氧原子个数比为二比一，和水一样，故被称为碳水化合物。

它是为人体提供能量的三种主要的营养素中最廉价的营养素。食物中的碳水化合物可分成两类：人体可以吸收利用的有效碳水化合物如单糖、双糖、多糖和人体不能消化吸收的无效碳水化合物，如纤维素，是人体必需的物质。糖类化合物是一切生物体维持生命活动所需能量的主要来源，它不仅是营养物质，而且有些还具有特殊的生理活性。

膳食中缺乏碳水化合物将导致全身无力、疲乏、血糖含量降低，产生头晕、心悸、脑功能障碍等症状，严重者会发生低血糖昏迷。当膳食中碳水化合物过多时，就会转化成脂肪贮存于身体内，使人过于肥胖而导致各类疾病如高血脂、糖尿病等。一般说来，对碳水化合物没有特定的饮食要求，主要根据个人的身体状况、性别、年龄、运动等因素确定适宜摄入量，食物选择优先考虑全谷类和完整纤维质食物，如糙米和燕麦等，有助于维持良好的血糖水平和饱腹感。每天至少应摄入50—100g可消化的碳水化合物以预防碳水化合物缺乏症。

（四）维生素

维生素，又称维他命，是一系列有机化合物的统称。它们是生物体所需要的微量营养成分，一般无法由生物体自己产生，需要通过饮食等方法获得。维生素不像糖类、蛋白质及脂肪那样可以产生能量，组成细胞，但它们是维持生命活动所必需的、保持人体健康的重要的一类有机活性物质，对生物体的新陈代谢发挥着重要的调节作用。缺乏维生素会导致严重的健康问题，适量摄取维生素可以保持身体强壮健康，部分维生素摄取过量亦会导致中毒。

（五）矿物质

矿物质是地壳中自然存在的化合物或天然元素，又称无机盐，是人体内无机物的总称，是构成人体组织和维持正常生理功能必需的各种元素的总称，是人体一种必需营养素。

矿物质和维生素一样，是人体所需的重要营养元素，不能提供能量，但机体不能自行合成，需要每天从外界摄取，其摄取量也是基本确定的，但随年龄、性别、身体状况、环境、工作状况等因素有所不同。

人体必需的矿物质有钙、磷、镁、钾、钠、硫、氯 7 种，其含量占人体 0.01% 以上或膳食摄入量大于 100mg/d，被称为常量元素。而铁、锌、铜、钴、钼、硒、碘、铬 8 种为必需的微量元素，微量元素是指其含量占人体 0.01% 以下或膳食摄入量小于 100mg/d 的矿物质，还有锰、硅、镍、硼和钒 5 种是人体可能必需的微量元素；还有一些微量元素具有潜在毒性，一旦摄入过量可能会使人体形成病变或造成损伤，但在低剂量时对人体又是可能的必需微量元素，这些微量元素主要有氟、铅、汞、铝、砷、锡、锂和镉等。但无论哪种元素，与人体所需的三大营养素（碳水化合物、脂类和蛋白质）相比，都是非常少量的。

（六）水

水是膳食的重要组成部分，是维持一切生命活动所必需的物质。水可以溶解各种营养物质，运送人体所需要的营养物质，能维持身体正常的细胞结构，可以促进体内毒素的排出，有利于提高新陈代谢，还具有缓冲、润滑关节、调节体温等重要作用。

在温和的气候条件下，低身体活动水平成年男性每天水的适宜摄入量为 1700ml；女性每天水的适宜摄入量为 1500ml，饮水过多或过少都会给健康带来危害，日常应主动喝水、少量多次。喝水可以在一天的任意时间，每次 1 杯，每杯约 200ml，可早、晚各饮 1 杯水，在其他时间里每 1—2 小时喝一杯水。饮水温度以 10℃—40℃为宜。

我国居民饮水量不足的现象较为普遍，近年来，含糖饮料的消费量呈明显上升趋势。含糖饮料的主要成分是水和添加糖，其营养价值、营养素密度低，过多摄入含糖饮料可增加龋齿、超重肥胖、2 型糖尿病、血脂异常的发病风险，应少选购或不选购含糖饮料。在日常生活中不能把饮料当作水分的主要来源，不宜用饮料代替白水，建议用白水或淡茶水替代含糖饮料，白水廉价易得，安全卫生，不增加能量，不用担心"添加糖"所带来的健康风险。除了白水外，还可以选择喝淡茶水。

（七）膳食纤维

膳食纤维又名食物纤维，是一种不能被人体胃肠道消化吸收，且缺乏热能的多糖类物质，包括纤维素、半纤维素、果胶和木质素，具有相当重要的生理作用。膳食纤维作为人体不可缺少的营养元素，能够吸水膨胀，使食物变得更为浓稠，从而增加饱腹感，减少总能量的摄入，有助于控制体重；其强大的吸水能力还可以软化大便，促进胃肠道蠕动，加快大便的排泄，预防便秘；且能够维持正常的肠道菌群，有利于胃肠道健康并有助于提高机体免疫力。膳食纤维还可以延缓碳水化合物的吸收速度，使血糖水平上升更为平缓，对于糖尿病患者来说，膳食纤维是一种非常好的营养素，可以帮助他们控制血糖水平，对减少糖尿病的并发症亦有一定的好处。此外，膳食纤维可以吸附肠道中代谢产生的有害物质，并将其带出体外，对预防疾病具有重要意义。

需要注意的是，过量食用膳食纤维可能会引起腹胀、腹泻等不适症状，应根据个人情况适量摄入。同时，膳食纤维的来源多样，可以通过食物来摄入，也可以通过补充剂等方式获得，但补充剂不能代替食物中的天然膳食纤维。

三 营养与健康的关系

营养是维持健康的基础，二者关系甚为密切。合理的营养可以增进健康，食品中的营养素有助于机体正常运行，维护生理平衡，保持身体活力，增强机体的免疫力，抵抗疾病，延缓衰老，增强认知、改善睡眠等。下文将详细解析健康与营养的关系。

每一种营养素对我们的身体都有特定的作用。蛋白质是人体的主要建设者，它在我们身体中的作用非常广泛，主要用于生长、维护和修复身体细胞，同时也是激素、抗体和其他重要分子的主要组成成分。碳水化合物是我们的主要能量来源，在机体内可被分解为葡萄糖，这是大脑和肌肉所需的主要能源，在维持我们的日常活动中起着重要作用。脂肪是另一种重要的能量来源，也是许多生命过程的必需因素，它能提供必需的脂肪酸，这些脂肪酸是人体无法制造但又需要从饮食中获取的，脂肪也有助于吸收和存储维生素 A、D、E 和 K。维生素和矿物质是身体必需的微量营养素，维生素有助于控制身体各种化学反应，矿物质则具有参与构成人体组织、维持生理功能等重要作用。

营养和健康的关系在于，当我们的饮食包含所有必要的营养素时，我们的身体能够达到最佳状态，更有能力预防和抵抗疾病，恢复力也更强。反之，营养不良或营养过剩都会引起健康问题，营养不良会导致身体无法正常运作，将会影响免疫功能，使人更容易患病，而营养过剩，尤其是脂肪和糖的过剩，可以导致过度肥胖，从而引发诸如心脏病、糖尿病等慢性疾病。

某些营养素过量或缺乏也会导致特定的健康问题。例如，缺乏维生素 D 将会导致骨骼变软，而过量摄入钠有可能引起高血压。因此，了解营养素如何影响我们的身体，以及个体需要多少量的各种营养素，是维护健康的关键。

总的来说，良好的营养是健康生活的基础，蔬菜水果、全谷物、奶类、大豆是维生素、矿物质、优质蛋白、膳食纤维和植物化学物的重要来源，对提高膳食质量起着关键作用。维持均衡饮食，确保获得足够和多样的营养素是保持身体健康、预防疾病的重要方式。在日常生活中，我们需要意识到营养和健康的密切关系，并通过均衡合理饮食和科学的生活方式，来维持和提高我们的健康水平。

第二节　大学生营养健康教育的关键要点

食品营养是维持生命的基础。大学生脑力和体力劳动比较多，又处在生长发育的关键时期，合理膳食与营养的重要性不言而喻。但是，调查研究显示，当前在校大学生营养状况不容乐观，营养摄入不足、营养知识掌握不佳、忽视早餐、营养过剩、饮食不规律等问题均存在。大学生作为优秀的青年群体，其健康素质将直接影响祖国未来的发展。因此，大学生应该重视健康与食品营养，并改变不合理的饮食习惯。加强大学生营养健康教育刻不容缓。

一　让大学生充分意识到营养的重要性

营养是健康的保证，是支撑身体发展，维持身体功能，抵抗疾病，以及保证认知功能正常运转的基础，缺乏任何一种营养素，都可能会影响大学生的身体健康和学习效果。

大学生要明确地知道营养的重要性远远超过了满足身体基础生命功能的需要，适量的营养素可以使身体在最佳状态下运行，帮助机体更好地应对日常生活所需。例如，适量的蛋白质可以帮助身体修复和生成新的细胞，有助于伤口愈合和肌肉的恢复；合适的脂肪摄入则对大脑的发育和心脏的正常功能至关重要；足够的碳水化合物能够为我们提供持久的能量，支撑机体进行学习和其他活动。

良好的营养状态不仅对身体健康有着重要影响，而且对心理健康至关重要。例如，一些维生素和矿物质（如维生素 B 族和镁）已被发现与心理健康有关，缺乏这些营养素可能会增加焦虑或抑郁的风险。因此，均衡饮食对于维持良好的心理健康亦具有重要作用。

大学阶段的生活节奏较快，竞争激烈，经常需要面对考试和写作论文等学习问题，这就需要他们有足够的精力和集中力来应对。如果长期营养状况不佳，大学生会感到疲劳乏力，无法集中注意力，甚至可能影响他们的学习成绩。这也是我们需要强调营养对大学生的重要性的原因，只有良好的营养状态才能维持健康，才能够帮助他们更好地完成学业任务，提高学习效率。

饮食是营养的来源。然而，不幸的是，许多大学生并不充分了解营养的价值和作用，他们过于关注学习，而忽视了健康饮食，或者由于对营养知识的缺乏，没有选择合适的食物来满足其身体的营养需求。在当前的社会环境下，尤其是随着快餐和外卖的普及，许多大学生的饮食习惯越来越倾向于便捷、高热量、低营养的食物。这就需要我们通过营养健康教育，让大学了解食品营养的相关知识，特别强调营养均衡和多样性的重要性，引导他们选择丰富多样的健康食品，包括全谷物、水果、蔬菜、豆类、坚果和瘦肉、低脂乳制品等，养成合理的饮食习惯。

二 让大学生养成健康的生活方式

大学生正处于人生的关键阶段，他们的生活方式将会对他们未来的生活产生深远的影响。因此，大学生营养健康教育应该涵盖健康生活方式的各个方面，包括定期运动，保证充足的睡眠和良好的精神状态等。

定期运动是保持健康的基本方式。运动不仅可以帮助消耗多余的热量，保持体重平衡，还可以增强免疫系统的功能，减少患慢性病的风险。这是因为运动可以提高身体的新陈代谢率，帮助身体更好地吸收和利用营养素，同时也可以通过出汗将体内的毒素排出去，使身体处于一个更健康的状态，运动还可以提高大学生的心理健康。研究证明，运动可以释放内啡肽，这是一种可以愉悦心情，减少焦虑和压力的物质，对于学业繁重的大学生来说，定期的运动可以帮助他们缓解学习的压力，增强体质，提高心理健康水平。

充足的睡眠对大学生的健康和学习效率非常关键。足够的睡眠可以帮助身体和精神得到恢复，增强免疫系统的功能，提高学习效率和记忆能力。许多大学生由于学业繁重经常熬夜，部分大学生由于网络游戏成瘾经常通宵上网，这对他们的身体和精神健康都有很大的影响。长期缺乏睡眠会致使机体免疫系统功能下降，易感冒，易患其他疾病，同时还可能导致神经衰弱，影响他们的学习和生活质量。因此，大学生营养健康教育应该强调睡眠的重要性，使其了解均衡膳食与良好睡眠的关系，并教导大学生如何管理时间，以确保充足的睡眠。例如，大学生可以尝试制定一个合理的作息时间表，避免过度劳累，同时也可以尝试一些助眠的方法，如阅读、冥想等，帮助他们更好地入睡。

保持良好的精神状态是健康的一部分。大学是大学生独立生活和建立人际关系的关键阶段，他们的心理健康会直接影响他们的社交能力和未来职业发展。保持良好的精神状态首先要求大学生能独立科学地应对各种压力，这是其必备的生活技能，平常可以使用一些管理技巧，例如冥想、运动、深呼吸、积极思考等，来帮助他们放松心情。同时，管理时间也是保持健康生活方式的一部分。良好的时间管理能力不仅可以帮助大学生更有效地学习，也可以帮助他们有更多的时间进行运动和社交活动，从而提高他们的身心健康。建立和维持健康的人际关系对于大学生的心理健康也是非常重要的。大学生应该学会如何与人沟通，如何处理人际关系中的冲突，这不仅可以帮助他们在大学生活中更好地适应，对他们未来的社会生活也有着积极的影响。

总的来说，大学生营养健康教育不仅要涵盖营养知识，也应该包括健康的生活方式。只有这样，才能真正提高大学生的健康水平，帮助他们在大学这个关键的人生阶段保持良好的身心状态，提高生活质量。

三　让大学生了解基本的食品安全与卫生常识

食品安全和卫生是一个不容忽视的主题，它是维护健康的重要环节。如果食物被污染，或者摄入的食物营养不均衡，就可能引发各种健康问题，如食物中毒、营养不良等。因此，让大学生了解和掌握基本的食品安全和卫生知识，是大学生营养健康教育的内容之一。

当谈到食品安全和卫生时，主要考虑的是食品在采购、储存、处理和烹饪过程中的安全性。大学生在购买食品时，应选择新鲜、无腐烂、无异味、无污染的食品，尤其是肉类和海鲜等易腐烂的食品，更应确保其新鲜度。同时，也应尽量选择不含过多食品添加剂和人工色素的食品，因为过量的食品添加剂和色素会对健康产生负面影响。

储存食品是一个技巧性的过程，大学生需要了解并掌握正确的储存方式。例如，肉类、蔬菜和水果应该分开存放，避免交叉污染；易腐食品应妥善冷藏；食品储存环境应保持干燥、清洁；对食品的保存期也要严格控制，过期的食品不能继续食用。

在食品处理和烹饪环节，大学生需要注意几个关键点：必须保证手和烹饪工具的清洁，防止细菌污染；肉类食品应彻底加热煮熟，避免生食；尽量减少食物在高温下长时间烹调的情况，以防止营养流失；食物一次烹饪不宜过多，避免食用剩饭剩菜。

另外，大学生在选择食品时，应尽量避免过度食用加工食品和快餐，这些食品虽然方便快捷，但往往含有较高的盐分、糖分和脂肪，且营养结构单一，长期食用会导致营养失衡，增加患病风险。

除了上述的食品安全和卫生知识外，大学生还应学会解读食品营养标签，以便更准确地掌握每种食品的营养成分和热量，从而做出科学的选择，有助于合理的饮食。同时，大学生还需要知道在特殊情况（如生病、运动量大等）下的饮食调整，以满足身体的特殊需求。

总之，通过了解和掌握食品安全和卫生知识，大学生可以更好地选择和处理食品，确保摄入的食物既安全又营养，为健康打下坚实的基础。

四　让大学生树立正确的饮食观念

在大学生营养健康教育中，树立正确的饮食观念也非常关键。毕竟，良好的饮食习惯和健康观念是维护身体健康、预防疾病的第一道防线。以下是一些关键的饮食观念和习惯，可以帮助大学生保持良好的营养状态。

定时定量饮食。这是维持良好营养状态的基本原则。每天三餐应保持规律，避免长时间饥饿或过度饱和，而且每餐应控制适当的量，避免暴饮暴食。定时定量饮食能保证身体获得恒定的能量供应，有助于维持稳定的血糖水平，预防肥胖和相关的慢性疾病。

控制甜食和咖啡因的摄入。过多的糖分摄入会引发肥胖、心血管疾病、2 型糖尿病等问题，而过量的咖啡因摄入可能会出现睡眠质量下降、心律不齐等问题。因此，大学生应尽量减少甜食和含咖啡因饮料的摄入。

建立正确的体重观念。一方面，在社会环境和媒体的影响下，很多大学生对他们自己的体重有过高的期待，部分大学生，尤其女学生，过度追求消瘦，结果导致营养不良，影响健康，甚至引发饮食障碍等心理问题。另一方面，部分学生经常暴饮暴食，忽视体重过高的问题，会增加患慢性疾病的风险，如心血管疾病、2 型糖尿病等。因此，大学生应了解标准的体重范围及计算方法，并根据其自身情况调整饮食结构和加强运动，保持健康的体重。

注重饮食的多样性。营养不是单一的，而是多元化的。大学生的饮食中应包含各类食物，如蔬菜、水果、全谷物、豆类、瘦肉和鱼类等，以获取各种必需的营养素。多样化的饮食能帮助大学生产生享受不同美食的乐趣，提高生活的质量。

综上所述，大学生营养健康教育应致力于帮助大学生建立和维持良好的饮食观念和生活习惯，为身体健康打下良好的基础，使他们在大学期间和未来的生活中都能享受到合理饮食与营养的益处。因此，学校需要从多方面开展健康教育，包括食品营养知识教育、饮食习惯教育、食品安全和卫生教育以及健康生活方式教育等，以全方位地提升大学生的营养健康水平。

第三节　大学生营养健康教育的禁忌和注意事项

一　避免"一刀切"的营养建议

在进行大学生的营养健康教育时，一个常见的禁忌就是"一刀切"的营养建议。人的营养需求是多元化的，每个人的需求都有所不同。例如，体育专业的学生需要更多的蛋白质和热量来维持他们的体能，而文科专业的学生可能需要更多关注膳食纤维和维生素的摄入量。男性和女性的营养需求也存在差异，比如，男性和女性对于铁质和钙质的需求就有所不同。

年龄、基因、健康状况以及生活方式等因素也会影响一个人的营养需求。年龄会影响机体的新陈代谢率，基因会影响某些食物的吸收和消化，健康状况如需要更多的特定营养素等，生活方式如抽烟、饮酒等都会影响营养素的需求。

因此，在提供营养建议时不能一概而论，而应该考虑到多种因素的影响，提供个性化的、符合个体需求的建议。例如，对于运动员，可以根据他们的训练强度和类型，提供更具针对性的蛋白质、碳水化合物以及电解质的摄入建议；对于女学生，应重点教育她们在饮食中保证铁质和钙质的摄入充足，防止贫血和骨质疏松等问题的出现。

"一刀切"的营养建议往往无法满足所有人的需求，甚至导致某些人的营养状况恶化。例如，过度推广高蛋白饮食将会对肾脏健康产生负面影响；过度强调减少热量的摄入可能会导致营养不良。

在提供营养建议时，要鼓励大学生了解他们自己的身体，学会根据他们自己的需求调整饮食。大学生在通过营养健康教育学习各种营养素的功能、食物的营养成分，及营养标签阅读等知识与技能后，可以更好地管理他们自己的营养摄入。此外，他们还可以借助专业的营养师、医生或健康相关应用程序，来获得更精确和个性化的营养建议。

健康饮食以均衡、适量、卫生为原则，并没有统一的或绝对的标准，而是要吃得平衡、吃得全面，同时考虑到他们自身的生活习惯和身体状况，搭配成适合其自身营养需求的食谱。

二　避免过分强调单一营养素

在营养科学中，蛋白质、脂肪和碳水化合物经常被称为"宏观营养素"，因为它们是我们体内主要的能量来源。然而，营养并不止于这些，还包括维生素、矿物质以及其他生物活性物质，它们虽然不直接提供能量，但在保持我们的身体健康和正常运作中发挥着重要作用。例如，维生素 A 对视力和免疫系统的维护非常重要；维生素 C 能帮助身体抵抗感染并促进伤口的愈合；矿物质如钙和磷对骨骼和牙齿的健康至关重要；铁在血液的形成和运输氧气的过程中发挥着作用。这些微量元素虽然只占我们饮食中的小部分，但缺乏它们也会导致各种健康问题。因此，当我们谈论健康饮食时，不能过分强调某一种营养素的功效，例如，有些人为了减肥而选择低碳饮食，大量摄入蛋白质，但是维生素和矿物质的摄入不足，从而影响健康。

正确的做法是，应强调营养素的多样性和平衡性，不同的食物可以提供不同的营养素，只有吃得多样，才能确保各种营养素的摄入。在实际生活中，我们的饮食应该包括各类食物，如谷物、蔬菜、水果、肉类、豆类、乳制品等，既可以获得全面的营养，又可以避免单一营养素的不足。

总的来说，营养健康教育应该鼓励大学生摄入各种营养素，不只是关注宏观营养素，也要关注微量元素，每一种营养素都在我们的体内发挥着重要作用，缺乏任何一种都会影响健康。多样性的饮食不仅能提供各种所需营养，还能增加食物的味道，促进食欲，以获得健康饮食的最佳效果。

三 避免对体重的刻板印象

在营养健康教育中，必须谨防对体重产生刻板的印象。社会上往往存在着一种偏见，认为体重轻就等于健康，重就等于不健康，这种观念是错误的。过度的追求瘦，会导致营养不良，免疫力下降，甚至形成厌食症或者暴食症等饮食障碍心理疾病。

实际上，所谓的健康体重并不是一个具体的数值，而是一个范围，这个范围取决于个体的身高、年龄、性别以及遗传等多种因素。例如，身高相同的两个人，一个人的骨架比另一个人大，男性的骨架比女性大，那么他们的健康体重范围就会有所不同。且随着年龄的增长，人们的新陈代谢速率逐渐下降，需要的热量也会相应减少，因此健康的体重范围也会有所改变。

因此，我们不能单纯地依靠体重来判断一个人是否健康。一个更好的指标是体脂率，它能更准确地反映一个人的身体组成。体脂率过高，无论体重是否在正常范围内，都会增加患心脏病、高血压、糖尿病等的风险，而体脂率过低，则可能出现生理功能失调，如女性的月经不调、骨质疏松等。

同样重要的是，我们必须强调的是健康的生活方式，而不单是体重。当我们遵循均衡的饮食、适量的运动、足够的睡眠和良好的心理状态这些原则时，体重一般都会自然地维持在一个健康的范围。

在科学的前提下，应尊重每个人的身体形态，每个人都是独一无二的，不能期待人人都符合某一种"理想"的体型。健康不是一个模样，而是一种状态，教师要鼓励大学生爱护他们自己的身体，尊重他们自己的身体，不被社会的刻板印象所束缚，追求他们自己的健康和幸福。

四　避免依赖营养补充剂

在大学生营养健康教育中，需要注意的一点是过度依赖营养补充剂。在当今社会中，营养补充剂使用变得越来越普遍，从维生素片到蛋白质粉，再到鱼油胶囊，市场上的营养补充剂多不胜数，同时被广告宣传为能够提供我们日常饮食中容易缺乏的营养素，从而帮助我们保持健康，提高体能，甚至防治疾病。

虽然营养补充剂在某些情况下是必要的，例如对于素食者，可能需要补充维生素 B_{12}，对于老年人，可能需要补充维生素 D 和钙，但对于大多数健康的大学生来说，并不需要依赖营养补充剂获取足够的营养素。过度依赖营养补充剂往往会导致某些营养素的过量摄入，从而带来不必要的健康风险。例如，过量摄入维生素 A 会出现头痛、疲劳、恶心，甚至发育不良，过量摄入铁会增加心脏病的风险。一些营养补充剂还可能与其他药物相互作用，影响药物的疗效。因此，如果没有医生的建议，我们不应随意使用营养补充剂。

更重要的是，营养补充剂不能替代均衡饮食。真正的健康来自各种食物中的营养素，包括蛋白质、碳水化合物、脂肪、维生素、矿物质及其他有益成分，如膳食纤维和抗氧化物质，这些营养素在食物中以最佳的比例存在，能够被人体有效地吸收利用。相比之下，营养补充剂只提供了单一的或一部分营养素，而且通常不如食物中的营养素容易被人体吸收。

因此，我们应该鼓励大学生多吃新鲜的水果、蔬菜、全谷物、瘦肉、鱼、鸡蛋、豆类、坚果和种子等食物，以获得全面的营养。同时，应该告诫学生营养补充剂不能替代健康的饮食，不能依赖它们来获取健康。

第六章　大学生体育运动健康教育

第一节　体育运动及其与健康教育的关系

体育运动是生活中的重要活动，因为它不仅能够让人们的身体保持健康，也能使其心理更加愉悦。体育运动可以分为个人运动和团队运动两种，运动对人体健康有积极的促进作用，不仅可以增进心血管健康，增强我们的肌肉力量，提高我们的灵活性和耐力，还可以改善情绪和促进精神健康。

一　体育运动的内涵

体育运动的种类繁多，每种运动都有其独特的魅力。例如，田径是一种测试身体耐力和速度的运动，体操则要求参与者有出色的平衡能力和协调性。有些人喜欢更具挑战性的运动，如马拉松或铁人三项，而对于那些喜欢团队运动的人来说，他们可能更多地选择足球、篮球、排球或棒球等运动。

许多运动都有竞技性。许多人参加体育运动是为了提升他们自己的技能和能力，或者是为了和他人竞争，运动比赛可以培养人们的竞争意识，提高他们的团队合作精神，还可以提高他们的信心和决心。

运动并不只是竞技，也是社交的一种方式。许多人参加体育活动是为了和朋友、家人共享乐趣，或者是为了结识新朋友。在许多国家，体育是一种重要的文化元素，体育赛事是人们社交的主要形式。无论是在学校、社区还是工作场所，体育运动都是一种非常有效的团队建设活动。

体育运动具有教育性。通过参加运动，我们可以学习到团队合作、尊重他人、公平竞争和努力奋斗的重要性。体育运动也能帮助我们学习如何处理失败和成功，如何设定和追求目标，以及如何应对挫折。

除了体育运动带给我们的所有好处外，运动也能带来许多社会经济效益。体育产业在全球范围内都持续增长着，创造了大量的就业机会，体育运动也有助于推动旅游业的发展，因为许多人喜欢参观世界各地的体育赛事。同时，体育也是推动科技进步的一种方式，因为科学家和工程师需要发明新的器械和技术来帮助提高运动员的表现。

总的来说，体育运动在我们的生活中占据着重要的位置。它不仅能帮助我们保持身体健康，也能给我们带来生活乐趣，提供社交的机会，增强人们的团队合作精神，教育我们如何尊重他人和公平竞争，还能带来许多社会经济效益。因此，无论是个人还是社会，都应该积极参与体育运动，维护个体的健康水平，促进社会的健康发展。

二　体育运动的特点

体育运动具有多种特点（见图 6 –1）。

（一）规则性

体育运动的规则性是其不可或缺的特点，它提供了公平、公正、统一的竞技环境，使得每位参与者在同等的规则或条款下进行竞争。规则性为比赛的顺利进行奠定了基础，为运动员的发展方向提供了清晰的指导，同时也为观众带来了高度的观赏性和悬念。

规则的存在，使体育运动具有了秩序性。无论是体育竞技场上的足球、篮球等团队运动，还是田径、游泳等个人竞技运动，每一项运动都有一套详细的规则。规则不仅决定了比赛如何进行，如何打分，

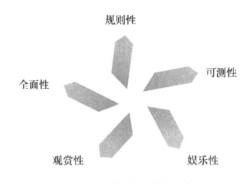

图 6-1 体育运动的特点

还明确了参赛者应如何配合，如何竞争，这些规则为比赛的进行提供了明确的流程结构。规则的制定和执行，亦体现了体育运动的公平和公正。在同一规则下进行比赛，保证了所有参赛者在同一起跑线上，避免了因个别人的不公平行为而对比赛结果产生影响，也是竞技场上比赛能够进行的基本约束。规则性也为比赛增加了悬念和观赏性。规则的存在，让观众可以更好地理解比赛的进行，从而享受到比赛的乐趣，规则的突破和创新，也会让比赛充满更大的不确定性和悬念，提高比赛的观赏性。

规则性也体现在对运动员的要求上。规则不仅规定了比赛的进行方式，也设定了参赛者的行为规范和技术要求，这对运动员的职业道德和行为约束起到了很大的推动作用。运动员在遵守规则的同时，也在学习如何尊重对手，如何公平竞争，如何展示良好的职业道德。

规则性还表现在对运动的创新上。随着科技的进步，很多体育运动的规则也在不断更新和优化。这些规则的更新不仅提升了比赛的公平性，也提高了比赛的观赏性，同时也为运动员提供了更大的竞技空间。

总的来说，规则性是体育运动不可或缺的特点，它为比赛的公正、公平提供了保障，为比赛的观赏性增添了色彩，为运动员的行为规范提供了依据，同时也为体育运动的创新和发展打开了新的可能。

通过规则性，体育运动不仅成为一种竞技活动，而且成为一种文化现象，一种价值的体现。

（二）可测性

体育运动的可测性是其重要特征，也是其魅力的一种体现。在体育运动中，我们可以清晰地通过时间、分数、距离等各种要素量化运动员的表现，形成一个可度量、可比较的结果。这种可测性不仅有助于激发运动员的竞争激情，也为观众带来了紧张刺激的观赏体验。

体育运动的可测性意味着每一项表现都可以被量化。无论是跑步中的时间、篮球比赛中的得分，还是高尔夫比赛中的击球次数，每一种表现都可以通过数字进行量化。这种量化的结果使得每一个参与者的表现都可以被客观地评估和比较，不仅在比赛中起到了评判的作用，也成为运动员在训练中提升自我、追求进步的重要依据。

可测性给观众带来了极高的观赏体验，观众可以清晰地知道每一个运动员的技能水平，可以为每一次的精彩表现而欢呼，可以紧张地期待每一次的纪录被打破，让每一场比赛都显得紧张、刺激、激烈。这种直接的、可量化的比赛结果，使得体育运动具有了极高的观赏性和吸引力。

可测性还在于其持续性。每一次的比赛，每一次的训练，都会产生一个新的数据，记录下运动员的表现。这些数据可以被运动员用来分析他们自己的强项和弱点，可以被教练用来调整训练方案，也可以被观众用来关注他们自己喜爱的运动员。这种数据的积累和分析，使得体育运动的可测性成为一种持续的过程，推动着运动员的不断进步，也可让观众保持持续的热情。

可测性也为体育运动的发展提供了依据。在大数据时代，每一个数据都可以被用来研究和优化。体育运动的可测性，使得我们可以通过分析数据来了解运动的规律，可以通过优化数据来改进比赛的规则，也可以通过研究数据来提升运动员的表现。这种基于数据的研究和优化，使得体育运动的可测性成为推动体育运动发展的重要力量。

（三）娱乐性

体育运动的娱乐性源自它能够刺激人们的感官，满足人们的情绪需求，让人们在欢笑和欢呼中感受到紧张和激动。这种娱乐性不仅体现在运动场上，也体现在人们的日常生活中，无论是在公园中的健身，还是在电视前的观赏，都可以体验到体育运动的娱乐性。

体育运动的娱乐性体现在它对人们感官的刺激上。每一次的投篮，每一次的跑步，每一次的跳跃，都让人们感受到身体的力量和速度，这种感官的刺激让人们在运动中体验到了快乐，也在运动中找到了释放的出口。体育运动的娱乐性体现在它满足人们情绪的需求上。在运动中，人们可以释放压力，可以抒发情绪，也可以在欢笑和欢呼中找到归属感。在篮球比赛的激烈竞争中，在足球比赛的紧张悬念中，人们会体验到激动、紧张、失落、欣喜等多种情绪，这种丰富的情绪体验满足了人们的情绪需求，也是体育运动吸引观众、深受大众喜欢的主要原因。体育运动的娱乐性也体现在它带给人们的社交体验上。体育运动不仅是一种竞技，也是一种社交活动，在运动中，人们可以结交朋友，可以增进情感，也可以增强团队协作，这种社交体验使得体育运动具有丰富的娱乐性，让人们在运动中找到了乐趣。体育运动的娱乐性也体现在它对人们生活的影响上。体育运动不仅仅在运动场上，也在人们的日常生活中，人们可以在公园中晨跑，可以在电视前观赏比赛，也可以在社区中参加健身活动，这些都是体育运动的娱乐性在日常生活中的体现，它们让人们在忙碌的生活中找到了乐趣。

体育运动的娱乐性也体现在它对文化的影响上。体育运动不仅是一种竞技，也是一种文化现象，在体育运动中，人们可以了解到不同的文化，可以接触到不同的价值观，也可以感受到人类共同的情感，这种文化的影响使得体育运动具有了深远的娱乐性，让人们在运动中找到了自我。

总的来说，体育运动带给人们的不仅仅是运动的快乐，更是生活的乐趣、社交的乐趣、文化的乐趣，也是其魅力的具体体现。

（四）观赏性

体育运动的观赏性是一个显著的特征，这种观赏性不仅表现在比赛中运动员的高超技巧和出色表现上，也体现在比赛的紧张气氛和精彩瞬间中，还体现在它的故事性、情感内涵和文化价值中。在观赏竞技体育比赛时，人们会对比赛中的运动员、场馆、裁判员、观众和整个竞技体育文化进行审美体验，既包括运动员身体的美感，也包括比赛竞技性、情感共鸣、规则的重要性以及文化内涵，不同国家、不同地区的竞技体育文化具有各自的特点和魅力，使得它既有直观的视觉享受，也有深入的思考和感慨。在每一场比赛中，观众都可以感受到比赛的激烈和紧张，感受到每一次得分的喜悦，每一次挽回的悬念，每一次胜利的欢呼，这些紧张和激烈的气氛，这些精彩和惊险的瞬间，极大地提升了体育运动的观赏性，使得观看体育比赛成为一种享受。

综上所述，通过其观赏性，体育运动不仅为我们提供了娱乐和享受，也为我们提供了思考和感悟，使我们在欣赏运动员的技术和才华的同时，也能感受到人性的力量、精神的价值、文化的深度。

（五）全面性

体育运动是综合各种体育项目的一种活动，具有全面性和综合性，它不仅涵盖了身体的各个方面，如力量、速度、耐力、灵活性和协调性，也涵盖了精神的各个方面，如意志力、决心、自我激励和团队精神。体育运动的全面性还表现在它可以面向所有的人群，不论年龄、性别、身体状况还是经济社会背景，人人都可以参与到各种体育运动中。具体来讲，体育运动的全面性体现在它能够全面提升人体的各项体能，无论是需要力量的举重、橄榄球，还是需要速度和敏捷性的足球、篮球，或者是需要超强耐力的马拉松、铁人三项，抑或是需要高度协调性的体操、花样滑冰，每一项体育运动都能在不同程度上锻炼我们的体能，提升我们的力量、速度、耐力、灵活性和协调性。

体育运动的全面性还表现在它能够全面塑造我们的精神面貌上。在体育运动中，我们可以锻炼意志力、决心、自我激励和团队精神。在每一次比赛中，运动员都需要挺过困难，坚持到底，这就需要坚韧的意志力和坚定的决心。在训练中，运动员需要不断地自我激励，不断地超越自我，这就需要强烈的自我激励精神。在团队运动中，运动员需要协同合作，共同努力，这就需要高度的团队精神。这些精神面貌的塑造，对于我们的成长和人生都具有重大的影响。

总之，体育运动作为一种有着广泛影响力的活动，不仅有利于个人身体健康和心理素质的提高，同时还可以推动文化和经济交流，促进社会的和谐稳定。无论是从各种角度还是从整体方面考虑，体育运动都具有丰富的特征和内涵，是社会各领域需要注重和支持的一项活动。

第二节　大学生体育运动健康教育的重要性

大学生身心均处于成熟期，同时面临着学业、就业、人际关系等多重压力，体育运动健康教育可以有效地帮助他们应对挑战，达到身心健康的状态。

一　体育运动健康教育可以帮助大学生形成正确的健康观念

体育运动健康教育在大学生生活中的重要性不容忽视，尤其是在帮助他们形成正确的健康观念方面起着显著作用。在这个技术高速发展、生活节奏加快的社会中，繁重的学业、就业的竞争、人际关系的处理，这些事务让很多大学生陷入了生活的误区，如忽视运动、熬夜、饮食不规律等，这些都是对健康的潜在威胁。

体育运动健康教育能够引导大学生重视运动。一些大学生由于过于专注学习或者其他活动，导致对运动的忽视，但运动是维持身体健康、提升身体素质的重要方式，可以提高心肺功能，增强肌肉力量，提升免疫系统功能，增强疾病抵抗力。通过体育运动健康教育，大学生可以理解运动的优点和好处，从而积极参与到各类运动中去，改善生活方式。

体育运动健康教育可以纠正大学生的睡眠误区。在现代社会里，熬夜似乎成为一种常态，长期以来，受现代生活方式和学习考试等因素的影响，我国广大青少年学生睡眠质量不容乐观，睡眠不足、睡眠质量差严重影响了学生的身心健康。研究表明，长期熬夜可以引发多种疾病，如心脏病、高血压、糖尿病等，大学生常常因为学习、娱乐或者社交活动而熬夜，对健康造成了极大的伤害。教育部办公厅在加强中小学生睡眠管理工作的通知中提出，要通过体育与健康课程大力普及科学睡眠知识，将体育与健康课程和体育课堂作为科学睡眠宣传教育的重要方式，在指导提高学生睡眠质量方面，提出坚持劳逸结合、适度锻炼的原则，同时将学生睡眠状况纳入学生体质健康监测和教育质量评价监测体系中。由此可见，通过体育运动健康教育，可以让大学生了解良好的睡眠对健康的重要性，学习通过科学运动提升体质健康水平，主动改变不良的睡眠习惯，改善睡眠质量。

体育运动健康教育可以帮助大学生养成良好的饮食习惯。体育运动和营养摄入是维持身体健康的两个重要因素，二者相互促进，互为基础，合理的膳食搭配可以提供足够的能量和养分以满足身体的需要，可以提供足够的能量来支持身体进行运动，并且对于特定运动项目的表现有着重要的影响。然而快餐、糖饮、零食等不健康的饮食方式在大学生中较为流行，通过体育运动健康教育，让大学生明白饮食对健康的重要影响，学习如何做到合理膳食，培养良好的饮食习惯。

总的来说，体育运动健康教育对于大学生形成正确的健康观念具有重大的意义，可以帮助大学生理解运动和饮食的重要性，了解健康的全面性，促使良好生活习惯的养成。

二 体育运动健康教育可以增强大学生的体质

体育运动健康教育在增强大学生体质方面起着关键作用。大学生群体处于生长发育的黄金期，他们的体质状况会直接影响他们的学习和生活质量，而体育运动健康教育，则能够通过科学、系统的方式，帮助大学生学会科学运动，促进身体健康。

体育运动能够显著提高大学生的身体免疫力。大量研究证明，适度的体育运动能够刺激免疫系统的活性，增强免疫细胞的功能，从而提高身体对各种疾病的抵抗力。同时，运动还能够增强大学生的心肺功能，提高血液循环，促进新陈代谢，使得免疫细胞更加活跃，进一步提升免疫力。

体育运动能够降低大学生患病的风险。无论是心血管疾病，还是糖尿病，抑或是一些精神类疾病，都已经被科学证实与缺乏运动有关。通过体育运动健康教育，大学生可以了解这些信息，从而更加积极地投入运动中，提早预防各类疾病的发生。

体育运动能够帮助大学生塑造良好的体型。随着社会的发展，肥胖问题越来越受到关注，而运动是预防和控制肥胖的重要手段，运动可以消耗身体的热量，防止过多的脂肪堆积，控制体重。同时，运动还可以增强肌肉，使身体线条更加健美，提升大学生的自信心和自尊心。

更重要的是，体育运动可以让大学生拥有更强壮的身体，以应对学习和生活的挑战。无论是应对紧张的学习，还是参加各种社会活动，或者是未来步入职场，都需要有一个强健的体魄作为支撑。而体育运动健康教育，就能够帮助大学生通过科学的方式进行运动，提升体质，增强身体素质。

总的来说，体育运动健康教育可以让大学生了解到运动对于身体健康的重要性，有利于他们养成运动的好习惯，从而提升他们的身体素质，使其有能力应对生活和学习的挑战，提高生活质量。

三　体育运动健康教育可以提升大学生的心理素质

体育运动与心理健康是密不可分的，因此体育运动健康教育对于提升大学生的心理素质具有深远的影响。运动不仅可以作为一个有效的压力释放手段，让个体感到快乐，同时，它也是一个卓越的平台，可以培养大学生的毅力、团队精神、领导能力等一系列重要的心理素质。

体育运动有助于提升大学生的抗压能力。现代社会的压力源源不断，特别是大学生，而体育运动是一种舒缓压力的有效方式，因为人体在运动时，大脑会释放一种名为"内啡肽"的化学物质，这是一种可以使人产生快乐感觉的神经递质，有助于放松身心，愉悦心情。因此，运动能够帮助大学生更好地应对生活和学习中的困难与挑战。

体育运动能够锻炼大学生的毅力，培养其吃苦耐劳、坚持不懈的优秀品质。在体育运动中，无论是个人还是团队项目，都会遇到种种挑战，可能会经历失败，可能会感到疲惫，可能会面临困难。但是，每一次的坚持，每一次的努力，都是对毅力的锻炼，都是对他们坚韧不拔精神的提升。这些经历将在他们的人生道路上，成为他们面对挫折、迎接挑战的宝贵财富。

团队运动更是能够培养大学生的团队精神和领导能力。在团队运动中，每一个成员都是团队的一部分，他们需要彼此协作，共同面对挑战，才能取得胜利，这无疑是对他们团队精神的磨炼。而每一个团队都需要领导者，通过团队运动，有领导才能的大学生可以得到更好的锻炼和提升，也可以帮助他们在未来的工作和生活中胜任领导角色。

综上所述，体育运动可以缓解压力、愉悦心情，又能锻炼大学生的毅力和团队精神，还可以提升他们的领导能力，对提升心理健康有着积极的作用。因此，我们必须加大对体育运动健康教育的重视，使其在大学生健康教育中占据重要的位置。

四 体育运动健康教育可以帮助大学生形成健康的社交方式

运动不仅是锻炼身体的过程，而且是一种强大的社交工具，它能让大学生在运动中结交朋友，建立深厚的人际关系，同时也可以培养他们的社交技巧。此外，体育运动还能引导大学生避免一些不健康的社交方式，比如过度依赖电子设备、过度消费等。

运动场是大学生广泛建立人际关系的理想场所。在体育活动中，他们会与不同背景、不同兴趣的人一起参加，这给他们提供了认识新朋友，建立友情的机会。在竞赛、合作、分享胜利和面对挫折的过程中，大学生之间会形成深厚的情感纽带，这些经历不仅会丰富他们的社交生活，也会为他们在未来的生活和工作中建立有价值的人脉关系奠定基础。

体育运动也是提升社交技巧的有效手段。在运动中，大学生需要学习如何合作，如何沟通，如何解决团队中的冲突，如何在团队中扮演不同的角色等，这些都是社交技巧的重要组成部分。而这些技巧在他们日常生活和未来的职业生涯中都非常重要，他们可以学习如何与他人进行更有效的交流，如何处理复杂的人际关系，如何更好地适应社会环境。

体育运动健康教育可以引导大学生避免一些不健康的社交方式。例如，现在的大学生过度依赖电子设备，他们大部分时间都在看手机、电脑前度过，这不仅不利于他们的身心健康，也阻碍了他们与人面对面交流的机会。另外，过度消费也是一些大学生面临的问题，他们为了追求社交地位，有些会超额购物，过度消费，而体育运动健康教育，可以引导他们参与到运动中来，体验真正的人际交流，减少电子设备的使用。同时，运动只需要一份热爱和投入，不需要过度消费，这也可以帮助他们建立正确的消费观。

综上所述，体育运动健康教育在帮助大学生形成健康的社交方式上有着重要的作用，它既是一个让大学生建立人际关系，提升社交技巧的平台，又是一个引导他们避免不健康社交方式的导师。因此，我们应该重视体育运动健康教育在大学生社交教育中的地位，鼓励他们积极参与体育运动，享受运动所带来的快乐和收获。

第三节　大学生体育运动健康教育的步骤

大学生体育运动健康教育是一个系统性的过程，包含以下几个关键步骤，这些步骤并非一次性完成，而是需要大学生在其整个大学生活中，通过持续的教育和实践逐渐达到。大学生体育运动健康教育的步骤如下（见图 6 - 2）。

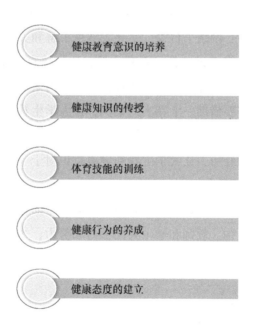

图 6 - 2　大学生体育运动健康教育的步骤

一　健康教育意识的培养

大学阶段是人生一个关键的转折点，大学生在身心状态的发展、职业道路的选择、价值观的塑造等方面都发生着深刻的变化。在这个阶段，一个健康的生活方式、正确的运动习惯以及对健康深入的理解就显得至关重要。

体育运动健康教育不仅可以提高大学生的身体素质和运动技能，而且更重要的是培养学生的健康意识，因此，健康教育意识的培养，是大学生进行体育运动健康教育的第一步。这一步骤的核心目标是让大学生了解到健康的重要性，并认识到体育运动对于身心健康的积极影响。在当今社会，大学生的生活节奏加快，课业学习任务增大，如果没有充足的健康知识和健康意识，就可能会轻易忽视健康，过度疲劳，不注重饮食和运动，甚至过度依赖电子设备，这些都将对他们的身心健康造成伤害。

因此，教育机构需要通过各种形式的健康教育，比如课程讲解、健康讲座、海报宣传、网络平台等，引导大学生了解和关注他们的健康。这些教育活动内容应该包括一系列主题，比如体育运动的好处，如何正确地运动，怎样选择食物均衡饮食，以及如何避免常见的健康问题等。健康教育需要借助一下真实的案例，让大学生看到健康意识的重要性，比如，可以邀请那些因为健康生活方式而获得了明显改变的人们来分享他们的经历，让大学生看到健康意识对于个人生活的深远影响。

总的来说，健康教育意识的培养是一个持续、全面、具有实践性的过程，需要教育机构、教师和学生共同参与和努力，才能真正达到效果。

二 健康知识的传授

健康知识的传授，是体育运动健康教育的第二步。这一步骤的目标是提供一个框架，使大学生能够了解并实践健康的生活方式，通过系统的健康教育课程，学生可以接触到广泛的健康和体育运动相关的知识，从而在日常生活中做出更有利于健康的决策。

首先，学生需要了解正确的运动方法。无论是团队运动，比如篮球、足球，还是个人运动，比如瑜伽、健身，正确的运动方法都是保证运动效果并避免运动伤害的关键。比如，正确的热身和拉伸技巧可以预防肌肉和骨骼受损；正确的呼吸方法可以提高运动效率；正确的体位和动作可以避免运动中产生不必要的疼痛。因此，通过专业的指导和实践，学生可以掌握正确的运动方法，进而提高运动效果，降低运动伤害。

运动伤害的预防是体育运动健康教育中非常重要的部分。运动伤害不仅可以导致疼痛和不适，而且在一些情况下，可能会对学生的运动能力和日常生活产生长期的影响。因此，学生需要了解运动伤害的常见原因，比如过度运动、运动方法不正确、设备和环境不安全等，并学习如何避免这些风险。同时，他们还需要了解如何应对运动伤害，比如什么时候需要寻求医生的帮助，什么时候可以自我照顾等。另外，他们还需要了解如何制订和实践健康的饮食计划，以满足他们的营养需要，并支持他们的体育活动。健康的饮食是维持身体健康的基础，学生需要了解各种食物的营养成分，以及它们对身体健康的影响，比如蔬菜和水果可以提供维生素和矿物质，蛋白质可以帮助肌肉恢复和生长，复合碳水化合物可以提供能量等。

健康知识的传授需要基于科学的证据和专业的指导，通过系统的教学和实践，使学生掌握关于健康和体育运动的基础知识，并能够在日常生活中实践这些知识，以维护和提升他们的身心健康。

三 体育技能的训练

体育技能的训练是大学生体育运动健康教育的关键环节。运动技能的培养不仅能让大学生在运动中找到快乐，使其身心得到全面的锻炼，也能让学生在生活的多个方面都受益，如提升社交能力、团队协作能力，提高技能、建立自信、强身健体，乃至影响他们的长期健康状况。

不同体育项目的要求和训练的侧重点不同，学习体育入门知识可以帮助大学生选择适合其自身的运动项目，并且正确地进行训练。常见的体育项目包括篮球、足球、网球、游泳等，了解这些运动项目的规则和基本技巧，可以让学生更好地参与其中，并且享受到运动的乐趣。运动技能的掌握需要大学生进行反复的训练和练习，通过练习，可以增强肌肉力量、改善心肺功能、提高协调能力和身体灵活性。这些身体素质的提升可以提高他们的身体抵抗力，减少患病的概率。

体育技能的训练也可以提高大学生的社交能力。很多体育项目需要团队合作才能够取得好的成绩。例如，篮球、足球等球类运动，队员之间需要相互配合，共同完成比赛任务。在团队运动中，他们需要与队友进行沟通和配合，共同完成目标；在比赛中，他们需要应付与对手的竞争，展示他们的技巧和智谋。这些都需要他们有良好的社交技巧，如沟通、协商、领导等，而这些技巧不仅在运动场上，而且在未来的学习、工作和生活中，都有着重要的作用。

同时，体育技能的训练可以提高大学生的团队协作能力，无论是在训练中，还是在比赛中，他们都需要与队友一起，互相配合协作，共同完成任务。他们需要学习如何理解和接受他人的想法，如何表达他们自己的观点，如何解决团队中的冲突和问题，这些都是团队协作的重要技能，对于他们的人际关系和社会适应性有着长远的影响。

通过对运动技能的学习和掌握，大学生可以逐渐提高他们自己在运动中的表现和成绩，这种成就感可以增强他们的自信心和自尊心，帮助大学生在未来的生活中有更多的机会参与到体育活动中去。随着大学生步入社会，他们将会面临更大的压力和挑战，运动作为一种有效的应对方式，如果掌握了一项或几项体育技能，他们就更有可能在忙碌的生活中留出时间，找机会参与到体育活动中去，这对于他们个人的身心健康有着积极的作用。

四　健康行为的养成

健康行为的养成是大学生体育运动健康教育中至关重要的一步。

这一步骤要求学生将所学的健康知识和体育技能转化为实际行动，并形成持久的生活习惯。

定期参与体育运动是大学生养成健康行为的重要组成部分。体育运动不是一次性事情，三天打鱼两天晒网是没有效果的，需要长期的坚持，体育运动健康教育重在培养大学生养成定期锻炼的习惯。为了帮助大学生形成这些健康行为，学校和教师可以采取多种方式。首先，我们应该鼓励大学生在日常生活中找到适合他们自己的、他们自己喜欢的运动项目，如晨跑、游泳、篮球、瑜伽等。其次，他们可以设定具体的行为目标并固定锻炼时间，如每周运动三次，每次半个小时，每天保证八小时的睡眠等，将其作为行动指南，使体育运动成为日常生活中的一部分，这样更容易坚持。然后，老师可以监督大学生的行为，定期查看他们的运动记录、饮食记录等，从而帮助他们了解其自己的行为是否符合健康标准。最后，老师要及时提供反馈和建议，让大学生知道其行为是否有需要改进的地方，以及如何进行改进。

当然，体育运动需要适度，合理安排运动和休息时间，过度的锻炼也会对身体造成伤害。因此，体育运动健康教育需要指导大学生如何根据他们自己的身体状况和运动强度来制订合理的锻炼计划，确保充足的休息和恢复时间，以避免过度疲劳和损伤。体育运动需要消耗大量的能量，因此需要注意饮食和水分的摄入。合理的饮食可以帮助我们获得足够的营养，提高身体素质，在运动前后，也要适当地补充水分，以保持身体的水平衡。

体育运动的好处不仅仅是个人的，还可以影响到身边的人。我们可以积极倡导身边的家人、朋友和同学参与体育运动，享受体育运动带来的健康与快乐，也可以组织一些团体活动，如集体健身操、篮球赛等，增强交流与合作。

总结而言，体育健康知识的学习和健康行为习惯的养成是相辅相成的。大学生通过了解体育运动的益处，选择适合他们自己的运动项目，培养定期锻炼的习惯，合理安排运动和休息时间，注意饮食和水分摄入，培养健康的生活方式，拥有健康的身心，为他们的未来打下坚实的基础。

五 健康态度的建立

在大学生的体育运动健康教育中，健康态度的建立非常关键。这不仅仅涉及知识的学习和技能的掌握，而且关乎他们对于健康的内在理解和对于体育运动的热爱，只有当他们真正认识到健康的价值，真正热爱体育运动时，才能够将健康生活融入自己的日常生活中，实现健康的生活方式。

对身体的尊重是健康态度的基础。身体是我们与世界交流的媒介，是我们实现目标和梦想的工具，对身体的尊重就是对我们自己生活的尊重。这意味着我们需要保护身体，避免出现危害健康的行为，如过度劳累、不健康的饮食、吸烟等。同时，我们也需要关心自己的身体，定期进行健康体检，了解自己的身体状态，发现问题及时解决。只有这样，我们才能拥有健康的身体，享受生活的乐趣。

对健康的珍视也是健康态度的一部分。健康是生活的基础，是实现其他目标的前提。因此，大学生应该珍视他们自己的健康，把健康放在首位，对待健康要像对待生命一样，积极地保持健康的状态，比如有规律的运动、合理的饮食、充足的睡眠等。同时，大学生也应该敬畏健康，避免对健康的无知和轻率，比如忽视疾病的预防，忽视休息和睡眠的重要性等。

体育运动不仅能够带来身体的健康，还能够培养自律和毅力，增添活力，使人拥有乐观的态度。首先，参与运动需要坚持和持之以恒地努力。无论是进行有氧运动、力量训练，还是采取其他形式的运动，都需要定期练习，持续努力才能够取得进步。这就需要大学生具备自律的精神，坚守训练计划，养成运动的习惯。通过长期的自律训练，可以培养坚强的意志力和毅力，不断突破他们自身的极限，实现个人目标。其次，运动可以增添活力和保持乐观的态度。在运动时机体能释放出内啡肽和多巴胺等神经递质，这些化学物质能够提升心情、缓解压力，并带来愉悦感和满足感。通过参与运动，能够感受到身体的活力和能量，从而提高自信心和积极的态度。另外，运动还会促进大脑中神经递质的分泌，改善情绪状态，减轻焦虑和抑郁。这些心理上的积极变化会使我们更愿意积极面对生活中的挑战，对未来保持乐观的态度。

对体育运动的热爱是建立健康态度的基础。运动对于培养自律和毅力，增添活力和乐观态度的影响不仅限于身体方面，还体现在心理层面。对体育运动的热爱，不仅可以帮助大学生保持持久的运动习惯，享受运动带来的快乐，同时也可以让他们更加珍视他们自己的健康，因为没有健康的身体，就无法进行所热爱的运动。因此，我们应该通过各种方式，激发大学生的运动热情，让他们发现他们自己所热爱的运动，并长期坚持下去。

综上所述，健康态度的建立是大学生体育运动健康教育的灵魂。只有当大学生真正尊重他们自己的身体，珍视他们自己的健康，热爱体育运动，他们才能真正地将健康生活融入他们自己的日常生活中。运动不仅会带来身体的健康，通过参与运动，大学生还可以锻炼他们自己的意志力和毅力，培养积极向上的心态，并获得身心健康的活力，让运动成为他们全面发展的重要组成部分。

第四节　大学生体育运动健康教育的创新路径

大学生体育运动健康教育的创新路径，包括以下几个方面。

一　多元化的课程设计

在全球化和信息化快速发展的当今时代，大学生的兴趣爱好和生活方式日益多样化，他们对体育运动的需求也发生着变化。为了适应这些变化，我们需要进行多元化的课程设计，将多种多样的运动项目引入大学生的体育运动健康教育中。

要引入新兴和热门的运动形式。近年来，瑜伽、舞蹈、自行车、马拉松等运动形式越来越受到年轻人的喜爱，这些运动形式不仅能有效地锻炼身体，提高体质，而且它们富有挑战性和趣味性，能激发大学生的运动兴趣和积极性。例如，瑜伽以其独特的呼吸和体式训练，能帮助学生改善体态，增强他们的身体柔韧性和力量，同时还可以使他们放松心情，提升其心理健康水平。舞蹈则能提高学生的身体协调性和节奏感，同时还能培养他们的艺术素养，自行车和马拉松训练则是对耐力和毅力的考验，能帮助学生培养坚忍不拔的精神。

要满足大学生的个性化需求。每个学生都有他们自己的兴趣和特长，我们应鼓励他们找到适合其自身的运动方式，使他们能够在享受运动乐趣的同时，提高其自身的身体素质。我们可以通过开设各种选修课，让学生自由选择他们感兴趣的运动项目，同时，我们还可以通过设置不同级别的课程，满足不同运动能力学生的需求。例如，初级的瑜伽课程可以帮助没有基础的学生逐步掌握瑜伽的基本技巧，而高级的瑜伽课程则可以为已经有一定基础的学生提供更深入的学习和挑战。

需要注意的是，所有的课程设计都应以提高学生的身心健康为主要目标，避免过度强调竞技和成绩。我们应注重运动的过程和体验，鼓励学生在运动中找到乐趣，使之享受运动带来的快乐。同时，我们还需要注重培养学生的团队合作精神和竞争意识，以及公平竞赛、尊重对手的体育精神。

在实施多元化课程设计的过程中，要加强对体育教师的培训和指导。教师是体育课程的主导者，他们的教学水平和教育理念直接影响着课程的质量和效果，应提供专门的教师培训项目，使他们能够掌握各种运动项目的专业知识和教学方法，了解学生的需求和兴趣，能够根据学生的具体情况，灵活调整教学策略，激发学生的学习兴趣，引导他们科学地进行体育运动。

二　科技融合

由于科技与我们的生活紧密相连，教师可以利用现代科技工具，如智能手表、移动应用程序、VR/AR 技术等，为大学生提供更有趣和更方便的健康教育方式。

利用智能手表和移动应用程序来追踪和记录学生的运动量和健康数据。这些设备和应用程序能够实时收集和分析数据，提供准确的运动和健康反馈，使学生能够了解他们自己的身体状况和运动效果，从而做出合理的运动和饮食调整。例如，智能手表可以实时监测心率、血压、睡眠质量等健康指标，以及步数、运动距离、消耗卡路里等运动数据。移动应用程序还可以提供各种健康和运动指导，如运动计划、饮食建议、健康资讯等。这些科技工具不仅使体育运动与健康教育更加科学和精准，而且大大提高了学生的自我健康管理能力。

利用 VR/AR 技术为大学生提供虚拟的运动体验。VR/AR 技术是近年来发展迅速的新兴科技，它可以通过虚拟现实和增强现实感，创建仿真的三维环境，使用户仿佛身处其中，体验真实的感觉和情绪。这种技术在体育运动与健康教育中有着广阔的应用前景。例如，我们可以利用 VR/AR 技术创建虚拟的运动场景，让学生在家中就能体验到真实的运动训练，如足球比赛、跆拳道训练等。这不仅能使运动训练更加有趣和便捷，而且能提供安全、可控的训练环境，减少运动的伤害风险。

然而，尽管科技设备在体育运动与健康教育中的应用带来了诸多便利和好处，但我们也需要注意一些问题和挑战。例如，数据的隐私和安全问题，我们需要确保学生的个人信息和健康数据得到妥善保护，防止数据泄露和滥用。另外，过度依赖科技设备也会影响大学生的社交技能和人际交往能力，我们需要鼓励学生在使用科技设备的同时，也要积极参与真实的社交活动和团队运动。

在实施科技融合的体育教育时，要考虑科技设备和网络的普及程度，确保所有学生都能公平地享受到科技带来的好处。此外，我们还需要提供专门的科技培训，使学生能够有效地使用和利用科技工具，提高他们的科技素养。

总的来说，科技融合是大学生体育运动健康教育的重要创新路径。通过利用科技工具和技术，我们可以为学生提供更科学、有趣和方便的健康教育方式，帮助他们提高健康自我管理能力，享受运动的乐趣，从而提高他们的身心健康，培养他们的全面素质。

三　理论与实践相结合

在大学生体育运动健康教育中，理论与实践相结合的重要性不言而喻。除了体育技能的训练外，引入健康科学、运动生理学、营养学等理论知识的学习，还可以让学生更加全面地理解运动与健康的关系，引导他们形成科学的健康观念和运动习惯。

首先，通过健康相关科学的学习，学生可以理解生命的生理过程和健康的维持。这些科目能够让他们掌握基本的健康原理和保健方法，比如疾病预防、生活习惯的影响、身体对运动的反应等，学习理论知识使得大学生能够基于科学理论来制订个人的健康计划，如制订适合他们自己的运动方案和饮食习惯等。然后，运动生理学的学习为学生提供了深入理解运动对身体影响的机制，了解肌肉如何响应运动，身体如何消耗和恢复能量、心率变化等，可以帮助学生更科学地进行运动训练，避免运动伤害，提高运动效果。再者，营养学的理论知识则可以帮助学生理解食物对身体的影响，掌握合理的饮食结构和习惯，比如，什么样的食物可以为运动提供能量，什么样的食物可以帮助身体快速恢复，以及如何合理搭配饮食等。基础理论知识的学习与体育技能的训练结合起来，可以让学生更加全面地理解运动与健康的关系，实践是检验真理的唯一标准，体育课程不仅可以使学生在运动中亲身体验理论知识，同时，理论知识也能指导学生更加科学地进行运动，形成健康的生活方式。

从理论到实践，然后再从实践反馈到理论，形成一个良性循环。在这个过程中，学生不仅能够掌握健康科学、运动生理学、营养学等理论知识，更能够将这些知识应用到实际的运动训练和生活中，真正做到知行合一。通过理论与实践相结合的方式，大学生的体育运动健康教育将更有深度和广度，将能更加全面地理解运动与健康的关系，形成科学的健康观念和运动习惯，从而对其自身健康负责，享受运动所带来的快乐，提高其自身的生活质量。大学应为学生提供丰富的学习资源和活动，鼓励他们探索和实践，比如举办各类公开课、讲座、研讨会等，让学生有更多的机会接触最新的健康和运动科学知识，以及与他们有关的实践活动。这样，学生将更有可能在大学以外的环境中维持健康的生活方式，使体育运动健康教育成为他们终身学习和实践的过程。

四　个性化的教学方法

在体育运动健康教育创新过程中，个性化的教学方法是必不可少的一环。每个学生都有他们自己独特的身体条件、运动兴趣和个人需求。因此，教学方法应以学生为中心，尊重他们的个性差异，提供个性化的训练和指导，帮助他们找到最适合他们自己的运动方式，以此提高他们的运动效果和满意度。

首先，对于身体条件的个性差异，教学方法应注意适应每个学生的身体素质和能力。例如，对于身体素质较好的学生，可以设计更高强度的训练项目，挑战他们的极限；对于身体素质较差的学生，则可以选择适度的训练项目，以保护他们的健康，避免运动伤害。此外，还要考虑学生的健康状况，比如慢性病、伤病恢复等，为他们提供特殊的训练和建议。

其次，对于运动兴趣的个性差异，教学方法应尊重每个学生的爱好和选择，提供丰富多样的运动项目，满足他们的不同兴趣。例如，对于喜欢团队运动的学生，可以引导他们参加篮球、足球等团队运动；对于喜欢独立运动的学生，可以推荐他们做瑜伽、跑步等独立运动。通过适应学生的兴趣，可以激发他们的运动热情，使他们更愿意参与到运动中来，享受运动的乐趣。

最后，对于个人需求的个性差异，教学方法应了解每个学生的具体需求，提供针对性的训练和指导。例如，对于需要减肥的学生，可以提供有氧运动和健康饮食的建议；对于需要增强体质的学生，则可以推荐力量训练和营养补充等。只有了解学生的个人需求，才能提供有效的解决方案，帮助他们达到期望的目标。

个性化的教学方法需要教师具有较高的专业素质和独特的教学技巧。教师需要持续学习和更新知识，了解最新的运动科学研究成果和教学方法。同时，教师也需要关心每个学生，耐心听取他们的反馈和意见，及时调整教学策略，只有这样，才能真正实现个性化教学，提高学生的运动效果和满意度。

五　提高教师素质

优秀的体育教师不仅需要具备扎实的专业知识和教育理念，还需要拥有高度的教育热情和敬业精神，才能更好地设计和实施健康教育课程，有效引导和激发学生的运动兴趣。

体育教师要不断更新他们自己的专业知识，跟上运动科学和健康教育的发展潮流。这需要他们持续学习，积极参加各类专业培训和学术研讨，了解和掌握最新的运动训练方法、健康教育理论、运动伤害预防和康复技术等知识，才能设计出科学、有效、有趣的健康教育课程，以满足学生的不同需求。体育教师要提升他们自己的教学技能和方法，以适应大学生的学习特点和需求。例如，他们需要掌握如何采用个性化的教学方法，因材施教，使每个学生都能在运动中找到他们自己的位置，他们需要不断创新教学理念，学会运用生动有趣的教学手段，引导和激发学生的运动兴趣，使他们愿意积极参与到体育运动中来。他们还需要了解如何利用现代科技工具，如智能设备、VR/AR技术等，提高教学效率和效果。体育教师还要增强他们自己的教育责任感和使命感，以培养学生的全面素质为目标，真正做到以学生为中心的教育。他们需要关心每个学生的健康状况和运动情况，为他们提供及时有效的指导和帮助。他们需要尊重和理解每个学生的个性差异和运动兴趣，鼓励他们在运动中发现自我，享受运动的快乐。他们需要以身作则，通过其自身的行为和态度，传递积极健康的生活方式，激发学生的运动热情。

总的来说，提高体育教师的专业素质，是提升大学生体育运动健康教育质量的关键。只有当教师具备了丰富的专业知识、独特的教学技巧、强烈的教育责任感，才能真正引导和激发学生的运动兴趣，帮助他们形成健康的生活方式，提高他们的身心健康水平，促进素质的全面发展。

六　社区和社团参与

通过校园社区和社团的方式，大学生可以积极参与各种体育运动，这不仅有助于提升他们的运动技能，还可以锻炼他们的团队合作能力和社交技巧，同时，也为他们提供了一个在轻松愉快的环境中学习和成长的机会。

社区和社团的参与能够丰富学生的体育运动体验，提高他们的运动技能。在社区和社团的组织下，学生可以参与到各种各样的体育运动中，从传统的篮球、足球、乒乓球等，到现在流行的舞蹈、瑜伽、马拉松等，这些丰富多样的运动项目，既可以满足学生的不同兴趣和需求，让他们在运动中找到乐趣，又能提高他们的运动技能。社区和社团的参与也有助于培养学生的团队合作能力和社交技巧。体育运动往往需要团队的合作，比如篮球、足球等团队运动，而社区或社团的活动一般都是集体或团体协作，共同完成的项目，这样的体验既可以锻炼他们的团队合作能力，又能培养他们的领导力。此外，社区和社团活动也提供了一个社交的平台，学生可以在活动中交到新的朋友，学习如何与不同的人进行有效的沟通，提升他们的社交技巧。社区和社团的参与还可以提升学生的参与感和归属感，社区和社团的活动通常比较轻松愉快，学生在参与的过程中，可以体验到成功的喜悦，以及团队的支持和鼓励，从而提升他们的自信心，增强他们的参与感和归属感。

七 增强体育设施和场地的投入

建立和改善体育设施和场地，能够为学生提供一个更好的环境，让他们更加方便地参与到各种体育运动中。这不仅有助于学生的身体健康，也有利于他们的个人发展和社会互动。

良好的体育设施和场地可以直接影响学生参与体育活动的意愿和效果。现代化、科技化的设施设备，如智能化的运动设备、各类专用运动场地，以及各类运动辅助工具等，能让学生在体验运动乐趣的同时，更加安全、高效地进行锻炼。此外，配备完备的设施和场地，可以满足学生多元化、个性化的运动需求，无论是团队运动，如篮球、足球，还是个人运动，如健身、瑜伽，都能找到适合的场地空间展开。

优质的体育设施和场地是营造积极运动氛围的重要因素。一个舒适、美观、便利的运动环境，不仅能提升学生运动的心理舒适度，而且能激发他们的运动兴趣，让他们更加愿意积极参与体育活动。同时，宽敞明亮的运动场地，还能为学生提供一个良好的交流平台，方便他们在运动中相互学习、交流，增强社区的凝聚力和活力。加强体育设施和场地的投入，也是大学对于健康教育重视的重要体现。这不仅可以使学生体验到学校的关心和支持，而且能以此培养和强化他们的健康意识和运动习惯，为他们的长期健康打下坚实的基础。

增强体育设施和场地的投入是提高大学生体育运动健康教育质量

的重要一环。优质的体育设施和场地能够提供安全、高效、舒适的运动环境，激发学生的运动兴趣，提升运动效果，促进他们的身心健康，同时还能培养他们的社交技巧，提升他们的全面素质，为他们的未来发展奠定坚实的基础。

第七章　大学生社会适应教育

　　大学生经过四五年的大学生涯，离开学校走向社会，是人生的一大转折点，而走向社会首先需要尽快地适应社会，完成学校向社会的过渡，所以社会适应教育及社会适应力培养应当在走向社会前就具备。除此之外，大学生应当正确看待社会上的各种现象，能客观、公正地看待各种事物，并做出正确评价，对于一些无法改变的事实能克服心理障碍，及时调整自我以更好地适应环境。

第一节　大学生毕业前的社会准备

　　大学毕业生在进入社会之前，需要做好充分的准备，包括心理准备、技能准备、知识储备等，这是开始工作前的基本准备。具体说来，包括以下两个方面（见图7-1）。

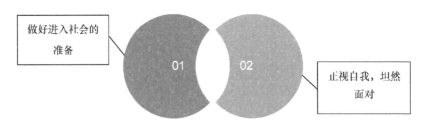

图7-1　大学生毕业前的社会准备

一　做好进入社会前的准备

进入社会前的准备包括四个方面的内容（见图7-2）。

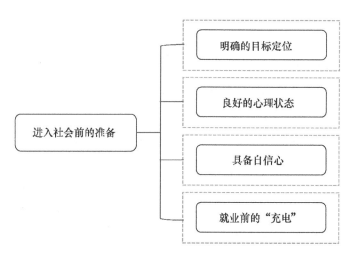

图7-2　进入社会前的准备

（一）明确的目标定位

明确的目标定位能激发学生的主观能动性，根据他们自己的爱好或者擅长的领域选择职业，从而避免走弯路。许多大学生因为在校期间成绩平平，虽然不是所谓的"差生"，但和优秀相差很远，加上日常生活和学习中缺乏目标意识，导致在择业时没有方向，有的学生在进入社会之后会尝试各种各样的工作，发现不喜欢就换，导致无法在一个领域深耕。所以，大学生一定要明确将来就业的方向，有了明确的目标定位之后，结合其自身的优势，选择职业。

能在职业面前保持极大的热情是就业首先应当考虑的因素，热情对就业的影响巨大，原因在于：

其一，热情能使学生个体充满信心。对于热爱的工作会集中注意力，专注于一件事情，很容易做出成效来。

其二，热情能激发主动性，增强个人工作效率、创造力和满意度，促进其身心的健康发展。

其三，热情能增加组织的凝聚力和执行力，当积极地应对工作以及同事时，人际关系也得到了提升，为高效工作奠定了基础。

（二）良好的心理状态

在进行择业、就业、创业前，需要具备良好的心理状态，这也是大学生健康教育的一大任务。大学生处在其身心快速发展的阶段，要保持良好的心理状态就需要从以下几个方面入手。

1. 自我意识调节

自我意识会促进大学生对其自我情绪变化的关注，及时调整情绪，使之处于最佳状态。影响自我意识的因素有很多方面，政治意识、公民意识、道德意识等都会对自我情绪产生影响，当自我意识处于失控的状态时，就需要借助外力进行调节，使自我意识保持在一个平稳的状态，避免做出过激的行为。

2. 情感调节

大学生的情感特征表现为情感热烈、丰富，但情绪波动较大，常常会产生不良的情绪，需要及时调节，使情绪保持在一个良好的状态。不良情绪通过调节可以得到控制或者转化，尤其是将不良情绪转化为符合社会规范的良好情绪，将对社会发展产生积极的影响。热烈的情感本身具有积极的作用，通过参加实践活动多锻炼情感调节能力，成为自我发展的一项必备技能。

3. 注意力转移调节

注意力转移调节主要针对的是大学生的不佳心情或者负面情绪，当大学生心情低落时，可以通过参加一些活动来暂时转移注意力，学生在不同的环境下会因为多种刺激而忘掉不良的情绪，这对于调节情绪，促使不良情绪的消除具有积极的意义。

4. 理智调节

大学生常常表现为情绪反应激烈，有时因为争强好胜而引发打架斗殴等，给校园安定带来了很大的隐患。所以，大学生要学会控制情绪，无论遇到什么事情，始终都要保持理智，及时清理不良情绪，从而保持心理平衡。

（三）具备自信心

大学生在就业前会遇到各种各样的问题，而且有些事情并不能凭一己之力解决，这种挫败感很容易使人情绪低落，长此下去会对即将步入的社会心生畏惧。

大学生应当具备自信心，即使生活中遇到越来越多的问题，只要尝试解决，就一定会有收获。大学生需要明白，能否取得成功并非仅取决于他们自己的能力，而且取决于自信，只有相信他们自己能战胜困难，才能不断鞭策他们自己克服困难，逐步提升自信心。

（四）就业前的"充电"

学校环境与社会环境有着本质的区别，需要在就业前做足准备，大学生需要调整他们自己的状态，树立正确的就业观念，才能在社会上寻求更好的自我发展。

1. 客观、全面地评价他们自己

大学生心怀理想，内心有着远大的抱负，在学校里常常是自恃清高，但由于缺乏对就业岗位的客观认识，很容易在工作中碰壁，尤其是在遇到挫折时，还会产生不安的情绪，容易丧失主动性。社会是公平的，大学生需要正视现实，恰当地评价他们自己，通过客观评价他们自己，才能实现其自我的正确定位，通过将其自我期望与客观世界结合在一起，才能更全面地认识世界，高效地完成工作。

2. 调整生活方式

学生在校期间经常是教室—宿舍—食堂三点一线，进入社会就必须适应全新的环境，需要做以下调整：

首先，调整他们的作息时间。大学生在校时间相对自由，进入社会之后就需要遵照工作时间按时上下班，因此需要培养早起早睡，有规律的作息习惯。

其次，要适应当地人的生活习惯。不同地方居民的生活习惯、饮食习惯不同，要适应新的生活习惯，才能适应新的环境。

最后，工作之后离开了校园，其业余时间完全由其自己支配，合理安排业余时间，丰富他们自己的业余生活，拓展人际关系及技能，以求更快地发展。

3. 完善知识结构

有的大学生在校园里就已经学习了工作岗位需要的相关基础知识与技能，但都是些相对简单的知识与技能，在实际工作中遇到的往往是综合性的问题，需要将学到的知识进行综合，实现跨学科、跨领域的结合，以便高效地解决问题。大学生要适应新的环境，就需要学习新的知识与技能，拓展职业的深度与广度，不断完善知识结构。现代职业要求人们活到老，学到老，坚持学习，不断充实自己，才能解决更多的问题，才能突显自我价值。

4. 树立创业的意识

创业是为了更好地就业，大学生需要在工作中树立创业意识，这不仅仅是为之后的创业打基础，更重要的是通过扮演创业者，从创业者的角度思考问题，这样才能迎难而上，获得更多宝贵的经验。

首先，大学生要有职业规划。

这直接决定了从事何种性质的工作，以及未来的发展方向。在制定职业规划时，需要结合其自身情况加以制定，既不好高骛远，也不过分贬低自我，一切从实际出发，做好全面统筹。有了清晰的职业规划，就能在很大程度上减少盲目性，会给工作带来更大的动力，进一步促进业绩的增长。没有规划的从业者，常常缺乏方向感，也较难找到工作成就感，故而成绩平平。

其次，及时更新知识，养成终身学习的习惯。

当代社会许多产业依托高新技术而发展迅速，对技术专长及创新能力要求较高，因此要及时更新知识及技能，提升工作效率。大学毕业生要具备终身学习的习惯，坚持活到老学到老，同时，要保持接触新鲜事物的习惯，不断拓展他们自己的知识领域，当知识储备达到一定量时就会发生质变，触类旁通，以此使他们自己立于不败之地。

最后，大学毕业生应当多方涉猎，拓展综合能力。

当下社会是信息发达的社会，信息作为一种服务发展迅速，可以说得信息者得天下，所以大学毕业生应当多方涉猎，培养积极的"采风"精神，掌握前沿、有价值的信息，将会对其工作产生积极的影响。取得最优成效的员工，往往是擅长交际的员工，通过高效的交流可取长补短，提升工作效率，因此大学毕业生应当克服交流障碍，积极交际，提升自我。

二　正视自我，坦然面对

由于大学生的阅历尚浅，在工作中会经常碰壁，有的人在碰壁后能及时反省而获得更好的发展，有的则会受到严重打击，变得一蹶不振，非常不利于工作的继续开展。因此，大学生需要正视自我，对生活和工作中的困难能够坦然面对，这也是大多数大学生应当形成的观念。

(一) 保持努力和热情

人具有两面性，既有值得别人效仿或者羡慕的长处，也有需要改正的缺点或短处。每个人在成长过程中，都会面临各种各样的问题，或之前从没有遇到的困难，很多人因为困难就感觉信心不足，出现退缩情绪，但如果能不断给予其心理暗示，让其保持对生活、工作的热情，努力去做，尽力而为，总会收获好的结果。

从成功者的案例来看，要发挥自我的主观能动性，通过努力与热情，积极开拓，就能获得可喜的成就。大学毕业生应当始终保持谦逊的态度，摒除大学生的身份，主动学习工作技能与专业知识，只要不断努力，始终保持对工作的热情，就能更好地适应社会，并获得长足的发展。

(二) 保持勇气、乐观与快乐

1. 保持勇气

大凡成功人士，在面对各种挑战时，往往会表现出坚持不懈、永不言败的勇气，这种勇气在今天这个竞争日益激烈的时代尤其重要。有勇气的人充满正气，敢于挑战未知事物，他们不怕失败，即使失败了也能从中吸取教训，为下一次成功继续努力。勇气使人不再惧怕，促使人战胜困难，为了更好的人生勇往直前。大学生已经具备较为全面的知识储备及综合素质，在勇气的激励下，更能打拼出属于他们自己的一片天地。

2. 保持乐观

中华民族的可贵之处在于"自强不息""厚德载物"，这背后是积极乐观的人生态度。大学毕业生即将步入社会开始全新的人生，应当培养积极乐观进取的人生态度。

（1）保持良好的心理状态

心理素质差的人在遇到不顺心的事时，往往不能控制他们自己的负面情绪，会造成许多不好的结果。良好的心理状态可以促使大学生冷静地分析现实处境，把握其自身情况，制定措施化解危机，解决问题，获得成功。所以保持良好的心理状态是大学生应当具备的能力，通过转化思维，认真分析，使得事物朝着好的方向发展。

（2）及时更新观念

大学毕业生需要运用马克思主义发展的眼光看世界，陈旧的思想、狭隘的生活经验往往会阻碍人们认识不断发展的社会及时代，不能全面地看待人生，导致对人生及社会认识的偏差，从而产生消极的影响。因此，大学毕业生应当及时更新思想观念，分清社会的主流发展方向，树立正确的人生观与价值观，为社会主义现代化建设贡献力量。

（3）坚定信念

大学毕业生需要培养积极的人生态度，还要自觉抵制一些错误的人生观念。有的大学生不能正确看待生活或者学习中的问题，常常产生极端的想法，认为"人生无情""社会无情"，因而消极地对待生活，最终对任何事情都不感兴趣。大学生应当坚定信念，从人生经历中找到坚守的意义，坚持不懈，完成任务。坚定的信念是实现人生理想的武器，也是在当代社会大背景下对大学毕业生的客观要求。

3. 保持快乐

快乐的情绪能帮助人们以积极的态度面对人生的不如意。大学毕业生应当具备保持快乐的能力，只有这样才能应对各种消极情绪，更好地完成工作任务，提升工作效率。

保持快乐的关键在于培养积极的心态。心态是人的思维方式与相应的处世态度，是影响一个人行为的重要因素。一般来说，心态包含三个层面的心理活动——认知、情感、态度（见图7-3）。

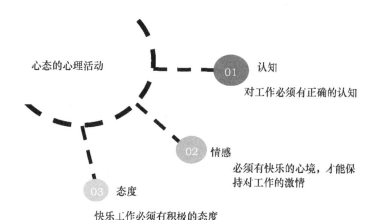

图7-3 心态的心理活动

（1）认知

个人对工作的认知直接影响着快乐的情绪，如果仅仅将工作作为谋生的工具，则会使工作处于被动的状态。大学毕业生应当发现工作中的问题，及时寻求解决的途径，当一个个难关被攻克，成就感会使其感到快乐满足。大学毕业生还可以通过自我激励、自我暗示来保持快乐。

（2）情感

情感是大学毕业生保持高涨工作热情的必要手段，从本质上说，情感是人的自身品质及精神状态的外化，如果大学毕业生的心态表现为激情，则会产生巨大的心理动力，推动工作向前、高效地开展。

（3）态度

态度指的是大学毕业生对特定对象表现出的情感以及行为倾向。主要表现为勤奋、主动、负责、虚心四个方面（见图7-4）。

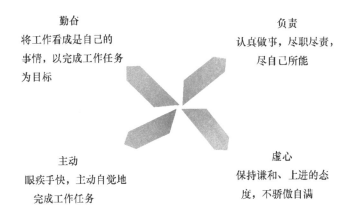

勤奋
将工作看成是自己的
事情，以完成工作任务
为目标

负责
认真做事，尽职尽责，
尽自己所能

主动
眼疾手快，主动自觉地
完成工作任务

虚心
保持谦和、上进的态
度，不骄傲自满

图7-4　态度的四个方面

认知、情感、态度之间有着密切的联系，三者之间是不断升华的过程，要保持快乐，就必须持有积极的心态。

第二节　大学生职业发展平台构建

一　大学生职业发展平台内容及功能

高校一直承担着指导大学生就业发展的任务，因此需要构建大学生职业发展平台，开展全方位的、深层次的就业指导及服务。

　　所谓大学生职业发展平台是指重点培养学生的现代职业意识、创新意识、创新创业能力的重要基地，是高校开发的大学生职业规划、创新创业、就业教育的子系统，以推动大学生成功就业、创业为目的，将大学生职业生涯规划教育、创业教育、就业指导相结合，实现构建高校完整的具有特色的专业人才培养体系的发展平台。

　　平台建设涵盖的主要内容包括五个方面（见图7-5）。

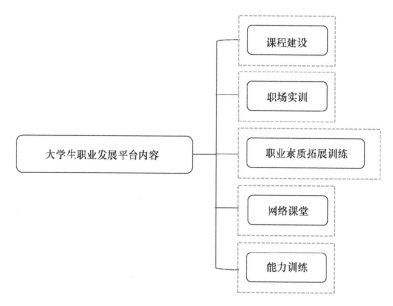

图7-5　大学生职业发展平台内容

（一）课程建设

　　开设的主要课程有《大学生就业指导》《大学生职业生涯规划》《创新创业教育》等。

　　《大学生就业指导》是大学生就业指导教研室主导的课程，主要任务是引导学生主动关注就业，培养规划自我职业生涯的意识。《大学生职业生涯规划》以及《创新创业教育》课程依托的是学校的大学生职业发展平台，是由管理学院等开设的课程，其中《大学生职业生涯规划》是学校的必修课或者选修课，结合学生的具体情况开设，引导学生树立尽早就业或者创业的意识。

（二）职场实训

学校开展职场实训的方式多样，其开展的基本原则是依托学校现有的资源进行开发，结合当下大学生就业、创业的经验进行职场实训。其开发的途径有：

1. 依托教学单位设立职业生涯规划中心。

2. 依托教学单位设立创新创业教育中心。

3. 依托职业生涯规划中心，结合学校现有资源，设立大学生职业发展综合实训基地。

4. 依托创新创业教育中心，面向具有创业意识的学生开展创新创业培训；依托高校相关的资源，加大对创业导师的专业指导，促进更多创新创业人才的产出。

（三）职业素质拓展训练

学校应当在校园范围内，营造职业工作坊、职业讲坛、职场训练模拟等训练，为进入社会工作做前期的准备，以此来提升高校毕业生择业、就业、创业的能力。

（四）网络课堂

在信息时代，应当充分利用网络的优势来打造网络课堂。大学生生于互联网时代，长于互联网时代，乐于通过网络进行学习和拓展，所以学校善于依托大学生就业信息网或者大学生职业发展平台网络的专门教育平台，开展网络课堂，拓展大学生择业、就业、创业的各项指导工作。

（五）能力训练

构建大学生职业发展平台具有积极的意义，一方面，可以提升教师的职业指导能力及水平，培养更多的具有竞争力的人才；另一方面，大学生依靠平台的力量，加强系统的培训，增强他们自身的综合实力。除了依靠大学生职业发展平台之外，学校还可以发挥各专业师资的力量，加强与用人单位的合作，开展针对性的校企合作相关知识及技能岗位培训，大大丰富了大学生职业发展的内容。

二 大学生职业发展平台的意义

构建大学生职业发展平台的目的在于通过各种资源的整合，加大对大学生的职业能力的培养，最终培养出符合社会需求，具有市场竞争力的人才。大学生职业发展平台的意义体现在以下方面。

（一）提升大学生职业指导工作的水平

大学生职业发展受制于能力、经费、水平、师资、基础设施等方面的欠缺，处于缓慢发展的阶段，在工作开展过程中，强调事务性的工作，缺乏实践性的工作，如入职手续办理、就业讲座、招聘等往往难以展开，所以大学生整体的就业质量不高。

大学生职业发展平台的构建，可以将学校分散的优势资源进行整合，依托教学单位，为大学生创造就业实训、能力培训、职场能力锻炼等，可以有效提升大学生职业指导工作的水平。

（二）提升大学生的综合竞争力

当代大学生具有独特的个性，喜欢挑战，具备创新意识，反对墨守成规，所以大学生职业能力的培养应当放在培养大学生明确的目标以及行为的自觉性与积极性上。传统的就业指导模式多说教，对于大学生来说常觉得枯燥乏味，缺乏主动性，表现为学生被动听课、逃课等现象，而大学生职业发展平台有着宽松的学术环境，学生在这样的环境下，可以充分发挥自我想象，并通过各种资源寻求专业的、可行性的方式来实现想法向现实的转换。大学生可以在教师的指导下认识自我的能力及专长，进一步向更深的领域拓展，针对不足的方面，老师可适时给予协助与指导，帮助大学生提升综合素质。

大学生本身独特的特质加上相对自由、开放的大学生职业发展平台，为大学生综合竞争力的提升，提供了良好的条件。有的大学生在学校期间就参与了大学生创新项目的研发，这为后期的竞争转化奠定了基础。

（三）有利于构建高校大学生就业品牌化战略

高校大学生就业品牌化战略包括四个方面的内容（见图7-6）。

图7-6 高校大学生就业品牌化战略的内容

　　大学生职业发展平台的建立促进了这四个方面内容的发展，依靠大学生职业发展平台，确定本校的品牌专业，通过品牌专业的构建来提升高校的影响力；依靠大学生职业发展平台，培养特色人才，通过提升人才的市场综合竞争力，构建学校的品牌力量；依靠大学生职业发展平台，为大学生提供就业指导与服务相关的工作，培养大学生的就业意识、服务意识，通过全程化、专业化、信息化的服务体系，促进大学生与用人单位的衔接；依靠大学生职业发展平台，可以唤醒个人的品牌意识，打造具有独特个性的标签，从而提升社会适应力，实现自我价值与社会价值的统一。

　　（四）有利于高校的可持续发展

　　大学生职业发展平台的构建提升了大学生的个人品牌，促进了大学生的就业，而通过大学生的就业，可以给学校带来更多好的口碑，反过来又促进了学校品牌的影响力，还可以吸引更多的师资、学生、资金、合作等，进而促进高校的可持续发展。

　　另外，随着大学毕业生数量的增加，大学生就业问题也越来越突出，国家出台了相关文件，鼓励大学生创新创业。大学生职业发展平台就是大学生创新创业的摇篮，通过培养大学生就业、择业的知识与技能，能够实现大学生就业能力的提升。所以，从政策导向上看，高校重视大学生职业发展平台的建设，是与国家政策相一致的，也是未来高校重点发展的项目之一。

三　大学生职业发展平台的构建

大学毕业生的就业工作是一个系统性的工程，需要集合校内、校外的所有资源，需要上下、平级部门通力合作，为学生创造一个自由、宽松的平台，从而促进其职业发展。

（一）开展部门协调配合，促进运行模式的创新

开发大学生职业发展平台，需要各个部门之间的协调配合，以顶层设计带动学校各个部门开展就业工作（见图7-7）。

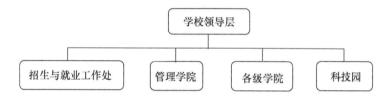

图7-7　大学生职业发展平台的部门运行模式

学校的领导层根据相关政策，进行统筹规划，完成平台的顶层设计工作，之后是平台中的各个部门各司其职，推动大学生职业发展平台的建设，各部门的职责如下：

招生与就业工作处——负责统筹大学生就业工作、《大学生就业指导》课程教学、实训工作、日常组训、职业工作坊、职业生涯规划大赛等。

管理学院——主要负责大学生职业发展平台的建设，负责《大学生职业生涯规划》《创业与创新教育》工作，还包括大学生的职业发展理论指导，职业发展个性化测评、大学生职业生涯规划实训指导等工作。

各级学院——在专业教育过程中渗透职业教育，组织学生开展职业培训、职业实践活动等。

科技园——主要承担实践工作，组织开展创业培训、创业时间、创业讲坛等活动。

通过以上部门的通力合作，可实现全校资源的整合，建立起分工明确、共建合作的就业工作平台，共同促进大学生就业、创业能力的提升，实现全程化的职业指导工作体系的形成。

（二）发展专业化的教师队伍，促进效能提升

高校就业指导教育者的素质对大学生职业能力的培养起着关键的作用，因此，要构建大学生职业发展平台，需要发展专业化的教师队伍，提升就业指导教师的整体素质。在美国，高校就业指导人员的素质较高，其职业化、专业化的程度也较高，担任就业指导中心负责人的，多是具有硕士或者博士学位的人才，具备专业的职业资格证书。而我国的大学生就业指导工作仍处于初级阶段，就业指导教育者的素质不高，亟待构建一支高水平的师资队伍。

师资队伍分为专职教师和兼职教师，学校应当强化专职教师的能力，定时对专职教师开展专业培训，强化他们就业指导的理论与实践学习；还要进一步加强与用人单位的沟通与合作，针对毕业生的就业情况来培养高水平的教师队伍。兼职老师多是由一些阅历丰富的、具有一线实践经验的职业指导师、社会知名人士、企业家等担任，应当利用兼职老师宝贵的经历，分享他们的职场经验，开发分析市场需求、求职策略、求职心得、求职辅导等课程，不仅给学生展示了较多的实战经验，还提升了学生参与职业发展的积极性。

（三）紧抓机构、人员、经费支持，形成体制保障

高校应当完善高校毕业生就业工作领导机制，成立由学校领导层牵头，主要职能部门共同参与的领导机构，并监督各学院成立分支领导机构。各部门的职责如下：

学校领导层：负责全校毕业生就业工作的统筹。

分管领导：全力抓好、抓细、抓实高校毕业生就业工作。

就业工作部门：负责日常的就业指导。

各院系领导：对学院毕业生的就业工作进行统筹。

毕业班辅导员：负责本学院毕业生就业的具体工作。

专业教师：负责具体的指导工作。

高校需要将高校毕业生的职业发展工作列入重点建设项目，统筹规划好年度工作计划，制定毕业生就业目标，并对目标进行细化，形成层层分解、层层落实的工作机制。高校的大学生职业发展平台建设还需要人员保障，引进心理学、管理学相关专业的人员，使其加入高校学生指导工作教师队伍中，给师资注入新的活力。在经费保障上，要加大对职业发展平台的构建力度，通过资金支持，拓展就业市场、就业平台实验室、就业活动组织、就业设施等，实现平台的发展。

（四）探索专业教育与职业教育的结合，促进工作创新

将职业教育渗透到专业教育中，是大学生就业指导工作的创新之处。职业指导与专业教育相结合，不仅可以把握专业知识，还能透过职业指导认识到与专业相关的职业岗位，有利于发挥学生的主观能动性，实现专业与职业的有机统一。

通过专业教育与职业教育的渗透，使大学生对专业领域有了更深入的了解，就会使其自发地了解专业发展动向及未来发展方向，便于大学生职业敏锐感的培养。当然，这一结合对专业教师提出了更高的要求，专业教师需要学习职业教育的相关知识及经验，有意识地在教学过程中向学生传达，同时，专业教师还应当加强与用人单位的合作，了解企业需求的人才，在教学中不仅向学生传授专业的知识与技能，还向学生阐述专业知识在职业领域中的应用及各种原理，将职业角色融会贯通地渗透到各个专业课之中。

在学校层面，应当对毕业生进行追踪，收集毕业生的就业反馈信息，再结合社会需求及时调整专业设置的内容，加入促进大学生步入社会所需要的知识，强化大学生职业能力的培养。

在院系层面，各院系可以根据其自身的专业定位及特征，建立相关的论坛、俱乐部等，要求专业教师也参与其中，促进大学生就业实践能力的提升。

（五）探索与用人单位的合作模式，开发更多功能

校企合作是当代高校拓展的办学模式，高校通过与用人企业的深

度合作，促进学生所学与企业实际需求的有效衔接，有效化解高校毕业生能力素质与用人企业需求错位的尴尬。

高校应当发挥其自己的品牌效应，构建具有特色化的专业，突显专业优势，同时邀请行业协会、用人企业的专家参与到人才培养方案的制定中，按照行业需求来制定人才培养的目标及途径。同时，高校还应当进一步拓展校企合作，共建实习实训基地，培养定制化人才，加强人才培养与社会所需的衔接，实现精准就业。

第三节　大学生角色身份转换教育

大学毕业生面临着从学生角色向职业角色身份的转换，这一时期非常关键，直接决定着大学生今后就业是否顺利。在这一关键时刻，需要每个大学毕业生以积极的态度转变角色，实现角色的顺利转换。

一　大学毕业生需要转换角色

角色转换的本质在于社会权利、义务及规范的变化，大学生在大学期间的活动场所主要是校园，所扮演的角色是学生，而在步入社会之后，其角色发生了根本性变化，角色的关系呈现出复杂化。因此，大学生需要培养角色意识，当然，角色的转换不是一蹴而就的，而是需要一个较长的过程，包括取得角色以及进入角色两个环节。

（一）取得角色

大学毕业生在进入社会之前会有意识地培养就业前的各种能力，为就业做准备，进入工作岗位意味着角色转换的正式开始，即取得角色。大学生因为初到新的岗位，对工作流程还不清楚，对岗位职能比较模糊，其工作行为模式尚未形成，往往不能胜任工作任务。此时大学毕业生应当强化角色意识，秉持虚心、谨慎的态度，强化责任意识，通过不断学习、摸索尽快走上正轨。取得角色一般是从入职到见习期结束这段时间。

（二）进入角色

进入角色指的是已经具备承担特定工作的能力，表现出一定的品质及才能，能身心一致地投入这一角色的过程。大学生择业、就业的过程实际上就是选择角色的过程，新的角色是角色转换的基础，但担任新的角色并非完成了角色转换。要完全胜任工作，还需要尽快进入角色，尽快进入角色的方法有：

其一，从思想认识上树立宏观的信念，具备主人翁的责任感。

其二，全面了解所担任岗位的性质、职责等要求。

其三，提升自我应变能力。岗位的复杂性决定了在工作中不可能只扮演一个角色，应当根据工作的需要随时调整。

其四，要充分发挥自我创造力，主动工作，力争上游。

二 大学毕业生实现角色转换的途径

大学毕业生走向社会，需要实现角色转换，其基本的途径有以下四点。

（一）强化自主意识

在大学阶段，大学生尚未完全独立，在走入社会之后，则要承担岗位要求的所有工作，需要尽其所能做到最好。另外，在生活上，大学毕业生也逐渐走向独立。因此要强化自主意识，提升他们的自理能力、独立工作能力与协调人际关系的能力，只有这样才能更好地实现角色转换，快速步入工作角色。

（二）强化职业角色意识

强化职业角色意识指的是充分认识到所从事工作的属性、职责、任务及要求，这样才能更快上手，这是对刚刚进入工作岗位新人的基本要求。在强化职业角色的过程中，要认清学生角色与职业角色的不同之处，这样更容易完成角色的转换。学生角色与职业角色的不同之处表现在三个方面（见图7-8）。

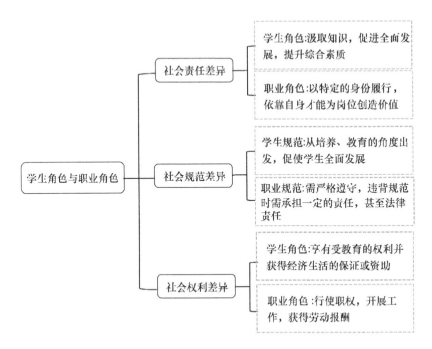

图7-8 学生角色与职业角色的差异

总之，学生角色与职业角色的区别在于大学毕业生使用已经学到的知识来掌握工作技能，独立完成工作挑战，通过具体的工作为单位、为社会做贡献。在认识到工作与学生角色的区别之后，大学毕业生应有意识地进行强化训练，以此来提升自我的职业角色意识。

（三）提升社会责任感

角色通常与社会责任结合在一起，不同的角色所承担的社会责任不同，人们在评价一个人的工作能力时，通常也会考察其是否遵守了角色规范，是否承担了应有的社会责任。因此，大学毕业生在走向工作岗位时，需要提高其自身的社会责任感，明确所从事的工作与社会发展之间的关系，明确应当承担的责任，并为完成这些社会责任而不断努力。

（四）提升心理调适能力

心理调适主要是对大学生心理发展方面的要求，大学生在进入社会之后，往往会遇到这样或那样的问题，有些问题或许是以前没有遇到过的，在面对问题时，大学毕业生应积极调整自己的心态，培养战胜困难、解决问题的能力，尽快适应社会生活。大学毕业生常见的心理问题有浮躁心理、畏缩心理、恋旧心理、自卑心理、嫉妒心理、失望心理等，这些心理问题需要及时调节，否则就会影响角色的转换，其中最重要的是树立战胜困难的信心，不断挑战不可能的事，逐步完成角色的转换。

三　大学毕业生的职业角色扮演

大学毕业生角色转换的过程是一个适应的过程，在这一过程中学生需要完成角色领悟、角色认知、角色实现，这一过程所需时间较长，需要大学毕业生积极的努力。大学毕业生在进行角色转换时，需要做好以下几点。

（一）吃苦耐劳、专于本职工作

大学毕业生在刚走上工作岗位时，要全身心地投入新的工作中，要学会安心工作，切不可三心二意，眼高手低。有的大学生在大学阶段，各方面表现优秀，在走上工作岗位后，仍然抱着"成功者"的姿态，凡事不在意，致使一件很小的事情也会出错，给单位留下不好的印象。大学生应当保持谦逊的态度，安心于本职工作。

吃苦是完成角色转换的关键，有的大学毕业生缺乏吃苦耐劳的精神，在工作岗位上嫌弃工作脏累，工资低等，这些都不利于角色的转换。

（二）勤奋好学，虚心踏实

大学生学到的知识及经验有限，尤其是在实践经验方面严重欠缺，且大多数的知识需要在工作中才能加以使用。所以大学毕业生初入职场，需要"从头再来"，单位的同事、领导都是他们的老师，他们经验丰富，都有可贵的品质值得大学生虚心学习。

此时，大学毕业生应当放下面子，对他们不熟悉或者不确定的事情要大胆发问，或是向前辈请教，只有这样才能学到职场的"干货"。相反，那些好高骛远、放不下面子的职场新人，缺乏主动性，很难在短期内适应职场，因此角色转换也变得有难度。

（三）敢于承担，乐于奉献

大学毕业生应当从进入社会的那刻起严格要求他们自己，要有乐于奉献的精神，树立高尚的主人翁意识，努力承担岗位责任，主动适应环境，并建立起良好的人际关系，这样才能更快地完成角色的转换。

（四）善于观察，勇于创新

大学毕业生要胜任工作，需要发挥自我主观能动性，能发现问题，并根据他们自己的知识与经验解决问题，在工作中勤于思考，养成分析问题的习惯，善于在工作结束之后复盘，总结不足，积累经验，不断创新。

第四节 大学生职业适应与社会适应教育

一 职业适应

所谓职业适应是个体的知识、能力、兴趣和性格特征与其职业或工作相互适合的状态。一个人可以根据职业要求来不断调整以及改善其观念、情感、态度、习惯及智能结构，以适应不断变化的职场。如果说角色转换偏重于心理上的转换，通过心理暗示，指导自己的实践活动，那么职业适应则是从具体的环境出发规范大学毕业生的言行，促进大学毕业生更好地适应岗位。

二 职业适应的规律

职业适应有助于顺利地开展工作，有助于个人不断成长，职业适应需要遵循职业适应的规律，需要做好以下几方面适应工作（见

图 7 – 9）。

图 7 – 9　职业适应的五个方面

（一）角色适应

即角色转换，是指对从事的工作岗位的适应。这是大学生从事工作之前应当持有的一种能力，是进一步实现职业适应的前提及基础。

（二）心理适应

指大学毕业生对即将从事的职业的各种心理，包括感觉、直觉、意志、情绪等的适应，其中情感上的适应力尤为重要。如果大学生采取积极的心理，则会乐观地对待工作中的各种问题，尤其是各种难题，能够促进大学毕业生更好地适应工作，并可提高其职业适应。

（三）生理适应

大学毕业生在刚步入新的工作岗位时，会面临工作时间及工作节奏调整的问题，劳动强度有可能增加。此外，由于心理紧张引起的生理紧张等现象，使其在工作初期会感受到明显的不适应，出现浑身疲惫的状态。一旦发生这样的情况，大学生应当及时调整作息时间，既要保证充足的睡眠，还要加强身体锻炼，这样生理上的不适应才会很快消失。

（四）群体适应

指的是大学毕业生对新的工作群体的适应。在新的工作中大学毕业生会交往不同经历、不同层次的人，与以往校园的人际交往不同。因此，大学毕业生要尽快融入大集体，调整好与同事之间的关系，以尽早适应新的工作。

（五）智能适应

指的是大学毕业生根据工作需要，及时调整自我的知识与能力结构，不断挖掘潜在能力，学习新的知识，尽快适应岗位的过程。大学生虽然在校期间已经积累了基础知识及部分经验，但与工作所需的知识与经验相比并不具有针对性，在入职之后，岗位所需要的经验往往比较固定，需要及时更新他们的技能，力争早日胜任工作，并在岗位上不断摸索创新方式，以实现工作效率的提升。

三　大学生的职业适应教育

（一）塑造自我良好第一印象

良好的形象可以为大学生加分，尤其是第一印象非常重要。第一印象又称为"初次印象""首因效应"，是指客观事物首次作用于人的感官，在人的头脑中留下的对事物整体的感觉，包括对客观事物的外形特征、行为特点、价值判断等。在人际交往过程中，第一印象指的是在初次接触的时候给他人留下的整体形象特征，对继续或更深入的交往起着决定性作用。

第一印象的重要性表现在三个方面：

首先，前摄作用。前摄作用是在毫无认识基础的情况下获得的某人的印象，会在人的大脑中长久留存，之后此人的其他信息都是在前摄作用的基础上形成的，不可避免地受前摄的影响。这就是日常所说的"先入为主"。

其次，光环作用，也被称为"晕轮效应"。当人的某一特点比较突出时，会掩盖其他的特点及本质，良好的印象往往会扩大其优势，从而有效弥补了其自身的某些不足。

最后，定式作用，也称为"定式效应"。人们往往会通过第一印象形成一个固定的感觉，并会根据这一感觉决定应当表现出的态度。

那么如何树立良好的第一印象呢？可以从以下几个方面入手。

1. 注重仪表及言行举止

仪表、言行、举止虽然只是人的形象的小细节，但从侧面也能看出一个人的心态及涵养，因此树立良好的第一印象需要从这些小细节抓起。大学毕业生刚到工作单位，应当保持他们自己的衣着与工作性质相同，衣着以简洁、大方为宜，待人接物要热情、有礼貌，言谈举止要落落大方，这些都会给别人留下较深的印象。

2. 保持谦虚谨慎的态度

"虚心使人进步，骄傲使人落后。"只有谦虚的人才能成长更快。面对新的工作岗位，大学生应当保持谦虚谨慎的态度，向同事、领导询问相关的经验，并从他们身上学到分析问题、解决问题的能力。大学毕业生如果保持矜持，不肯谦虚，只会成为自我成长的绊脚石，不利于职业适应能力的提升。

3. 从大事着眼，小事着手

大学毕业生容易好高骛远，这种习惯严重制约了自我成长。所谓"仰望星空，脚踏实地"，大学毕业生在树立远大理想及抱负的同时，还应当从小事着手，从琐碎处锻炼能力。但凡事业的成功多是从小事做起，只有经过磨炼才能成就与成才。古人云："不积跬步，无以至千里；不积小流，无以成江海；骐骥一跃，不能十步；驽马十驾，功在不舍。"只有把琐碎的小事做好，踏踏实实，才能有所成就。大学生在校期间就应当具备这一意识，并在意识的支配下干好每一件小事，唯有坚持将小事做好，才能办大事。

（二）培养交际能力，形成良好的人际关系

大学毕业生应当培养一定的交际能力，掌握一定的交际技巧，以形成良好的人际关系。

1. 不骄不躁，尊重他人

在人与人交往的过程中，要学会尊重他人。每个生命个体都渴望受到他人的认可，都渴望得到他人的尊重，所以要想得到他人的尊重，自己首先应当尊重他人。在尊重他人的同时还需要尊重自己，只有自尊自爱，才能获得别人的尊重，促进良好关系的发展。

2. 乐于助人，维护集体

在学校，所在的班级就是集体，以维护班级荣誉为己任。在职场，所在的公司就是集体，以维护公司的利益为己任。在工作中，涉及利益问题，需要按照社会主义的道德约束来解决，做到先人后己，先集体后个人。

在工作中，还要乐于助人。一个人很难离开别人的帮助而更好地生活，同样公司也需要团队成员互相帮助、互相配合。在同事遇到困难的时候，应当及时伸出援助之手，切不可坐视不管，更不能落井下石，见利忘义，只有学会乐于助人，才能赢得别人的肯定，才能掌握交际的主动权。

四 大学生的社会适应教育

社会适应是从职业适应拓展到更加广阔的社会背景下加以关照，大学毕业生只有经过对复杂的社会环境、社会文化以及社会规范的进一步观察、认知、模仿、认同、内化，才能实现对社会能动的适应，才能使大学毕业生掌握更大的主动权。

大学毕业生要积极主动地适应社会，可以从以下几个方面着手。

（一）树立新意识

大学毕业生入职到新的岗位，需要树立新的意识，这些新意识包括独立意识、主人翁意识、协作意识等。

1. 独立意识

不仅表现为独立地处理各项工作，还表现为需要承担一定的社会责任，大学毕业生已经是一个独立的社会人，需要对他们自己的一言一行负责。所以，大学毕业生应当具备独立意识，凡事相信自己，通过不断努力一定能取得可喜的成果，为之后更好的发展奠定基础。

2. 主人翁意识

毕业后，大学生需要参与到具体的工作实践中，要参与管理与决策，对工作及社会承担更大的责任。个人成绩的好坏直接关系到个人未来的职业发展，且个人与公司的命运紧密联系在一起，因此需要树立主人翁意识，主动承担应尽的责任，致力于通过个人、团队的努力，为单位的发展贡献力量。

3. 协作意识

随着科学技术的发展，当下的社会分工越来越细，岗位设置也越来越细化，部门与部门之间、公司与公司之间的关系也越来越密切，要完成一个项目单纯靠个人或一个部门是难以完成的，需要团队协作才能完成，所以大学毕业生必须培养协作意识，养成自主协作的习惯。如果只看重个人，不能很好地协作，就不会取得较高的工作效率。

(二) 不断学习，不断完善

当前社会发展速度较快，瞬息万变，要保持较强的竞争力，就需要不断学习，适应社会的过程同样也是学习的过程，是一个学习、适应、继续学习、不断适应的过程。所谓"活到老，学到老"，培养社会适应能力同样需要不断学习，不断完善，更新知识，这也是当下社会及岗位的客观要求。

1. 为了完善知识结构，需要不断学习

大学生虽然已经具备一定的知识储备，但知识结构还不算完善，还需要更多实用性知识的扩充。要解决工作中遇到的各种问题，就需要不断地学习，在工作中完善自己的知识结构，丰富自己的阅历。

2. 为了适应工作需求，需要不断学习

不同工作的岗位要求不同，只有不断学习、不断思考，才能及时掌握岗位的运作，及时补充自己的业务短板，更快地提高工作效率，促进快速成长。

3. 为了跟上时代，需要不断学习

当今时代科技发展迅速，要站在时代大潮前，与时俱进，最有效、最快捷的方式就是学习，通过学习及时更新知识、拓展眼界、不断创新。

（三）把握时机，及时调整

大学毕业生的第一份工作并不一定是日后从事的终身工作，选择合适的职业意味着个性与职业相匹配，个性与职业要求相一致，方能促进个人与职业更好地融合。部分大学毕业生并不满意他们的第一份工作，通过第一份工作的经历，才开始重新认识自己，发现自己的特长和兴趣爱好，再去寻找自己热爱的工作。

如果重新选择职业，需要建立在对自己的全面认识上，以寻求自我发展，促进人生价值的实现为目标。当然，重新选择职业一定要慎重考虑，必须是基于自己深度考虑的基础上做出的选择。

第八章 大学生素质发展教育

第一节 大学生素质相关概述

大学生素质指的是大学生在大学阶段的学习及实践所形成的内在的、相对稳定的、对大学生今后的人生发挥积极作用的主体特性及品质。大学生素质教育是目前教育改革的一项重要内容，旨在培养高素质、全面发展的社会主义建设者和接班人。大学生素质发展教育更注重培养学生的综合素质及个性发展，促进社会人才结构的升级。

一 大学生素质定义

素质指人平时的修养，从心理学角度阐释是有机体具有的某些解剖和生理特征，主要是神经系统、脑特性以及感官和运动器官的特征。学术界对人的素质的解释提出了不同的观点，大致具有六种观点。

（一）特征说

该观点认为，人的素质主要指人的特质，是人特有的气质及特点。

（二）品质说

该观点认为，人的素质是指人的品质、修养、能力等方面。

（三）要素说

该观点认为，人的素质包括了组成人的各个要素。

（四）水平说

该观点认为，人的素质是指人的身心发展水平。

（五）综合说

该观点认为，人的素质需要考察人的所有的活动，包括人的品质、要素、能力、潜力、自身条件等方面。

（六）系统说

该观点认为，人的素质是一个整体，是由各个要素组成的系统。

对于大学生素质主要包含三个层面的含义：

其一，大学生素质阐述了大学生的知识、能力、素质之间的关系。知识是能力、素质形成的基础及前提，能力是具备一定的知识储备之后的不断发展所形成的稳定的特质。素质是知识及能力不断内化的结果，单纯地具备知识、能力，并不等于形成稳定的素质。素质是大学生发展的终极目的。

其二，素质的形成对大学生的持续发展具有积极的作用。

其三，揭示了大学生素质的基本特征——内在性、有机性、稳定性。

二　大学生素质特征

大学生素质特征表现为内在性、有机性、稳定性三方面。

（一）内在性

大学生素质的内在性重在表现大学生本身固有的特点及品质，是大学生知识与能力的表现，同时也是指导大学生为人处世的力量源泉。

内在性是针对外在性提出的，大学生素质的内在性重在强调大学生自身的特性与品质。内在素质是内化于人的精神层面的素质，指个体适应社会需求的程度，主要包括思想道德素质、科学文化素质、专业业务素质、个性心理素质四个方面；外在素质是外显于人的行为层面的表现，包括行为习惯素质、人际交往素质、身体运动素质等。

大学生素质评价的意义在于，首先，有利于大学生自我认识，给他们自己准确的个人定位，完善自我，在发现不足时及时改正。社会上对大学生群体的评价为"社会主义接班人""温文尔雅""高材生"，大学生对这些赞美应当客观看待，对于个体来说，需要以此为标准，朝着群体目标努力。其次，有利于学校和老师全面了解学生的情况，能更有针对性地对大学生进行教育和引导，提高机构规章制度和思想政治工作的效能。再次，有助于引导学生逐步接近学校制定的培养目标。同时，根据评价结果开展综合性分析，有利于发现教学中存在的问题，及时改进工作，深化教育改革，形成良好的校风、学风。最后，有利于激励学校不断完善管理制度，促进管理工作制度化、规范化和科学化建设。

大学生素质是由知识与能力综合形成的结果，体现的是大学学习和实践取得的成果。但大学生素质远远高于知识与能力，例如，一个人在某一方面的才能优于他人，但在该方面的素质不一定优于他人，一个人可以上知天文，下晓地理，但并不一定就具备较高的人文素养。人文素养的产生，需要将学到的文化与自我的精神要素相融合，个人的人文素养是个人健康发展的结果，影响个人的人生观、价值观以及世界观的形成，指导着个人的实践。

（二）有机性

有机性是指大学生素质的各个元素之间相互关联与协调，各要素之间相互联系不可分割，各元素之间也处在不断拓展的过程中。

大学生素质的各个元素具有独特性，常常生成独特的结构，这些元素包括专业素质、思想素质、政治素质、法律素质、道德素质、创新素质、人文素质、科学素质等，这些素质又涵盖很多子元素。例如，心理素质涵盖的子元素有感觉、直觉、思维、兴趣、记忆、情绪、性格等。这些子元素表现在大学生日常的行为中，不同的行为会形成不同的个性特征，外化为个体的性格特征。例如，同样是人才培养，可以生成不同的人才类型，如以专业素质为核心的专业型人才、以管理素质为核心的管理型人才、以创新素质为核心的创新型人才等。

大学生素质的有机性还包含了变化的过程，是一个从无到有、从大到小、从简单到复杂的过程，需要大学生不断向外界汲取有益养分，保持大学生素质处在一个良性发展的状态。

（三）稳定性

稳定性指的是大学生素质的各个要素之间以及各要素组合成的结构处在自我强化的过程中，并持续发挥作用。

同质相吸、异质相斥是自我强化的表现，大学生如果对他们自己感兴趣的学习或者实践活动，会主动抑制一切无关的要素，专注于活动，而这一专注力就源于其自身的素质。因此，大学生在学习或者实践时获得的同质信息，学习起来较容易，且能在短时间内完成内化，与原有的知识内容相融合，形成稳定的结构形态，对于异质信息，会自然忽视或排斥，拒绝认同与内化。由此可见，大学生素质在强化过程中会产生惯性，素质一旦形成便具备稳定性，更改的难度较大。大学生素质稳定性的积极意义在于，可以强化某些好的素质，在不断强化中得到发展，且呈现出速度越来越快的趋势。但如果是落后的素质则改变起来非常有难度，需要花费很长的时间，克服惯性才能改变。

另外，大学生素质的发展是长期的、持续的，甚至是终身的，所以，大学生除了学习知识、提高能力外，还要将时间、精力放在素质拓展上。因为素质的养成需要经历较长的时间，花费较大的精力，一旦形成将会持续影响大学生的身心发展，并指导大学生的为人处世。大学生优秀的素质将会影响其以后的人生发展，有的大学生在学校各项成绩表现优异，但在步入社会之后却发展缓慢，其根本原因在于没有将知识与能力进一步内化为素质。相反，一些大学生在校期间表现平平，但走向社会之后，其优秀的素质使之能化解各种障碍，为单位、为社会做贡献。

三　大学生素质拓展的相关因素

大学生素质拓展对提升大学生综合竞争力有着积极的意义，在大学生素质拓展过程中，学校、环境等对大学生素质拓展起着推动作用，但真正起作用的是大学生自身。因此，大学生素质拓展的主体是大学生本身。

（一）大学生是其素质拓展的主体

大学生素质拓展需要大学生亲自参加，这是任何其他个体都无法替代的，表现在两个方面。

1. 主体性拓展

大学生需要发挥主观能动性，认真学习知识及技能，才能实现素质上的拓展。没有大学生自身的参与，就不会获得内化，也无从谈及素质拓展。

2. 建立在认识与实践的基础上

基于现有认识与实践上的素质拓展成果即创新。创新是在现有资源条件、社会环境或思维模式下提出新思路、新思维，或在原有的基础上进行改进与更新，创造出新的事物、方法、元素、环境等的行为。这种行为需要具备创造性、实践性和有益性等特点。这种创造可能是具体事物的创新，也可能是思想方法上的创新，意味着人类的认识和实践能力的更新。因此，素质形成是一个复杂的学习与实践的过程。

综上所述，大学生需要在素质拓展中树立主体意识，主体意识的意义在于：

首先，主体意识彰显特色。高校设立的终极目标是为社会培养需要的人才，所以也为大学生素质拓展做了质的规定。这种质的规定表现为学科差异、层次差异、个性差异等多方面差异上，即使是同一层次、同一类型、同一专业的学习，也不能用同样的标准来衡量大学生的素质。因此，大学生素质呈现出不同特色，大学生在刚进大学时，要对他们自己做出定位，注重其自我特色的发展，只有特色得到彰显，才能与众不同，才能有所突破。

其次，主体意识鼓励创新。任何形式的创新都是对以往旧理论和经验的挑战，都需要大胆质疑的精神。所以主体意识鼓励创新，鼓励突破现有的环境及条件进行大胆创新，以期获得更大的成就。

（二）环境是大学生素质拓展的土壤

环境是大学生素质拓展的外部条件的总和，包括社会环境与校园环境。

1. 社会环境

社会环境包含政治环境、经济环境、文化环境、国际环境，大学生在这些环境的综合影响下拓展他们的素质。

政治环境指的是大学生素质拓展的国家政治制度，具体包括政治的性质、政府的政策、方针、法律等。

经济环境是大学生所处时代的经济环境，以及社会所提供的物质、技术方面的支持环境，经济环境主要指的是生产力与生产关系。

文化环境是指大学生接收的文化氛围，受文化体系的影响。

国际环境指的是大学生素质拓展所处的国际政治、经济、文化环境。

随着改革开放的深入，社会经济、政治、文化的发展速度越来越快，社会环境对当代大学生素质的影响越来越大。当然，大学生无法改变客观的社会环境，但可以积极开发。社会环境中蕴藏着大量的素质拓展资源，大学生应当围绕这些资源进行挖掘，利用资源促进素质拓展。

利用社会环境资源促进素质拓展的主要途径有：主动参加社会实践活动，从复杂的环境中提升整体认识，拓展整体素质；积极参加科学研究，促进技术推广，优化社会服务，在不断探索中拓展他们自己的创新素质以及工程素质。

2. 校园环境

校园环境涵盖诸多方面，包括管理思想、管理机制、培养模式、师资情况、学术氛围、教学风气、学习风气、教学设施、校园文化等，素质的拓展不仅受单个因素的影响，也受整体因素的影响。

管理思想是学校领导层制定出来的总体思想，指导着高校素质培养的总体方向。如果高校管理注重学生的素质培养，则从大的方向上把握了素质的培养、形成及提升，对培养出合格的社会人才具有积极的作用，同样对于素质的拓展也提供了思想上的保障。

（1）师资情况

师资情况是大学生素质拓展的保障。教师对大学生素质拓展起着主导性作用。教师贯穿于大学生的教学、实验、实习、毕业、就业指导等各个环节。另外，教师的素质直接关系到课题的选择、科研的进展情况及科研成果的产出。教师独特的人格魅力同样具有影响力，引导学生向教师学习，争取做到知识、能力、素质的全面提升。

（2）教育技术

教育技术直接关系到教学的开展形式，教育技术是学习过程与学习资源的设计、开发、利用和评价的理论与实践。它对教学的意义在于：提高教学效率，提升教学质量；拓展教学内容，丰富知识领域。借助教育技术可以发挥名师作用，促进经验交流，开发学生智力，促进远程教育、线上教育的发展。当下教育技术朝着信息化、网络化、多媒体化的方向发展，有利于培养大学生信息选择能力、自主学习能力，为之后各项能力的提升及素质的拓展奠定基础。现代教育技术拓展了学习的方式及范围，可以突破时间和空间的制约，极大地满足了学生内心的学习愿望，有利于知识的系统性学习。大学生还可以依靠个人兴趣，深入某个领域进行研究，这些都为素质的拓展提供了条件。

（3）校园文化

校园文化既包括物质财富，也包括精神财富，是教师和学生经过不断努力共同创造的财富。校园文化集中体现了校园价值观以及这些价值观的具体呈现方式。其中，校园精神是校园文化的核心，校园精神直接影响着大学生素质的拓展。大学生从校园文化中汲取养料，使学生产生深层感受和体验，这种无形的文化渲染对大学生的素质拓展有积极的意义。校园文化具有渗透性和感染性，对大学生的思想可以产生长久的影响，每一位大学毕业生都带有所在高校独特的文化精神烙印，从他们身上能看到大学的校园文化及精神。

当然，校园文化因学校的综合实力的高低而呈现出不同的文化气息，有的校园文化并没有很好地反映在广大大学生身上，大学生需要做的是正视现实，从校园文化中发掘积极因素。当大学生将精力放在开拓视野、挖掘积极因素时，就会突破自我，获得新的素质拓展，离成功就会更进一步。

综上所述，大学生需要拓展素质，这是推进大学生持续发展的根本动力，每个大学生都是一个独立的个体，依靠其自身、环境的力量，以培养高级专业人才素质为目标，实现素质的拓展。

第二节　大学生素质拓展模式

一　大学生素质发展模式的多样性

因环境不同、内容不同、评价标准不同，大学生素质发展模式呈现出多样化发展的趋势，需要从不同的角度去分析（见图 8 – 1）。

（一）个性发展式、均衡发展式、综合发展式

按照素质元素发展的相互关系，可以将大学生素质发展划分为个性发展式、均衡发展式、综合发展式三种。

个性发展式主要强调个体差异，主张发挥个体的特征，发展具有个性化的素质。

均衡发展式主要强调各项素质的全面发展，素质发展有统一的标准，各方面素质都有了发展，呈现出同时性、同步性的特点。

综合发展式主要强调个性与共性的发展，呈现出综合性的特点，

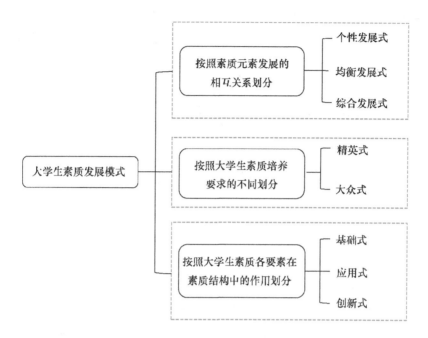

图 8 - 1 大学生素质发展模式

在发展个人特长的同时也注意其他素质的共同发展，对素质培养提出了更高的要求。

（二）精英式、大众式

按照大学生素质培养的要求，可以将大学生素质发展划分为精英式与大众式两种。

精英式素质发展强调培育领袖级人物，它在素质发展上要求较高，向着"完人"方向发展。

大众式素质发展与精英式素质发展相比，其育人目标适中，强调培养劳动者。

（三）基础式、应用式、创新式

按照大学生素质各要素在素质结构中的作用可以将大学生素质发展划分为基础式、应用式、创新式等模式。

以上分类模式很难简单地评价好坏，各模式既有优点，又存在着缺陷，各模式都在不断迎合时代发展需求，在不断变化中逐渐进步。对于大学生来说，任何发展模式并非一成不变的，且各模式之间并非孤立存在的，而是互相借鉴、互相融合的。

二 大学生综合发展式素质发展模式

实践证明，大学生综合发展式素质发展模式，能有效缓解大学生在自我发展过程中的各种矛盾，且具有操作性强的特性，能给予人才以客观、科学的评价，是当前较为先进、科学的育人理念。

（一）综合发展式的内涵

综合发展式是指大学生在素质综合发展的基础上强化特长发展，而综合发展以合格为基本标准。

1. 合格

合格是大学生各项素质以及素质的各子元素符合人才培养的基本标准，显示出人才的普遍特征，体现的是人的各项素质的综合发展。基本的素质以及各素质之下的子元素相互制约又相互促进，缺一不可。例如，有良好的身体素质，但没有良好的人文素质、心理素质，也不能实现各项素质的综合发展。所以，大学生综合发展式强调合格，在合格的基础上进一步发展。对于大学生来说，要实现各项素质都达到合格水平仍然具有一定的难度，且富有挑战性。当然，合格具有科学性，是基于实际出发制定的合理标准，大学生各项素质都达到满分是不可能的，每项素质都发展到最高水平也是不可能实现的。

2. 特长

特长指的是大学生的优势所在，表现出大学生个性的一面，突显大学生的与众不同。特长包含两个层面的含义：

一是"人无我有"，通常指的是通过学习系统的专业知识和专业技能获得的专业素质。

二是"人有我优"，指的是某种素质优于其他人的素质，围绕该素质的其他相关素质都发展得较好。

拥有特长的大学生在就业后受用人单位的欢迎，如果特长正好是新工作岗位所需要的，则会取得更多的创新思路，更多的成果转化。

3. 合格与特长之间的关系

合格与特长之间并非整体与部分的关系，而是基础与优势的关系。要发挥优势，就需要将基础打牢，每个大学生都应当做到全面发展，也就是各项素质的合格，之后才是特长的发展，如果各项素质都未合格，特长的发展也会受到影响，必然成为无源之水，无本之木，难以实现素质的拓展。如果没有特长的渲染，大学生的素质就会显得平淡无奇。因此，大学生综合发展式主张大学生的各项素质都达到合格水平，根据社会的需求，重点发展他们自己的特长与潜能。在大学生综合发展模式下，不仅认可各项素质都较好的学生是优秀学生，还要承认某方面素质很突出的学生也是优秀学生。

大学生综合发展式实现了大学生全面发展、个性发展、专业发展的统一，向社会源源不断地输送高素质的优秀大学生投身到社会主义建设中去。

（二）综合发展式的指导思想

综合发展式以科学发展观为指导。科学发展观的第一要义是发展，核心是以人为本，基本要求是全面协调、可持续发展，其根本方法是统筹兼顾。

科学发展观就"培养什么人""如何培养人"提出了科学理论指导，对高校教育的发展、毕业生的就业以及国家的长治久安都有积极的指导意义。科学发展观生动地阐释了综合发展式的理论，给综合发展式提供了具体的指导。

以人为本——强调以大学生为主体，维护大学生的根本利益，真正服务于大学生的健康成长。

全面发展——是大学生的各项素质的全面提升，以市场需求为导向，培养社会需要的合格人才。

协调发展——指通过统筹课内课外思想政治教育，统筹教书、管理、服务育人机制，统筹发挥党团组织和学生组织作用，实现大学生素质的拓展。

可持续发展——指的是抓住当前制度以建设既适合当下发展，又能着眼长远的培养机制、工作机制。

科学发展观为综合发展式的发展提供了理论指导，科学发展观强调科学，反映在综合发展式上就是从学生的实际出发，尊重学生的身心发展规律，发挥大学生的主观能动性，促进大学生素质的拓展。依照科学发展观来指导综合发展式的提升，能促进大学生素质的科学全面发展。

（三）综合发展式的意义

综合发展式对学生的素质提升有积极的意义，主要表现在三个方面（见图 8-2）。

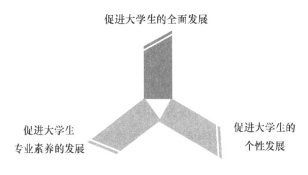

图 8-2 综合发展式的意义

首先，综合发展式可以促进大学生的全面发展。

共产主义是以每个人的全面而自由的发展为基本原则的社会形式。人的全面发展虽然受当时的生产力水平及人的存在状态的制约，但每个时代都应当尽力追求人的全面发展。综合发展式认为，大学生与其他青年相比，在智力因素上有着较大的优势，应当充分发挥智力因素，指导实践，促进各项素质达到合格的水平。应当充分发挥智力因素指导实践的作用，引导学生树立全面发展的理念，发展德、智、体、美、劳等方面的综合素质，使之达到毕业的基本要求。当然，综合发展式并非要求大学生样样都学，样样都精通，而是在注重大学生综合发展、全面发展的同时仍然注重大学生个性的发展。

其次，综合发展式可以促进大学生的个性发展。

大学生的个性发展是创新的前提，没有个性，只会千篇一律，也不会有创造性。大学生的个性表现在对事物的看法上，他们能从自我的知识结构和经验水平出发，寻找解决问题的途径。个性同样是大学生寻求自我发展的必备素质，大学生拥有较强的个性，能促使其找到他们自己擅长的领域，获得更大的成长空间，通过个性塑造人才已经成为当今时代的普遍规律。综合发展式应当尊重大学生的个性，鼓励大学生发扬个性，将其自我的潜能及天赋发挥到极致。

最后，综合发展式可以促进大学生专业素养的发展。

高等教育的本质就是培养专业化的人才，为社会建设服务。大学生在选择专业时一般会选择他们自我擅长或喜欢的专业领域，因此专业教育也可以视为特长教育。

综合发展式重在强调大学生专业素养的促进，将专业素养视为大学生的主要任务。强调知识与素养的区别，主张大学生应当努力掌握专业知识，将学习的出发点及目标放在拓展其自身的素质上，尤其是创新能力及实践能力上。专业素质促进知识与能力的获得，体现为大学生持续不断地获得进步，这对大学生的可持续发展起着决定性的作用。

大学生专业素养的发展又是建立在其他素质基础之上的，没有了其他素质的发展，专业素养也显得空洞且不可能持续发展。

第三节　大学生主要素质及拓展教育

一　大学生主要素质

（一）思想政治素质

思想政治素质即思想素养与政治素质的简称，是对一个人政治态度、政治观点、思想观念、思想方法和政治理论等方面基本品质的总称。

1. 思想政治素质的内涵

（1）思想素质

思想认识、思想情感及思想方法共同组成了思想素质，因此思想素质的内涵与这三个方面均密切相关。思想素质指的是人们通过思想认识去反映客观世界的变化规律，人们对客观世界认识得越深刻、越透彻，对所实践的活动越有自信，才能指导自我行为去改造客观世界，所以思想认识、思想情感、思想方法贯穿于人类实践活动的始终。

思想认识是形成思想素质的基础，人们只有加深思想认识，才能从"必然王国飞跃到自由王国"，才能有效、高效地改造客观世界，推动社会的向前发展。

思想情感对进一步指导并参与实践活动有着积极的作用。在认识与改造客观世界的过程中，情绪饱满、情感热烈能够激发人们的创造力，使得实践获得圆满的效果。因此，思想情感是思想认识的动力，如果没有了思想情感，则会呈现出消极被动的一面，改造世界也变得缓慢且没有生机。

思想方法影响着人们改造世界的效率。古语有云："工欲善其事，必先利其器。"只有具备好的工具和方法，才能达到事半功倍的效果。好的方法缩短了认识世界的时间，能较快地认识和改造世界，从而实现自我价值。

（2）政治素质

所谓政治素质，指的是人们政治方面的素养及品质。政治素质的高低直接影响着人们政治素养的发展，从长远来看，还会影响人的可持续发展。形成政治素养的因素有政治信念、政治观点、政治立场、政治方向等，不同的要素有不同的功能与价值，包括支柱、灵魂、基点、导向功能，这些功能共同作用于政治素质，促进政治素质的提升

（见图 8 – 3）。

图 8 – 3　政治素养的四大功能

政治信念是民族进步和发展的希望，政治信念是进行社会主义现代化建设的必要信念，是实现民族伟大复兴的有力铠甲。在革命战争年代，无数的仁人志士坚守政治信念，反对压迫、反对剥削，最终取得了革命的胜利。在新时期，拥有政治信念仍然重要。新时期应当将实现社会主义现代化建设、振兴中华作为坚定的政治信念，才能使国人充满斗志与力量，才能为实现远大理想目标而不断努力。

毛泽东同志在论及政治观点时说道："没有正确的政治观点，就等于没有灵魂。"① 大学生应当确立正确的政治观点，用马克思主义的世界观、方法论去指导实践，用科学理论武装头脑，忠于中国共产党，做合格的社会主义事业接班人。

政治立场是看待问题、解决问题的出发点，在新的历史条件下，随着改革开放的深入，在发展过程中遇到的问题越来越多，面对错综复杂的问题，只有从政治角度提出问题、观察问题、解决问题，才能把握问题的本质，才能获得解决问题的主动权。

政治方向对于大学生的政治素质具有指导性意义。当下各种思想

---

① 中共中央文献研究室编：《毛泽东文集》（第七卷），人民出版社 1999 年版，第226 页。

观念影响着大学生的身心发展，需要坚定其走社会主义道路的信念，避免西方不良思想、价值的侵蚀，坚持正确的政治方向。回望中国百年历史，只有中国共产党才能救中国，只有发展社会主义才能发展中国，大学生需要明确并牢记这一点，坚决抵制不良思想、价值的侵蚀，坚定共产党的领导，坚定走社会主义道路。

2. 大学生思想政治素质拓展的内容

大学生思想政治素质拓展的内容主要包括如下方面。

（1）在思想上，要树立正确的世界观、人生观、价值观

树立正确的世界观需要大学生掌握辩证唯物主义基本观点及方法，运用全面、联系、实事求是的观点看待问题、解决问题。树立正确的价值观需要坚持集体主义，坚持社会主义本质、体现社会主义方向、遵循符合历史拓展规律的价值导向。当代大学生应当树立人民群众利益高于一切的价值观，并用其指导他们自身的实践活动。人生观是由人生目的、人生态度、人生责任、人生评价四个方面组成的，树立正确的人生观首先须明确为谁服务的问题。对于大学生来说，需要树立全心全意为人民服务的意识，以此更好地展现其自我价值。

（2）在政治上，应坚持正确的政治信念、政治观点、政治立场、政治方向

在政治信念上，要坚持正确的政治路线。当代大学生需要坚定不移地坚持中国共产党的基本路线，维护国家政权，为实现社会主义现代化建设而奋斗。

在政治观点上，需要进一步提升大学生的政治敏锐性以及政治鉴别力。大学生要不断加强对政治现象的认识，客观分析事物，提升政治敏锐性，充分挖掘真、善、美，提升政治鉴别力。

在政治立场上，要坚持工人阶级立场，坚持群众观点，拥护群众路线，保持与最广泛人民群众的联系，不损害人民群众的利益。大学生需要坚持正确的政治立场，在实践中坚持党和国家的绝对领导，维

护广大人民群众的利益。

在政治方向上，要积极建设中国特色社会主义。大学生应当树立远大的目标，致力于为社会主义建设事业贡献他们自己的力量。

（二）道德法律素质

1. 法律与道德素质的内涵

道德法律素质是大学生关于法律、道德方面的认识，是就法律、道德现象引申出来的观点、思想、知识、心理内化的结果，包括道德素质、法律素质两个方面。

道德素质指的是大学生在为人与成才的过程中，逐渐形成的心理品质。其形成由学习、生活、实践所决定，包括大学生在实践中形成的关于善与恶、积极与消极、诚实与虚伪、创新与落后等的认识，道德素质直接反映了道德修养的高低。

法律素质是通过内心信念及习惯来约束大学生的行为，实现学生与学生之间、学生与教师之间、学生与学校之间、学生与社会之间关系的融洽。法律素质直接反映了大学生遵守法律、纪律的程度。

2. 大学生道德法律素质的内容

大学生道德法律素质的内容主要包括四个方面。

（1）道德价值观的培养

培养道德价值观需要树立为人民服务的思想以及集体主义观念。对于当代的大学生来说，为人民服务集中表现在核心价值观的树立上，即富强、民主、文明、和谐，自由、平等、公正、法治，爱国、敬业、诚信、友善。大学生在校学习期间，应当与身边的人和谐相处，乐于助人，在毕业走向社会后，他们的一言一行都要服务于人民群众，为社会主义现代化建设贡献力量。

大学生需要具备集体主义意识，需要处理好个人与社会、个人与集体的关系。集体主义与社会主义市场经济相一致，所以大学生需要适应社会主义市场经济的发展，培养集体意识，将他们自己融入校园、社会等环境中，以实现更好的发展。

（2）科技道德的培养

大学生开展科研时，在确立选题、进行调查和实验的过程中，要注重科技道德的培养。社会主义科技道德素养涵盖了为社会造福、报效祖国、推进发展、勤奋与探索、创新与发展、团结合作、研究治学、实事求是等优秀素养。

（3）社会公德的培养

大学生社会公德的培养主要包括文明礼貌、语言文明、举止优雅、待人有礼、相互尊敬、助人为乐、见义勇为等，在当下的大学生中时有破坏公共设施，扰乱公共秩序的行为，需要加强这方面的自觉性，在生活中约束自我行为，培养公德心，自觉爱护公物，成为社会公德的践行者。

（4）职业道德的培养

大学生职业道德，不仅包括学生在校园期间的学生身份，也包括进入社会之后所从事的职业。在校期间，大学生应自觉履行其义务，扮演好自身的角色。到了工作岗位之后，职业道德包括爱岗敬业、诚实守信、服务群众、奉献社会等。

（三）人文素质

"人文"一词最早见于《周易·贲卦》："阴柔交错，天文也；文明已至，人文也"。因此人文是相对于天文而言的。人文是构成人类精神世界的三大支柱之一，在《辞海》中，人文被解释为"人类社会的各种文化现象"，一般包括文、史、哲三类。当然，人文知识与人文素质不同，人文素质渗透于个体的一言一行，难以用具体的尺度进行衡量。大学生人文素养指的是"为人""为人才"的内在品质，包括具备良好的思想道德素质、集体主义观点、正确的学习态度、劳动态度、审美观点等内容。

大学生人文素质应主要侧重于三个方面的培养。

1. 良知

良知是从人的本性出发，对人的发展提出的要求，如恻隐之心、羞恶之心、是非之心等，大学生需要做一个有良知的人，首先需要培养责任感与羞耻心，自觉遵守纪律，对他们自己负责，对他人负责，坚持社会公德，在不断的反思中提升自我。其次，大学生需要提升自我的文化素养和思维能力，文化素养是提升自我的基础，思维能力是提升自我的保障，两者互促互进、相伴相随。最后，大学生需要加强自省能力，"吾日三省吾身"，通过自我反省和自我教育来提升个人的能力。

2. 智慧

智慧有一个通过人的经验指导知识积累的过程，智慧是逻辑、情感的产物，人类的不断进步与创新都来源于人的智慧。一般来说，人的智慧包括语文、数理、空间、音乐、运动、社交、自知能力七个方面，这七个方面合在一起，共同构成智慧。

人的智慧集中在人的左右脑，左脑和右脑有着不同的功能。一般来说，左脑主管聚合思维，右脑主管形象思维，聚合思维包括逻辑分析、抽象概括、逻辑推理等；形象思维包括想象、直觉、审美等。培养聚合思维通常通过科学培养，形象思维通过文学、音乐、绘画等进行培养。但形象思维是促进人的智慧发展的重要途径，因此大学生智慧的培养一般通过艺术的学习来实现。当然，科学的学习亦非常重要，关于科学与艺术之间的关系，法国大文学家福楼拜曾说："科学和艺术在山麓分手，又在顶峰会合"，道出了科学与艺术的殊途同归。科学与艺术之间的关系是相辅相成的，都是人类智慧形成的条件。

大学生教育的本质是人文素质形成的过程，人文素养并非有针对性地培养形成的，而是在学习各学科的过程中逐渐形成的。

3. 修养

修养表现在一个人的言行举止当中，但其根本在于个人的人文素养。大学生想要成为一个受人尊敬的人，一方面需要建立起自我责任感，另一方面还要逐步提升自我修养。

大学生的修养因个性、爱好的不同而表现出多样性特征。有的大学生沉稳宽厚，与人为善，表现出仁者风范；有的大学生学识渊博，善于发问，表现出儒雅风度；有的大学生满腹文采，出口成章，表现出良好的文学修养。无论是哪一种修养，都与后天的人文素养的培养有密切的关系。每个大学生都应当具备相应的人文素质，以此来提升他们的修养。

（四）科学素质

大学生除了培养人文素质之外，还需要具备科学素质，所谓科学素质，指的是人们在认识自然及应用科学知识的过程中所表现出的基本素质，包括科学知识、科学技能、科学方法、科学能力、科学观、科学品质等，具体来说，大学生需要具备以下几个方面的能力。

1. 认识、理解一般的科学术语、科学概念的能力。

2. 具备一定的科学推理的能力。

3. 具备科学思维的习惯。

4. 理解包含科学及技术内容在内的公共政策议题的能力。

大学生科学素质的主要内容包括如下方面：

1. 科学知识。包括科学概念、概念体系、基本观念等，它在涵盖自然科学知识的同时，还包括人文知识、社会科学知识。

2. 科学方法。指的是在科学地认识世界、掌握真理的过程中使用方法及思维的能力。

3. 科学精神。指的是主体在从事科学研究时应当具备的精神，在科研过程中应当坚持客观精神、实证精神、理性精神。科学精神是科学的本质特征，决定着主体的道德观念和工作作风。

4. 科学技能。主要包括科学思维能力以及创造能力等。

（五）专业素质

专业素质是指大学生掌握了专业理论、知识及能力后，能指导具体实践，解决实际问题，并在解决问题的过程中，将学到的专业知识予以内化，形成一种稳定的、能胜任特定职业的品质。专业素质与专业知识、专业能力三者相辅相成，专业知识是基础、前提，没有专业知识，也就没有专业能力、专业素质；专业能力是专业素质的外化，专业素质的高低需要通过专业能力直接体现；专业素质是专业知识积累到一定程度之后内化的结果。

大学生的专业素质内容包括专业理论知识、专业能力两个方面。

1. 专业理论知识

大学生在校期间应当掌握所选专业的专业知识，建立起知识结构。知识结构并非杂乱的知识的堆积，而是通过一定的规律将各个知识点串联起来，形成一个系统性的知识框架。一般来说，知识结构的组成内容一般包括基础理论、专业基础知识、专业知识。

基础理论在大学生知识结构中处于核心、基础的地位，通常包括社会科学知识、人文科学知识、自然科学知识等内容，基础理论具有稳定的特性，是培养专业素质的前提，为适应今后应对各种挑战和解决问题提供保障。

专业基础知识属于专业知识与基础理论的中间地带，通常起着承上启下的作用，有了专业基础知识，才能进一步学习专业知识。

专业知识指的是专业需要的知识体系，知识更新速度越来越快，需要全面掌握专业知识体系，同时把握专业领域的动向，以取得专业领域方面的创新。

2. 专业能力

大学生专业能力呈现出多维性，具体包括以下几种能力。

（1）自学能力

自学能力是学习的高级阶段，在大学之前的阶段，在大多数的情况下学生的学习是在老师的指导下完成的，其自学能力尚未开发出来。在进入大学阶段，大学生的独立自主意识越来越强，故其自学能力也不断增强。大学生应当利用课余时间去拓展自我兴趣及擅长领域，阅读大量相关文献及书籍，提升他们的自学能力。

（2）分析问题、解决问题的能力

分析问题是通过大学生的知识结构和经验对问题的全面概括，并提出针对性的解决方案，促进问题的解决，大学生分析问题、解决问题的能力是大学生应当培养的基本能力，要获得这种能力的提升需要在实践中不断解决问题，积累更多的经验来实现。

（3）表达能力

表达能力包括语言表达能力、书面表达能力、图表叙述能力、数字表达能力等，大学生需要提升自我表达能力，需要将他们自己的想法及观念尽可能完美地展现给别人，并为他人所理解，因而需要练习表达能力。

（4）实际操作能力

在信息时代，需要大学生具备一定的实际操作能力，特别是计算机操作能力，现代社会的进步得益于高超的实验技术，需要大学生学习操作的知识与技能，做到手脑并用，随时将他们自己的科学思维进行转化，实现专业能力的提升。

除了以上素质之外，大学生的基本素质还包括身体素质、心理素质、信息素质、创新素质、社会素质等。

二　大学生素质教育拓展的途径

素质及素质教育的多样性决定了大学生素质教育拓展途径的多样性，高校作为培养大学生素质教育的主要基地，其拓展的途径主要包括三个方面（见图8-4）。

（一）深化高等教育改革，创新教育思想

高等教育是培养社会需要人才的主要基地，对大学生进行素质教育，需要结合时代精神，深化高等教育改革，创新教学思想，在具体的实施过程中，需要把握以下几点：

其一，明确高等教育的目标。

高校应当坚持"以人为本"的理念，制定的政策与方针是基于人

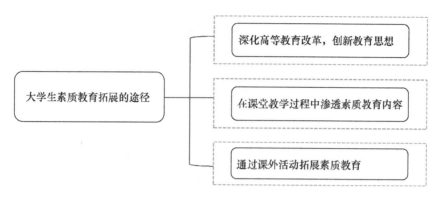

图 8-4　大学生素质教育拓展的途径

的不断延伸与拓展。一方面，人存在于特定的时代与环境之下，这使得教育目标具有强烈的时代性；另一方面，高校需要结合社会发展需求以及大学生自身发展需求，使得教育目标具有现实性。大学阶段的素质教育，首先是对中小学应试教育的突破，是一种全面发展的素质教育。当然，当前高校在制定目标的时候，也会将重点放在学习上。其次才是学习能力的培养，需要高校及时更新教育观、教学观、人才观，制定适合素质发展的目标，促进大学生素质的全面提升。

其二，进一步完善课程。

课程设置成功与否直接决定了高等教育目标实现的程度，如果课程设置合理，那么高等教育目标就能快速实现，反之，如果课程设置有问题，那么，将会影响到目标的实现。在完善课程时，从国家层面讲，高校需要遵循国家关于高等教育的相关方针与政策，从学生角度考虑，高校需要兼顾学生德、智、体、美、劳的全面发展。同时课程必须适应当代社会发展背景下科学技术的特征，课程应既体现出高度分化，又体现出高度综合，不断拓展专业领域的空间，通过加强基础学科的学习，为进一步提升学生素质奠定基础。

其三，加强大学生的主体性地位。

学生是素质教育的主体，外部环境的学习是大学生提升素质教育的一种方式，大学生自身才是决定素质教育的基础，因此，素质教育拓展的关键是需要激发学生的主观能动性，将学生的内在需求与素质提升结合在一起，逐渐将素质提升培养成学生的一种自觉行为，并且不断延续下去。

（二）在课堂教学的过程中渗透素质教育内容

高校利用课堂教学提升大学生的素质，在课堂上通过渗透素质教育的内容，实现了学科内容与素质教育内容的融合。一般来说，课堂教学的类型分为公共课、专业课、选修课、讲座。

1. 公共课

高校在语言、政治、体育等教育课程方面一般开设公共课，在这些课程的教学过程中，加入素质教育的内容，可以实现大学生素质的提升。

（1）语言公共课

一般是来说，大学外语、大学语文、计算机语言课等组成了大学语言公共课。语言是大学生素质组成的重要部分，大学生在交际过程中的思想交流、情感表达等都需要借助语言来表达，所以提升语言素质具有积极的意义。

外语是加强对外交流与合作的有力武器，当代大学生需要具备国家视野，通过外语的学习可以了解西方文化，成为具有国际视野的高级人才。

（2）政治公共课

通过学习政治理论课，开展马克思主义理论，开展爱国主义、集体主义教育，开展社会公德教育，这些理论教育同样也是大学生思想道德素质提升的主要途径。

（3）体育公共课

体育公共课的主要目的是锻炼学生的身体，提高大学生身体机能，增强其体育锻炼意识，进一步培养大学生"终身体育"的观念。通过体育公共课可以提高学生的身体素质，更好地促进其心理素质的提升，从而促进大学生身心的健康发展，而身体素质与心理素质是构成大学生基本素质的必备素质。

2. 专业课

大学生通过学习专业课内容，获得专业知识与专业技能，为之后工作提供有力保障。通过专业课渗透素质教育，一方面可以培养学生求真、求是、求实的科学态度，以及积极进取的科学精神，还能培养学生的科学道德、科学美感，促进大学生各项能力的提升。

素质教育如何渗透于专业课教学，其重点在于激发学生的学习兴趣，以及养成学生深入思考事物本质的习惯，使之找到科学的学习方法，提升学习效率。在教学中，高校专业课教师不仅要讲授专业知识，还要介绍学科的发展动向与学术动态，启发学生从中找到方向感与兴趣点，从而实现专业能力与素质的全面提升。

3. 选修课

选修课与公共课、专业课相比，其自主性强，是学生根据他们自己的兴趣爱好选择的课程，大大提升了学生的学习积极性。

在选修课中，大学生可以获得必修课没有的素质提升。如艺术类的选修课可以提升大学生的审美素质，通过音乐作品、美术作品、舞蹈艺术、电影等视觉审美，加深了对美丑、善恶、真伪的识别，学会用美的眼睛看待客观世界。

4. 讲座

讲座是对专业课、公共课、选修课的有益补充，一般来说，讲座的内容具有针对性，一般针对某一专题展开，具有内容丰富，观点超前的特点。积极参加讲座，可以优化大学生的知识结构，拓展大学生的眼界。讲座的一大优势是内容较为集中，传播方式较为直接，大学生可以通过讲座在短时间内掌握大量的知识点，且通过观点的启迪，可以拓展大学生素质的深度与广度，且讲座对大学生来说，是一种新奇的体验，得到大多数大学生的喜爱，是目前非常受欢迎的一种授课方式。

（三）通过课外活动拓展素质教育

除课堂学习外，大学生可以通过课外活动拓展素质教育。当下高校为提升大学生素质，通过入学军训、社团活动、社会实践等方式拓展素质教育。

1. 军训

高校在大学新生刚进入校园时，会开展军训活动，实践证明，大学生开展军训实践，可以有效提升大学生的整体素质。

其一，大学军训实践可以提升大学生的政治素质、思想道德素质。通过军训，大学生可以直观地感受到军队的纪律与严格，树立大学生爱党爱军的政治立场，促进大学生自觉遵守纪律，养成良好的行为习惯。大学生在军训实践期间还会学习一些军事知识，如队列、射击、战术等方面的知识与技能，增强大学生的操作能力。

其二，军训实践可以提升大学生的心理素质。军训过程是感受军队铁的纪律的过程，向大学生传达的是紧张有序的生活作风，整齐划一的内务整理，积极向上的精神面貌，这些都给大学生以正向的影响，促使大学生克服惰性，培养积极、乐观的情绪，有助于心理素质的提升。

其三，军训实践可以提高大学生的身体素质。在军训期间，大学生练习摸爬滚打，进行野外拉练、日常训练等，不仅锻炼了坚强的意志，还增强了身体素质。

其四，军训实践可以提高大学生的人际交往能力。在军训期间，学生同吃同住、同甘共苦，促进了军训友谊的培养；不同宿舍、不同班级、不同院系的大学生之间开展合作与竞争，加速了军训友谊的形成。另外，军训期间的娱乐活动，给学生提供了一个大胆展示自我的平台，进一步锻炼了大学生的交往素质。

2. 社团活动

社团活动也是高校开展素质教育的重要途径，学校社团是在高校团委、学生会指导下基于个人兴趣而自愿结合的学生群体，在这个群体当中，学生之间可以就兴趣爱好进行交流，能够促进大学生素质的提升。

其一，社团活动可以提升大学生的思想素质。

大学生参加社团活动一般基于其自身的兴趣、爱好，在社团宽松的成长环境下加强锻炼，提升其自我审美素质及思想素质，特别是一些服务性质的社团，如青年志愿者协会、红十字会等社团，大学生参与其中可以体会到助人为乐的快乐，思想上得到升华。

其二，社团活动可以提升大学生的知识素质。

大学生在参加社团时，会涉及哲学、政治、经济、历史等方面的知识，通过组织报告会、编辑报刊等实践形式，大大提升了大学生的知识水平，拓展了知识结构，同时也促进了他们组织能力、交际能力以及语言表达能力的提升。

3. 社会实践

大学生需要提前适应社会。当下社会的发展，鼓励学生走出象牙塔，将知识与应用结合起来，实现大学生综合素质的提升。有的大学生在校期间缺乏社会实践，到了工作岗位上感受到他们自己能力的不足，在承受力上也远不如社会实践经验丰富的学生。

其一，社会实践可以提升大学生的知识素质。

大学生无论学习基本知识还是专业知识，其最终的目的是用于实践活动，指导大学生实现更高的学习效率和更快的办事效率。社会实践是知识促进能力提升的过程，但在实践中，有的知识是课本上学不到的，通过实践活动，他们才能发现其自身知识的不足，才会有针对性地学习相关领域的知识，在强化理论知识的同时进一步提升知识素质。

其二，社会实践可以提升大学生的政治素质。

《中共中央关于加强社会主义精神文明建设若干重要问题的决议》提出："积极组织学生参加生产劳动和社会实践，帮助他们认识社会、了解国情，增强建设祖国、振兴中华的责任感。"大学生虽然身处和平年代，但应当通过锻炼他们的社会实践能力，促进大学生整体政治素质的提升，为建设社会主义现代化，实现中华民族伟大复兴做贡献。

其三，社会实践可以提升大学生的心理素质。

大学生处在一个特殊的时期，在心理上表现为积极主动、意气风发，然而，在社会实践中常常事与愿违，在一定程度上给大学生以挫败感。加强社会实践活动，可以促使大学生总结失败的教训，很好地锻炼他们的心理承受能力，促进其心理素质的提升。

第九章　大学生健康教育建议

第一节　大学生自我教育

　　教育从对象上可以分为集体教育与个人教育，个人教育中自我教育是主要的方式。自我教育指的是主体自我按照社会要求，对客体自我施教的过程，是自我调控的高级阶段。与自我教育相关的是自我调控，两者的区别在于，自我调控强调克制，自我教育强调自我设计、自我提升与自我完善。自我教育是现实自我不断接近理想自我的过程。

一　自我教育的内容

　　自我教育包括四个方面的内容（见图9-1）。

　　（一）正确认识自我

　　即对自我做出客观的、真实的评价，在评价时既不高估自己，也不过分贬低自我。认识自我包括两方面的内容，一方面需要认识自己的生理特点和心理特点，清楚自己的身体状况，认识自己的理想、价值观、能力、性格等；另一方面需要认识自己的优势、劣势、潜力等。

　　大学生提升认识自我的能力，可以从以下途径入手。

　　1. 通过他人评价认识自我

　　人的社会属性决定了人不可能脱离集体而独自存在。大学生有着

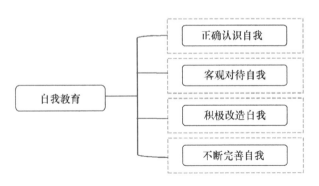

图 9 - 1 　自我教育的四个方面

独特的个性，部分大学生不在乎身边人对他们自己的看法，面对他人的评价，大学生常常会产生截然不同的反应，有些大学生能积极接受别人的看法，有的大学生则认为别人的评价不符合他们自己的实际，因此对之不屑一顾。此时，大学生需要以谦虚的姿态，在充分结合其自身实际的前提下，认真看待他人的评价，以"有则改之无则加勉"的态度认识自我。

同学间的互相评价以及教师的评价都是提升他们自我认识的手段，在听取他人评价时，应当注意：

（1）注意全面性、准确性评价，不能盲目全盘接受，也不能全盘否定。

（2）注重关系密切朋友的评价。

（3）注意人数众多、异口同声的评价。

（4）考虑评价者所持的观点与态度。

在对以上方面经过认真考虑分析之后，从他人评价中认识自己，形成对自我的正确认识。

2. 通过与他人比较认识自我

社会比较理论认为，当自己对自我行为与周围条件相似的人对自己的评价相似，如表现出自我认识与他人预期的一致时，则可以加强自我评价的信心。人类普遍存在着通过与别人的比较来衡量他们自己的心理倾向，大学生在与他人进行比较时，需要学会欣赏他人，善于从他人身上看到优点。同时，大学生还要透过他人来反观他们自己身上的缺点，积极改进，通过自我调整与改进，提升自我认识。

3. 通过自我评价认识自我

个体活动的成果与个体的个性特征有着密切的关系，大学生通过有意识地反省自身，就可以客观地认识自我的优点和劣势，形成对自我的全面认识。客观是自我评价的关键，有的大学生表现出信心不足或者过分自信，都是脱离了客观认识，因此，大学生需要克服心理障碍，全面、细致地分析自我行为，方可正确地认识自我。

4. 借助现代测试认识自我

当前，大学生还可以通过各种测试来认识自我，包括一些心理测试、量表、仪器等，测试的范围包括心理测试与生理测试。心理测试包括问卷测评、心理咨询、场景测验等，通过心理测试可以了解心理各个方面的内容，包括智力、性格、气质、社会适应力等；生理测试是通过一些仪器测量了解自我的身体素质、外貌特征、体形等，当代大学生有的对其外表表现出更高的期望，由于不满意他们自己的长相或身材，而产生整容、抽脂等想法和做法，这些都不利于大学生的生理健康，是没有正确的自我认识的表现。

（二）客观对待自我

中国古代的“人无完人”，解释了人都有缺点、不足，需要客观地看待自我缺点，客观地对待自我。客观地对待自我分为接纳自我与控制自我两个方面。

1. 接纳自我

接纳自我指客观认可、肯定自我真实面目，正视自己，包括肯定自己以及正确地看待缺陷。正视自我、悦纳自我的方法有六种（见表9-1）。

在接纳自我中正视自己的缺陷是重点。每个人都有其自己的性格缺陷，无论是与生俱来的，还是后天形成的，有的无法补救或者只能有限度地改进，此时，就需要坦然地接受不完美的自我，从容而镇定。有的人过分注重其自身的不足，常常会夸大自身的缺点，久而久之就会产生自卑，不利于自我发展。大学生应当对自我充满信心，并朝着积极的方向努力。

表 9 - 1　　　　　　　　　正视自我、悦纳自我的方法

序号	方法	具体做法
方法一	列出自己已经取得的成绩	列出 10—15 项你现在或过去在学习、工作中取得的，能常给你满足感的成绩。对每一项成果都要尽可能具体地加以描述，如果可能的话，最好将成果量化（如学期内读了多少本好书、记住了多少个英语单词等）
方法二	勇敢地表现自我	如果班集体中有适当的活动，你就要积极地参加，让自己的能力表现出来，从而达到肯定自己的目的
方法三	通过总结比较	通过对学习生活的总结和比较，会增强对自己的一些认识，列举你增强的能力，如说服力、组织能力、创新能力等，分别用事实说明
方法四	恰当地形容自我	比如，目标远大、善于合作、具有团队精神、注重细节或感知敏锐等，分别用具体事实加以说明
方法五	使用镜子技巧	在镜子面前保持立正姿势，大声说出你想达到的目标，然后在镜面上写下表达愿望的关键词，反复练习
方法六	言语表达自我	当你做了一件你认为有用的事情却被别人否定时，特别需要你对你自己行为的合理度有个清楚的认识和判断，你才不会在意别人怎么想、怎么看、怎么说，从而坚定不移地相信自己

2. 控制自我

由于人具有主观能动性，除了接受不能改变的事实外，还可以改变可改变的事实，这就是控制自我，控制自我是完善自我的根本途径。大学生应当从客观出发，确定合适的理想抱负，将远大的理想分解成一个个可及的目标，再为之逐步奋斗。控制自我还要求大学生具备坚持和毅力，具备较强的抗挫性与忍耐力，为实现目标而不断进

步。大学生只有对他们自己的能力持客观、公正的态度，才能全面认识他们自己的优势与不足，善于趋利避害，积极实践，获得全面的自我认识。

（三）积极改造自我

当前社会发展速度较快，大学生要适应不断变化的环境，需要积极改造他们自己，朝着与时代同频的方向发展，大学生改造自我的本质是其自我意识走向统一的过程，在改造自我之前需要确定改造的内容，并根据内容确定改造的方法及步骤，之后需要克服心理障碍，完成对自我的改造。改造并非一蹴而就，也非一劳永逸，需要随时随地纠正自我的不足。

大学生在改造自我的过程中，会有各种各样来自外界的诱惑，如果意识不坚定，很可能会半途而废。大学校园环境随着社会的发展，其物质、信息资源越来越丰富，大学生处于信息化时代，长于互联网环境下，因此各种各样的思想、价值观充斥于大学生群体之中，此时需要其坚定信念，自觉抵制不良思想的侵蚀，积极改造自我。

（四）不断完善自我

1. 树立理想自我

理想自我是在客观认识自我、自我认可的基础上确立的，它是按照社会需求以及个人的追求确立的关于自我发展的目标。在大学阶段，需要处理环境、人际关系、学业、就业准备等问题，这些都是大学生普遍面临的问题，作为大学生个体需要正视这些问题，并树立基于其自身实际发展的选择，这一选择过程是大学生走向理想自我的基础，是大学生发展自我的最终目标。

2. 提升现实自我

有了理想自我的支撑，大学生需要结合现实状况不断奋斗，这是一个漫长的过程，需要不懈努力才能达到目标，大学生需要制定完善的自我控制机制，包括制订计划、实施监督、自我协调等环节，在实施中需要配合意志、情感、反思等，实现自我的提升。

3. 实现理想自我与现实自我的统一

理想自我需要不断反复分析与确认，与现实自我相比较，缓解二者之间的矛盾，缩小它们之间的差距。大学生理想自我与现实自我的统一展现在自我价值与社会价值的统一上，只有不断缩小二者的差距，才能走向完善的自我。

大学生需要加强自我教育，这是大学生健康教育的一部分，可有效提升大学生自我意识的发展。大学生是未来社会主义建设的接班人，要想成为社会需要的人才，就要将需求转化为内在的自我要求，不断开展自我教育，提升其自身的各项素质，使其自身发展成为一个身心健康的现代化人才。

二　大学生自我教育的途径及方法

在人的自主调控系统中，自我意识处于核心的地位，成熟的自我意识促进大学生朝着正确的方向发展。一般来说，大学生拥有什么样的自我意识，就有什么样的人生发展。如果一个大学生认为他自己是一个对社会有用，且能为社会做出贡献的人，那么他就会与周围的环境形成良好的互动，在互动过程中形成成就感、荣誉感、自尊感、责任感，并能为了自我的崇高目标而奋斗。反之，如果大学生认为他们自己一事无成，也没有树立远大的抱负，就不会为社会做出特别的贡献。成熟的自我表现为能客观地认识自我，清楚自我真实的想法，能正确认识自己在集体及社会中所扮演的角色。

培养自我意识，开展自我教育具有积极的意义，可以通过以下途径来实现。

（一）坚持个人价值观与集体价值观相一致

集体价值观直接影响着大学生自我完善的程度和自我意识的培养。集体价值观的水平从高到低大致可分为三个水平（见图9-2）。

要进一步确定集体价值观，自觉为集体目标而努力，可以从以下两个途径入手。

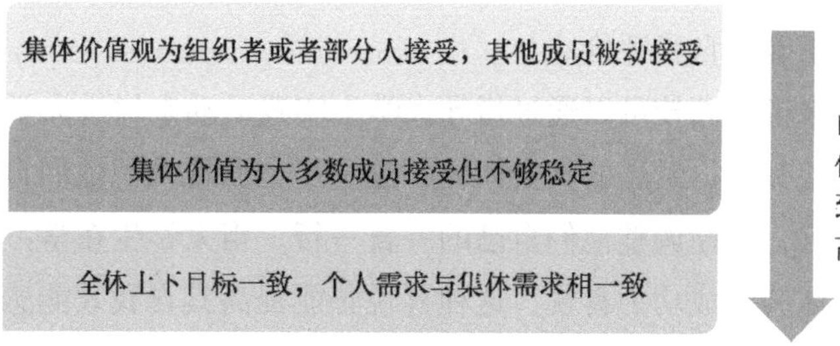

图 9 - 2　集体价值观的三个水平

其一，目标具体化。集体目标往往具有抽象性和长期性，成员容易忽略其存在，为了初级集体价值观目标的具体化，需要全面部署，细化目标，确保成员对目标的深刻认识。还要结合成员的特点，将目标具体化，使得目标具备可操作性。

其二，拓展集体活动的内容与形式。集体活动是大学生深入了解集体的主要措施，集体活动是最直接的教育性活动，也是集体活动内容与形式的创新途径。在集体活动开展时，教师需要做好学生工作，引导大学生认识大学期间个人及集体的目标，进一步认清个人与集体的关系。通过开展郊游、参观、联谊、公益性活动等，增进学生之间的关系，增强学生的凝聚力。

（二）通过科学方法促进大学生自我意识的形成

1. 改变传统的教育手段

要促成大学生自我意识的形成，需要改变形式化的教育手段，避免枯燥乏味的说教。大学生尚处于其自我意识未完全定型的阶段，说教式的教育手段容易引起大学生情绪上的反感，甚至厌恶。因此说教不仅不能达到预期的教育结果，不能正确地引导学生客观地评价他们自己，还会导致学生口是心非，导致其言行的不一致。

2. 促进情感共鸣

高校应当采取适合大学生心理发育特征的方法，加强大学生自我意识的培养，这样才能促进大学生正确地审视自己、评价他们自己、调整他们自己。如果教学方法难以引起大学生的情感共鸣，则很难使学生形成正确的自我评价。

一般来说，高校可以通过指导大学生实践活动来增进大学生的自我认识，使其获得情感的真实体验，进一步全面地认识他们自己、修正他们自己，不断调整他们自己的一言一行。当大学生在学习中取得进步就会体验到成功的喜悦，这种喜悦感能提高其自我效能感，进一步增强他们学习的信心。所以高校应当积极引导大学生开展社会实践活动，通过实践彰显大学生的知识与能力，当他们遇到挫折时，就要鼓励他们正确看待挫折，提升其抗挫能力。

3. 发挥榜样作用

高校应当发挥榜样作用，激发学生的自我意识。通过榜样的力量，可以学习榜样在面对困难时的心态及方法，通过自我调整来克服大学生的心理障碍，最终引导大学生形成正确的自我评价。树立榜样的最终目的是将对榜样的认识转化为大学生自身的认识，将榜样的优秀品质转化为大学生自我的优秀品质，进一步实现自我意识的塑造。

榜样通常分为三种类型，大学生可以根据他们自己的喜好，选择适合学习的榜样（见图9-3）。

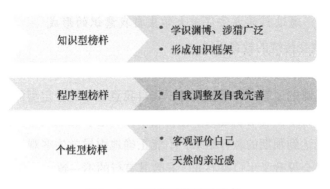

图9-3　三种类型榜样及特点

知识型榜样。这类榜样表现出学识渊博、涉猎广泛的特征。知识型榜样具备客观的自我认识以及正确的自我观念，可以促进大学生认真学习各类知识，最终实现知识框架的形成，并指导实践。

程序型榜样。其独特之处在于自我调整及自我完善，大学生需要从这类榜样身上学到自我调整及自我完善的能力。

个性型榜样。指的是与大学生具备相似的个性特征，能客观评价他们自己，根据变化调整其自我行为的一类榜样。具有相似个性的大学生对个性型榜样有着天然的亲近感，其言行、程序能为仿效者所接受，大学生可以将个性型榜样的经验直接吸收，作为其自我发展的参照，直接为我所用，获得在短时间内的提升。

与中学生相比，大学生受榜样的影响偏于理智，对于榜样不会刻板模仿，而是挖掘榜样身上的普遍意义加以学习。高校在塑造榜样时，需要抓住时代的特点进行塑造，不同时代会产生不同的榜样，一些永恒的榜样诸如对人类社会发展起着推动作用的思想家、理论家、科学家、教育家、革命家等都是大学生应当学习的时代榜样，值得大学生效仿和超越。

第二节　高校辅导员关于大学生健康教育的建议

一　高校辅导员指导大学生思想政治教育的建议

高校辅导员指导大学生思想政治教育需要加强三个方面的教育（见图 9 - 4）。

（一）加强爱国主义教育

1. 培养爱国主义情感

爱国主义情感是大学生对祖国的一种直观感受以及情感体验，爱国主义情感是爱国主义教育的基础，高校辅导员要培养学生的爱国主义情感，需要从以下方面出发。

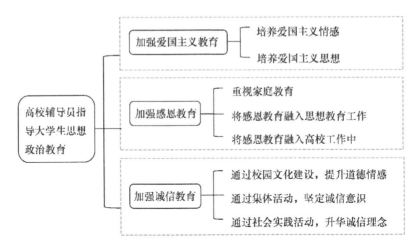

图9-4 高校辅导员指导大学生思想政治教育框架

（1）创造浓郁的爱国主义氛围

大学生活呈现出集体性特征，所以爱国主义氛围的营造需要体现在学校的日常生活中。苏霍姆林斯基说过，"努力使学校的墙壁也会说话"，体现了校园环境对学生影响的意义。高校辅导员应当充分利用学校的资源开展爱国主义氛围的渲染，例如，可以在学校的宣传栏里张贴爱国主义画报；在校报上开设爱国主义专栏，讲述革命前辈动人的事迹；在走廊或者教室悬挂名人的诗词、格言。

现代媒体技术的发展使得互联网成为营造爱国主义氛围的主要手段，高校辅导员可以在微信群或QQ群里发布一些爱国主义的典型事迹，与当代大学生密切相关的人和事，更能引起学生的共鸣。高校辅导员还应当与节日、纪念日结合起来，在七一、八一等节日进行大力宣传，创造浓郁的爱国主义氛围。

（2）学习必要的礼仪

国旗、国歌、国徽是国家的象征，具有神圣、不可侵犯的特征。高校按照《中华人民共和国国旗法》，悬挂国旗，在每周一早晨、开学典礼、毕业典礼上都要举行庄严的升旗仪式，在升旗时要齐唱国歌。高校辅导员应当加强升旗礼仪的规范，培养对国旗、国歌、国徽的礼仪。

大学生在升旗过程中，会产生民族自豪感与民族自信心，有利于大学生爱国主义情感的培养。

（3）组织爱国主义教育活动

高校辅导员可以利用一些法定节假日，如传统节日、纪念日等开展爱国主义教育活动。活动策划需要结合大学生的身心发展特征，结合大学生日常喜闻乐见的项目，这样有助于提升大学生的实践积极性，促进大学生积极参与其中，并能感受爱国主义教育活动。

常见的活动有：

①大学生爱国主义诗词朗诵、歌咏比赛。

②主题班会、知识竞赛。

③到市内的博物馆、纪念馆等地参观。

尤其是在组织参观活动时，要将爱国主义教育渗透其中，一边讲解，一边参观，不仅积累了实践经验，还培养了爱国主义情感。

（4）树立榜样，积极示范

大学生容易受周围人的影响，且大学生存在相互模仿、相互影响的现象，所以高校辅导应当在大学生中树立榜样，发挥榜样的示范作用。另外，中国涌现出无数的革命先烈，他们为了信念和人民的解放不惜牺牲生命，这些革命先烈值得歌颂，学校应当积极宣传革命先烈、杰出人物等，配合其感人事迹进行教育。

2. 培养爱国主义思想

爱国主义思想是对爱国主义认识达到一定程度后，上升为思想层面的对祖国的理性认识，爱国主义情感是爱国主义思想的基础，爱国主义思想是爱国主义的灵魂，因此高校辅导员应当利用一切资源培养爱国主义思想。

（1）开发课程教学资源

爱国主义思想培养的主阵地依然是课堂，通过在课堂上学习马克思主义理论课、思想品德课等常规的课程来加强爱国主义思想的形成。课堂教学的主要内容有马克思主义原理、中国近现代史纲要、毛泽东思想、邓小平理论以及习近平新时代中国特色社会主义思想等，通过思想政治教育，帮助他们掌握理论，掌握马克思主义的基本观点、方法等，引导广大大学生结合中国历史，树立爱国主义思想，坚定社会主义信念。

（2）将专题讲座、视频等作为辅导手段

高校辅导员还应当利用校园、社会资源要求学院教师或社会知名学者开展讲座，这样可以拓展大学生的视野，特别是一些爱国主义事迹相关的讲座，可以促进大学生对历史、政治的喜爱，帮助他们培养爱国主义情怀。

视频教学是课堂教学的有效补充，学生通过观看视频，完成知识的学习，通过观看视频，增加对爱国主义的认识。从视频的内容来看，大致可分为以下几种：

法律方面——《中华人民共和国国防教育法》《中华人民共和国国旗法》《反分裂国家法》《中华人民共和国国徽法》等。

地理方面——《中国的河流与湖泊》《话说长江》等。

历史方面——《南京大屠杀》《1921》《火烧圆明园》《大国的崛起》等。

文化方面——《国宝档案》《文化讲座》等。

新闻方面——《新闻联播》《焦点访谈》等。

（3）在社会实践中凸显爱国主义

高校辅导员可以利用节假日组织社会实践活动，在活动中贯穿爱国主义主题教育。在社会实践时，需要把握以下三点：

其一，注重学生深层次的爱国主义思想的培养，在活动中突出爱国主义教育，在实践中对大学生进行坚定社会主义、坚定共产党领导的教育。

其二，有些学生缺乏社会责任感，觉得凡事与己无关，高校辅导员要引导学生通过实践了解国情、民情、乡情，激发其社会责任感，进一步增强其历史使命感。

其三，大学生生于、长于和平年代，对工农缺乏深刻的认识，因而缺乏对工农群众的亲近感。通过实践活动，大学生可以接触到广大工农群众，开展工农结合教育。此外，高校学生在面临毕业时，也可以通过见习、实习、毕业设计等实际工作感受到社会主义现代化建设的大好形势。这样可以激发大学生认识参与活动，通过自我约束、自我提升，加深爱国主义教育。

（二）加强感恩教育

感恩教育是大学生成才的基本前提，感恩教育能有效促进大学生身心的健康发展，对大学生的可持续发展有着积极的意义。著名的法国教育家卢梭曾说："一个不懂得感动、感恩的人，就是一个最无知、最失败的人，也是最不值得别人尊重的人。"大学生在成长过程中，有国家关爱、学校关爱、父母关爱、教师关爱，朋友关爱、同学关爱等，这些因素都进一步促进了大学生的身心发展，高校辅导员需要加强感恩教育，引导学生学会感恩，同时用行为回馈感恩。

加强感恩教育，主张通过家园共育来提升大学生的感恩意识。

1. 重视家庭教育

家庭是人来到世上的第一所学校，父母则是孩子的第一任老师，父母的一言一行都会影响孩子，对其将来的发展有着较为深远的影响。父母应当从小培养孩子的感恩意识。对于大学生来说，他们已经具备身心发展的良好素质，此时家长引导学生珍惜父母的劳动成果，认识到学习机会的珍贵，引导大学生好好学习，将来成为社会需要的合格人才。

2. 将感恩教育融入思想教育工作

当下，我国思想教育工作中的主要内容就是感恩教育。感恩并非与生俱来，还需要教育的不断点拨和引导，通过教育，引导大学生发现生活中的美好，引导大学生用感恩的眼光看待周围发生的事，逐渐形成感恩的心与感恩的品德。

3. 将感恩教育融入高校工作中

感恩有着非凡的意义，对社会、民族的发展非常重要，感恩是良知的深情呼唤。高校应当开展感恩教育，培养大学生的感恩意识，呼唤感恩的回归。大学生的感恩教育需要大学生懂得感恩，学会知恩图报，这能有效促进大学生与老师、学生的关系。高校的感恩教育涉及的内容包括以下几方面。

（1）启发学生的感恩意识

大学生在成长与成才过程中所获得的一切关怀，都需要视为"恩情"，学会珍惜现在，学会感恩。高校督导员应当引导学生发现生活中的关怀呵护，使其心存感恩，通过具体行动来回馈，以此培养学生的感恩意识。

（2）挖掘传统感恩文化

古语有"投之以桃，报之以李""滴水之恩，当涌泉相报"等，可以说感恩、知恩、报恩是中华民族的传统美德，当代大学生需要继承中华民族的传统美德，进一步提高思想道德认识，懂得以恩报恩，以德报德。通过传统感恩文化的挖掘，指导大学生在生活与学习中与人为善，践行感恩文化，实现大学生素质的提升。

（3）采取多种形式的感恩教育，寓教于乐

除了课堂感恩教育之外，高校辅导员还可以通过不同形式扩大感恩教育的影响，可以挖掘以感恩为主题的音乐或电影素材等艺术形式来开展感恩教育，这些艺术形式都是大学生喜爱的形式。高校辅导员可以利用特别的节日或课余团体活动，组织大学生学习感恩歌曲并唱给身边的人听，或举行才艺表演，也可利用课余时间观看感恩素材的电影，获得深层次的感恩认同。

报恩的形式多种多样，但感恩的实质就是引导大学生珍惜当下的幸福生活，不抱怨、不消极，积极做好他们自己，再通过行动去帮助更多的人，回馈更多的人。

（4）通过实践活动开展感恩教育

高校辅导员可以组织一系列感恩实践活动，促进感恩教育的发展。常见的感恩教育实践活动如感恩父母的"三个一"活动——算一笔感恩账，写一封感谢信、替父母做一次家务。引导大学生体会父母的辛苦与不易，努力学习，不荒废光阴。

感恩教育并非一日之功，而是一个漫长的过程，需要学校、家庭、社会三者互相配合，共同推动感恩教育的开展。

（三）加强诚信教育

诚信是做人的根本，大学生应当加强诚信教育。诚实守信，重在实践，贵在养成。诚信需要长期的教育及实践逐渐形成，高校辅导员应当引导大学生开展各种形式的实践活动，从中认识到诚信在社会中的地位，深刻体会诚信对于人的发展的意义。进一步引导大学生养成诚信意识，并上升为诚信理念，通过诚信理念指导诚信行为，不仅渗透于校园生活与学习的点点滴滴中，也渗透于社会实践的方方面面，从点滴做起，为大学生良好形象的塑造提供支持。高校辅导员诚信教育，可以从以下几个方面切入。

1. 通过校园文化建设，提升大学生的道德情感

大学生正处于意气风发的阶段，表现为朝气蓬勃、精力旺盛、敢于创新，在课余时间，倾向于参加学术及文体活动以拓宽视野，增加知识以及陶冶情操。因此高校辅导员应当充分利用这一点创造条件，提升大学生的道德情感。高校校园文化建设就是一个有效途径，校园文化呈现出多样化的特点，满足大学生多样化的需求，同时校园文化在信息上呈现出多渠道的接收方式，也极大地满足了大学生的好奇心。在校园文化建设中，注重正向精神及文化的影响，自觉抵御一些不良文化及思想的侵蚀，保证大学生的思想健康。

2. 通过集体活动，坚定大学生的诚信意识

集体主义是社会主义道德的基本原则，也是培养诚信的必由之路。诚信意识只能在集体活动实践的基础上才能实现。大学生应当利

用集体活动，在宿舍、班级、社团、社会实践中保持诚信，做到"言必信，行必果"，诚信意识的培养有利于大学生学会主动关心、爱护集体中的人，并形成集体主义精神，进而营造良好、诚信的集体环境。

3. 通过社会实践活动，升华诚信理念

衡量大学生的综合素质，一方面看大学生的知识储备及能力，另一方面看大学生是否诚信。社会上经常出现一些违背诚信的事情，但大学生需要自觉抵制不诚信行为，坚持诚实守信，这样才能升华诚信理念，成为社会需要的合格人才。

二　高校辅导员指导大学生心理健康教育的建议

在当今时代，随着信息的增多以及不良的生活方式，导致大学生产生心理问题及思想问题，高校辅导员对大学生的心理健康教育具有积极的引导作用，当下大多数高校辅导员虽然不是专业的心理辅导师，却是大学生的主要心理辅导者，对大学生的心理健康发展具有积极的作用。

（一）高校辅导员在心理健康教育中的角色定位

1. 学生错误认知的辅导者

大学生的许多心理健康问题源于其错误的认知，所以高校辅导员要解决心理健康问题，需要针对错误的认知进行疏导，而不是改变已经发生的事件。在疏导时，高校辅导员可以利用对质、总结、自我揭露等方式，来引导学生反思整个事件的行为，检讨其思考问题的方式，最终形成符合逻辑发展规律的思维方式。

2. 学生困惑的倾听者

辅导员队伍多是刚毕业的大学生或者研究生，他们是高校教师队伍中的年轻群体，因此高校辅导员与学生之间能形成较为亲密的关系，这正是高校辅导员的一大优势。高校辅导员可以利用这一优势，亲近学生，做学生的知心朋友，这是作为倾听者的基础，也是从事心理健康教育工作的关键。一方面，倾听有利于高校辅导员对学生心理及思想的全面把握，可以掌握更多的细节，找到大学生心理问题的成因，从而找到解决问题的方法；另一方面，高校辅导员通过倾听，可以使大学生感受到被重视、被尊重、被理解，有利于大学生亲近辅导员，进一步敞开心扉，达到解决其心理问题的目的。

3. 学生心理状况的情报者

大学生产生心理问题如不能及时干预，会进一步恶化为心理危机，心理干预与信息交流有密切的关系。信息交流是保持信息流畅的手段，高校辅导员应当加强对大学生的基本信息及心理状态信息的采集，了解、发现、反映大学生真实的心理状态。高校辅导员具有资源优势，主要表现如下。

（1）高校辅导员的工作性质决定了高校辅导员需要为每个学生建立档案，档案的内容包括学生的基本情况、学习、品德、表现、兴趣、爱好、家庭状况等信息，这些对全面了解大学生的心理状态有积极的意义。

（2）高校辅导员还要推进大学生的心理健康测试、建档工作等，这些为高校辅导员了解大学生的心理状态提供了条件。

（3）高校辅导员还可以通过学生干部来了解学生的基本情况，掌握其心理特征。

高校可以通过辅导员提供的关于学生的信息及心理状态做出决策，以个别问题严重学生的信息作为及时鉴别并干预的参考内容，可以有效避免突发事件的发生，维持校园稳定。

4. 学生情绪的疏导者

情绪疏导对解决大学生心理问题具有积极的意义，大学生在出现心理问题之后，常常会沉浸在其自我情绪中难以自拔，更不能客观、全面地分析问题。高校辅导员可以根据大学生的情绪状态，通过询问、鼓励、感同身受的表达、正面回应等方法，使大学生放下芥蒂，表达出被压抑的情绪，这样对大学生的心理问题的解决大有裨益。

5. 学生心理危机的干预者

高校辅导员在平时的大学生管理中，要注意搜集学生的心理状态相关信息，建立大学生心理档案，对大学生的心理状态进行实时监控，做好大学生心理问题的预警。对于一些突发事件，如在大学生出现自杀倾向时，高校辅导员可以直接采取干预行动，及时制止大学生的危险行为，并尽快联系专业的心理咨询师或将其转移到心理卫生机构进行治疗。

6. 学生心理问题的沟通者

从岗位职责来看，高校辅导员是沟通家庭、学校、学生的桥梁，当大学生出现心理问题时，需要辅导员老师践行沟通者的角色。首先，通过与学生的沟通，高校辅导员可以了解大学生的心理情况、存在的问题等。其次，通过与学生父母沟通，了解大学生原生家庭的相关情况，便于正确地分析问题。再次，高校辅导员应当将收集起来的问题及时向学校领导汇报，根据上层决策进行针对性的行动，加强对学生的辅导及干预。最后，对有些存在严重心理问题的学生，高校辅导员应当建议其尽快求助专业的心理咨询师或前往心理卫生机构进行治疗，同时，辅导员应当如实向心理咨询师反映学生的表现，这样可以有效避免心理问题严重的大学生出现失控局面，有效避免严重后果的发生。

7. 学生自我教育能力的开发者

高校辅导员应当引导大学生培养自我教育的能力，自我教育的过程是大学生各项素质，包括生理、心理、社会文化素质等全面发展过程，是大学生积极发展的结果。高校辅导员应当在平时开设心理健康教育活动，开展心理健康知识的普及、促进学生认识他们自己、教育他们自己，促进他们自己的快速成长。在这一过程中，高校辅导员需要扮演好学生自我教育能力的开发者角色，帮助大学生形成正确的自我教育理念，促进其自我教育能力的提升。

（二）高校辅导员的心理健康教育建议

1. 加强心理健康教育的培训

就高校辅导员自身来说，要想做好大学生心理健康教育工作，首先需要加强心理健康教育的培训。虽然一些高校辅导员是从师范学校毕业的，但仍对心理健康相关知识了解不够，在从事高校辅导员工作后，还需要进行专业的培训与学习，提高心理健康教育技能。

高校辅导员通过心理健康教育的培训，基本上可以掌握心理健康咨询的一些常用方法与技巧，在遇到一般普遍性问题时能够及时解决，大大提升其个人的工作能力。在生活中，高校辅导员要定期与学生谈心，能够掌握每一个学生的心理状况，同时还要加强与学校心理咨询基地的联系，定期归纳总结问题，请教处理方法与技巧，沟通交流一些大学生的心理问题，共同推进学校心理健康教育师资队伍建设。

2. 加强对学生动态的关注

大学生作为年轻一代，表现为对所接触新鲜事物的积极性，而且信息收集能力较强，所以高校辅导员应当充分利用大学生的这一点开展心理健康教育工作。例如，通过微信、QQ、微博、贴吧等加强与大学生的互动，互动的内容可以通过新近发生的热点来交流，拉近与学生的关系。同时也可以观察大学生的动态，及时掌握大学生的心理状态。大学生要独自面对学业、就业、失恋等问题，辅导员需要在特殊阶段加强与学生的沟通，利用心理健康教育知识，帮助他们及早走出心理压抑期。

3. 引导大学生拓展心理世界

大学生要拓展心理世界，需要外界的支持，但最根本的因素还在于大学生的自我建设。高校辅导员需要发现大学生的长处，创造更多的机会促进大学生的全面发展。大学生可以通过成功获得自信，进一步促进心理健康建设，在面对挫折时，不气馁、不放弃，且越挫越勇，成长为社会需要的中坚力量。

第三节　中国梦语境下大学生
健康教育发展展望

一　中国梦概述

中国梦是基于党的正确领导和建设中国特色社会主义的成功实践，是中国人民继往开来，共同追求的最终目标，中国梦是基于中华民族深厚的文化根基建立起来的由传统向现代蜕变的现代梦，是追求国家富强、人民富裕的民族梦、国家梦，是个体实现全面、自由发展的个人梦。

归根结底，中国梦的本质可以概括为国家富强之梦、民族振兴之梦、人民幸福之梦（见图9-5）。

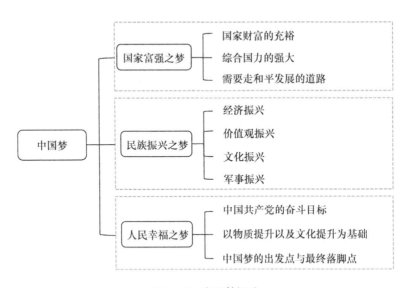

图9-5　中国梦概述

（一）国家富强之梦

国家富强指的是国家在政治、经济、文化、军事、外交等方面的强大，尤其是在对外交往过程中掌握主动权，避免被动。

1. 国家富强展现出国家财富的充裕

中国以稳定、踏实的态度实现着国家财富的积累。在中华人民共和国成立之时，我国的经济发展水平低下，全国人民全力恢复国民经济，促进生产力发展，使得我国经济发展迅速。"以经济建设为中心""发展才是硬道理"的发展理念，指引着中国经济走向高效、快速发展的道路。

2. 国家富强显示出综合国力的强大

当今世界各国的竞争，已经从单纯的经济竞争转向综合国力的竞争，综合国力涵盖多方面的内容，除了主要的经济发展以外，还包括政治、经济、军事、文化、精神、科技等，这些内容加起来组成国家的综合实力。综合实力直接决定着国家的发展程度，决定着满足人民大众需求的能力以及在国际上的地位及所起的作用。国家富强是民族复兴的重要标志，国家富强有助于推动世界的和平发展，使中华民族屹立于世界先进民族之林，影响更多的民族。

中国梦的确立是以追求国家富强为基础和目标的，每个国家的目标都相似，都是为了实现民族独立，只是各国实现目标的途径有所差别而已。

3. 国家富强需要走和平发展的道路

中国谋求国家发展，民族独立并不等同于强权、霸权，而是抱着与其他国家和谐共生、共同发展的发展理念，中国梦所寻求的国家富强，与西方发达国家的殖民扩张与掠夺有着本质的差别，中国人民向来爱好和平，珍惜和平，为维持稳定的发展环境而努力。

国家富强需要走和平发展的道路，这基于两个方面的原因：

一方面，中国的富强需要稳定、和平的外部环境，习近平总书记在十八届中央政治局第三次集体学习时说道：

中华民族是爱好和平的民族。消除战争，实现和平，是近代以后中国人民最迫切、最深厚的愿望。走和平发展道路，是中华民族优秀传统文化的传承与发展，也是中国人民从近代以后苦难遭遇中得出的必然结论。中国人民对战争带来的苦难有着刻骨铭心的记忆，对和平有着孜孜不倦的追求，十分珍惜和平安定的生活。中国人民怕的就是动荡，求的就是稳定，盼的就是天下太平。①

所以，从中国近代的发展历史来看，中华民族渴望和平，并且一直践行着和平共处五项基本原则，始终是维护世界和平的坚定力量。

另一方面，中国的富强有助于维持世界的和平。中国自改革开放以来，经济取得了巨大的发展，人民的生活质量显著提升，不仅对中国利好，同时也推动了世界的和平发展。中国国力的上升使得中国承担起更大的责任和更多的义务，为人类的和平与发展崇高事业做出了更大的贡献。国际上曾流传"中国威胁论"，习近平总书记就该问题在接受金砖国家媒体联合采访时强调："中国已经多次向世界庄严承诺，中国将坚定不移地走和平发展道路，永远不称霸，永远不扩张。"② 因此，中国的富强将为世界的和平稳定贡献力量，中国的发展不是建立在掠夺的基础上，而是本着和谐发展、共享繁荣的理念，维持世界环境的稳定与发展。

（二）民族振兴之梦

中国近代的历史教训告诉我们，民族振兴是中国发展的前提和基础，同样也是中国未来发展的必然要求，没有民族振兴，也就无所谓社会发展。中华民族伟大复兴的前提是实现社会主义现代化，这里涵盖着社会发展的方方面面，这些领域的现代化促进了民族的振兴。

民族振兴包括经济振兴、价值观振兴、文化振兴、军事振兴等。

---

① 习近平：《习近平谈治国理政》，外文出版社 2014 年版，第 333 页。
② 《不忘初心：坚守中国共产党人的精神家园》，人民出版社 2016 年版，第 117 页。

1. 经济振兴

要实现民族振兴，最根本的途径是实现经济振兴。中华人民共和国成立之后，通过解放生产力、发展生产力，大力发展经济；改革开放以开放、发展的理念使得经济建设成为社会主义建设的中心，实现了经济的振兴。

2. 价值观振兴

党的十八大提出了社会主义核心价值观，即富强、民主、文明、和谐，自由、平等、公正、法制，爱国、敬业、诚信、友善。这是新时代的价值观，是民族振兴的方向与动力。

从国家层面来看，"富强、民主、文明、和谐"是社会主义现代化建设的总目标，在社会主义核心价值观体系中居于最高地位。

从社会层面来看，"自由、平等、公正、法制"，是社会发展要实现的目标，它反映了社会主义的本质。

从个人层面来看，"爱国、敬业、诚信、友善"，是对个人基本道德的规范，涵盖了多个方面，是评价公民道德行为的参考标准。

社会主义核心价值观提出的背景，一方面，在全球化过程中，价值观之间的较量越来越明显；另一方面，随着改革开放的不断深化，国人的思想意识呈现出多元化的发展倾向，亟待有一个明确的价值观给予指导。基于以上两个方面的内容，社会主义核心价值观是对民族振兴的有力支持，促进民族在价值观上的统一。

3. 文化振兴

当前世界各国除了经济较量、军事较量外，还拓展到文化较量上，文化被看作软实力加以大力宣扬，有些西方国家通过文化植入其他国家的思想意识，展开文化侵略。中国要实现民族振兴，文化振兴必不可少。

要实现文化的振兴，一方面需要不断继承传统文化的精华，发扬中华民族精神，促进文化在现代社会意义的转化；另一方面，文化需要不断创新，文化需要结合现代社会加以创新，创造出具有竞争力的文化形态，引导文化产业的发展，使得文化作为一个朝阳产业，促进中国经济的发展。

4. 军事振兴

军事振兴是民族振兴的基础，没有了强大的国家军事力量做后盾，民族振兴也就失去了力量，甚至会原地踏步。习近平总书记曾强调："实现中华民族伟大复兴，是中华民族近代以来最伟大的梦想。可以说，这个梦想是强国梦，对军队来说，也是强军梦。我们要实现中华民族伟大复兴，必须坚持富国和强军相统一，努力建设巩固国防和强大军队。"[①]

当前国际形势风云变化，霸权主义、强权政治、军国主义仍然存在，军事振兴，进一步保障了民族的安全，为民族振兴提供了良好和平的环境。

（三）人民幸福之梦

所谓人民幸福，指的是人民的渴求或需求在被满足或被部分满足时的真实感受，通过满足获得精神上的愉悦。要实现人民幸福之梦，必须实现社会的全面发展，使得人们更多的物质需求与精神需求被满足。

人民幸福包括以下几个方面的内容：

1. 人民幸福是中国共产党的奋斗目标

中国共产党自成立之日起，其奋斗的出发点都是为了人民谋幸福。人民幸福首先以物质发展为基础，只有物质条件得到改善，才能解决大众的温饱问题。

2. 人民幸福以物质提升以及文化提升为基础

人民幸福是建立在以解放和发展生产力为基础，以经济建设为中心，以科学发展为主题的基础上，最终实现以人为本，全面协调，可持续发展。人民幸福不仅包含物质方面的幸福，还包括精神

---

① 中共中央文献研究室编：《习近平关于实现中华民族伟大复兴的中国梦论述摘编》，中央文献出版社2013年版，第4页。

方面的幸福，一方面，中国经济社会发展为人们提供了大量的物质支持；另一方面，党和政府历来重视人民群众文化方面的提升，在解决人们的温饱之后，积极发展文化事业，以此满足人们的精神文化需求。

3. 人民幸福是中国梦的出发点与最终落脚点

习近平总书记说："我们的人民热爱生活，期盼有更好的教育、更稳定的工作、更满意的收入、更可靠的社会保障、更高水平的医疗卫生服务、更舒适的居住条件、更优美的环境，期盼孩子们能成长得更好、工作得更好、生活得更好。"[1] 这些都是中国梦的基本构成部分，在发展的过程中，注重保障民生，解决好人民迫切需要解决的问题，就能使人民获得幸福。

二　中国梦教育与大学生健康教育

高校开展中国梦相关教育引领大学生的成长与成才。中国梦教育与大学生健康教育两者之间有着密切的关系，主要表现为中国梦教育为大学生健康成长提供了思想武器和精神动力，中国梦的实现需要大学生健康成长两个方面。

（一）中国梦教育为大学生健康成长提供了思想武器和精神动力

1. 引导当代大学生规划人生方向

通过中国梦教育，进一步引导大学生认识到中国梦所带来的凝聚力，促使大学生自觉坚定社会主义信念，自觉肩负起社会重任，成为中国梦的传承者、实践者。中国梦教育引导当代大学生规划人生发展与中国梦的价值追求一致，进一步明确了大学生的人生追求。

2. 引导大学生坚定社会主义信念

要实现中国梦必须坚定不移地走中国特色的社会主义道路，因

---

① 中共中央文献研究室编：《习近平关于实现中华民族伟大复兴的中国梦论述摘编》，中央文献出版社 2013 年版，第 13 页。

此，中国梦教育需要引导大学生坚定社会主义信念。在当下，因为互联网的发展与升级，大学生接收信息的范围由原来的单一模式，拓展为多样化的模式，大大便利了大学生的学习。但纷繁复杂的网络环境也影响着大学生的思想发展，需要引导大学生坚定社会主义信念，坚持走中国特色的社会主义道路。

中国梦教育通过开展各种各样的实践活动，引导大学生了解中国梦的历史，促使大学生增强振兴民族的责任感，将个人梦想放在国家梦想的体系中，不断进取，从而坚定社会主义信念。大学生要坚定社会主义信念，做中国梦的参与者与建设者，为中国梦的凝聚贡献他们自己的力量。

3. 引导大学生弘扬优秀民族精神

中华民族精神是以爱国主义为核心的民族精神以及改革创新为核心的时代精神为内容的，在漫长的历史长河中，中华民族形成了以爱国主义为核心的民族精神。在改革开放的历史大潮中，中华民族形成了以改革创新为核心的时代精神，唯有不断改革与创新，才能为中华民族的进步提供动力。中国梦教育融入大学生教育中，首先引导大学生认识与学习中华民族的优良传统，这些需要通过学习中华优秀传统文化而获得，在传统文化中有"天下兴亡，匹夫有责""天行健，君子以自强不息"等谆谆教导，从中可以领悟中华民族的精神内核。

中国梦是时代的产物，是中国自改革开放实践发展的必然结果，所以中国梦还要培养大学生的创新精神与创新能力，树立全面改革的意识。

（二）中国梦的实现需要大学生健康成长

1. 需要大学生坚定理想信念

当代大学生肩负着建设国家的重担，是祖国建设的中坚力量，为实现目标提供源源不断的动力，坚定理想信念对大学生具有积极的意义，通过树雄心、立壮志坚定理想信念，以指导大学生积极实践，为社会贡献力量。

中国梦不仅是全国各族人民的共同奋斗理想，也是大学生应当树立的远大理想，中国梦引导大学生做什么样的人，走什么样的路，实现什么样的目标。而大学生在努力的过程中，需要坚定理想信念，坚定不移地走社会主义道路，坚定不移地坚持群众路线，通过认识社会发展的规律，正确认识其自我责任。大学生个人虽然力量微小，但个人可以影响集体，集体进一步汇聚成动力，将成为社会发展的中坚力量。

2. 需要大学生练就本领

大学生的综合素质直接影响着中国梦的进程，在实践中国梦的过程中，需要大学生练就本领，经得住时代的严峻考验。青年兴则国家兴，青年强则国家强，要实现中国梦，需要大学生志存高远，肯下笨功夫，肯下大力气锐意改革与创新，将学习知识与技能作为首要任务，同时还要学以致用，通过实践来提升其自我综合素质。

3. 需要大学生敢于创新

创新是民族进步的灵魂，也是一个国家繁荣昌盛的动力。国家的发展主要依靠科技创新，实现社会生产力及综合国力的提升，因此，需要将科技创新摆在国家发展全局的核心位置。大学生处在思维最活跃的时期，敢于打破常规，富有创新意识和创新精神。另外，创新的意义在于，创新为大学生梦想的实现拓宽了道路，同时缩短了理想与现实的差距；创新同样促进了大学生潜能的挖掘，激发其创造活力，使其更具创造力。因此，大学生需要充分利用其自我特质大胆创新，提升创新能力，以成为创造性人才为目标，不断鞭策他们自己，实现其自我价值。

三 中国梦语境下的大学生健康教育

(一) 中国梦与大学生理想信念教育

1. 中国梦对大学生理想信念教育的影响

中国梦与大学生理想信念教育之间有着千丝万缕的关系，是大学生理想信念的时代内涵。中国梦为大学生提供了真实的历史，同时还指导着大学生理想信念教育。

（1）传递正确的历史观

中国梦是一代又一代中国人的追求，践行中国梦需要立足于中国历史传统，一切从实际出发，不断加以完善和发展。在当下，全球化进程的速度不断加快，大学生在纷繁复杂的社会环境里，很容易形成不良的历史观，因此，需要将正确的历史观传递给大学生，使得大学生认清历史，找到历史发展的规律，培养其道路自信、制度自信，树立他们自己的价值理念。中国梦能够引导大学生树立正确的理想信念和历史观。

（2）注入拼搏意识

近代中国积贫积弱，受尽磨难，面对这样的局面，中华儿女谱写了一首首波澜壮阔的爱国主义歌曲，正是这样的奉献精神、拼搏精神才使得中华民族取得独立，建立起中华人民共和国。

中国梦为大学生的理想信念注入了忧患意识，引导大学生"为中华崛起而读书"以及"天下兴亡，匹夫有责"的意义，我国的爱国情怀自古有之，《礼记》中的"天下为公"，《离骚》中的爱国主义情感、范仲淹的"先天下之忧而忧，后天下之乐而乐"，文天祥的"人生自古谁无死，留取丹心照汗青"等等，都显示着强烈的爱国主义情怀，在民族大义面前，甘愿为国家、为民族贡献他们自己的生命，反映出崇高的爱国主义情感。

近代中国从鸦片战争之后，救亡图存成为中华民族共同的使命。林则徐所说："苟利国家生以死，岂因祸福避趋之"，体现了中华儿女在民族危难的时刻所表现出的不屈不挠的大无畏精神，这些榜样是激发大学生艰苦奋斗的动力，激励其立足自身行动，一步一个脚印地做好本职工作，为实现中国梦而贡献自己的力量。

（3）注入民族自信意识

当代大学生生活在中国特色社会主义改革发展变化的时代中，切身体会到了中国特色社会主义给中国带来的翻天覆地的变化，并且享受着中国特色社会主义带来的幸福、美好生活。历史发展的事实表明，只有社会主义才能拯救中国，只有坚持中国特色社会主义才能发展中国，才能使人民过上幸福美满的生活。中国梦对中国的未来发展是一个指向，促使大学生对未来充满信心，加快建设中国特色社会主义。

（4）注入成长成才动力

大学生的前途命运与国家的前途命运相联系，大学生的个人梦与中国梦相联系，中国梦成为其个人梦的依托与保障，离开了中国梦也无从谈及大学生的个人梦。对于大学生来说，中国梦是成才梦、创业梦、报国梦，只有坚定信念，积极奋斗，投身实践，才能推动中国梦的实现。

（5）明确自身的责任担当

中国梦并非虚无缥缈，需要一起付出努力，一步一个脚印地走下去，只有这样才能实现。当代大学生作为未来社会主义现代化建设的接班人，应当勇担历史责任，充分发挥他们自己的聪明才智，结合其自身经验，不断创新，为社会建设做贡献。今天的大学生生活在和平年代，生活在相对自由的环境下，也意味着当代青年需要肩负起更大的促进社会长治久安与繁荣稳定的重任，包括个人责任、家庭责任、社会责任。大学生朝气蓬勃，可塑性强，应该发挥前辈艰苦奋斗，勇于拼搏的精神，创造出属于和平年代的时代精神，促进中国梦的实现。

2. 中国梦融入大学生理想信念教育的途径

理想信念是指导人们行动的力量，崇高的理想信念给人以积极向上、振奋人心的精神力量，能鼓舞斗志，因此大学生需要进行理想信念教育，以提升大学生理想信念素质。

（1）自我提升定位

教育是民族振兴与社会进步的基石，同时教育也承担着为社会培养合格人才的重任。就目前来说，大学生理性信念教育取得了可喜的成绩，但仍然有很大的发展空间。

首先，高校需要及时转变观念，以科学发展观为指导，在发展智育的同时发展德育，改变原来的重智育轻德育的现状，给予理想信念教育以支持。高校在开展理想信念教育时，应当以规范的学科管理、高素质的教师队伍、完善的考核机制、新型的媒体手段，不断完善理想信念教育，促进大学生远大理想和抱负的确立。

其次，高校教师作为理想信念的引导者，需要在提升大学生自我理想信念的同时，将他们塑造成理想信念的"践行者"。大学生具有向师性的特征，会有意无意地模仿老师，教师个人思想信念的高低直接影响着大学生思想信念的发展，所以高校教师应当深刻地把握言传身教的方法，通过其自身强大的人格魅力来感染学生，坚定他们的社会主义理想信念，坚持中国共产党的领导，坚定走社会主义道路。

（2）载体支持

大学生理想信念教育需要通过一定的载体加以实现，是教育者所运用的能够承载并传递理想信念教育内容的手段、方法。理想信念教育的手段主要通过以下载体实现。

①主导载体

主导载体包括课程理论教育、日常生活教育以及学生党员先进性教育，需要将这三项有机结合起来，形成理想信念教育，引导大学生不断践行中国梦，建立崇高的理想与信念。

②技术载体

技术载体是通过现代网络技术的运用，增强教学的趣味，增强互动性，促进马克思主义的世界观、方法论的传播，唤起大学生接受理想信念教育的积极性。

③文化载体

文化载体主要指校园文化的作用。"人们的意识，随着人们的生活条件、人们的社会关系、人们的社会存在的改变而改变"，好的校园文化对大学生理想信念的影响是潜移默化的，所以营造积极的校园文化十分必要。高校应当根据其自身校园的文化特色，将其自身的优势与地方优秀文化资源结合起来，结合当地的民俗风情、道德标准等因素对大学生形成正面教育，以引导大学生在良好的环境与氛围中形成正确的理想信念。

（3）强化实践教育

理论需要结合实践，才能完成认知，正所谓实践出真知，只有通过不断的实践，才能促使大学生眼界的开阔，思想境界的提升，才能使理想信念教育产生实效。实践教育的途径可以通过优化实践环境、加强实践学习、加强生活实践、丰富社会实践这四个方面切入，其具体的提升手段如图9-6所示。

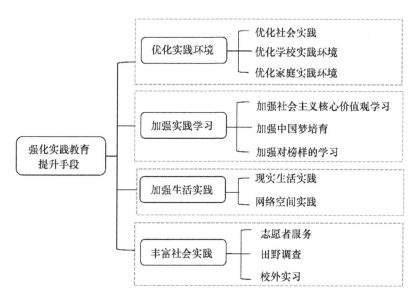

图9-6 强化实践教育提升手段

（二）中国梦与大学生思想政治教育

中国梦凝聚了国家梦、民族梦、人民梦，这一梦想承载着中华民族洗去耻辱，获得中华民族的独立、中华民族的复兴的伟大抱负，其中蕴含着个人理想与社会理想的统一，物质追求与精神追求的统一。在思想政治上对大学生进行中国梦教育，可以让大学生深刻理解中国梦的价值及时代意义，这正是紧密结合中国社会现实进行的一场生动的爱国主义主题教育、理想信念教育、价值观和人生观教育，具有积极的意义。

1. 大学生思想政治教育的需要

习近平总书记指出，"为实现中华民族伟大复兴的中国梦而奋斗是中国青年运动的时代主题"①，大学生思想政治教育应当紧扣中国梦，结合大学生的实际开展中国梦教育，体现了思想政治教育服从于服务社会发展的基本规律。大学生的中国梦主题教育，通过社会热点来吸引大学生的目光，通过了解事件始末来客观地认清现实，通过对中国梦的探讨及实践，引导大学生思考未来发展方向。高校在思想教育过程中，应当设计及组织各种各样的活动，引导大学生多渠道、多角度地围绕中国梦开展实践活动，最终实现理论教育与实践教育的结合。大学生思想政治教育在中国梦主题的指导下，将时代内涵与价值追求涵盖其中，对大学生的思想产生了积极的影响，帮助大学生更快、更全面地成才，以投身于社会主义建设当中。

2. 大学生健康成长的需要

中国梦只有根植于中国特色的社会主义发展现实才能与社会发展的方向一致，才能使中国梦成为国家富强、民族振兴、人民幸福的思想指导。在中国梦中，既有宏观的国家之梦也有个体之梦，有对物质的追求也有对精神文化的追求，中国梦体现的是社会主义国家的核心价值以及人文关怀。

大学生需要学习中国梦的相关内涵，真正认识到中国梦的内涵与价值，在实践过程中，以身作则，通过正确的价值观，树立起远大的

---

① 中共中央文献研究室编：《习近平关于青少年和共青团工作论述摘编》，中央文献出版社 2017 年版，第 11 页。

理想，才能不断成长。大学生需要将他们自己的理想与中国梦结合起来，提升梦想的高度，进一步增强坚持梦想的韧度，在不断追梦的过程中，深化他们自己的价值。

3. 大学生凝聚精神动力的需要

中国梦教育在大学生群体中开展具有积极的意义，习近平总书记在同各界优秀青年代表座谈时说道："中国梦是我们的，更是你们青年一代的。中华民族伟大复兴终将在广大青年的接力奋斗中变为现实。"① 大学生作为青年的主要部分，被寄予了殷切希望，赋予了特定时代下的历史重任，因此大学生成为践行中国梦的主体。

中国梦是国家、民族、人民对美好未来的向往。一方面，中国梦鼓励大学生不懈奋斗，勇往直前；另一方面，中国梦引导大学生凝聚精神动力，以实现最终目标。因此，大学生需要对中国梦开展理性认识，通过实践活动来探索中国梦的时代内涵。

在新时期，将中国梦纳入大学生思想政治教育中的价值表现在以下方面。

其一，中国梦可以引导大学生树立正确的理想与信念，使理想与信念成为大学生践行中国梦的内驱力，成为大学生实践中国梦的不竭动力。

其二，中国梦变革了大学生的思想观念，可以激发他们思想的广度与深度，推动思想指导行动，并进一步转化为物质力量。

其三，中国梦能推动大学生个体精神力量凝聚成集体精神力量，从而形成整体效应，改变大学生群体的精神面貌，使大学生呈现出积极进取的状态，成为他们融入社会的精神动力，并在这种的精神动力中贡献力量。

---

① 中共中央文献研究室编：《习近平关于青少年和共青团工作论述摘编》，中央文献出版社 2017 年版，第 14 页。

结　　语

在这个充满挑战与机遇的时代，大学生健康教育显得尤为重要。本书从大学生身心发展、健康相关行为、健康教育理论、心理健康教育、营养健康教育、体育运动健康教育、社会适应教育、素质发展教育与实践以及建设性建议等多个角度，全面深入地探讨了大学生健康教育的重要性，旨在引导大学生形成全面的、积极的健康观念和健康行为。

健康教育不仅包括身体健康，还涉及心理健康、营养健康、社会适应能力、素质发展等多个方面。大学生作为国家的未来，他们的身心健康直接影响着国家的发展。全面的健康教育可以提高大学生的生活质量，提升他们的学习能力和工作效率，更重要的是，可以帮助他们养成良好的生活习惯，增强抵抗力，未病先防，有利于他们的长期发展。

本书的每一章都为大学生健康教育提供了理论支撑和实践指导，从大学生身心发展的各个阶段、大学生的健康相关行为、健康教育的理论与实践，到心理健康教育、营养健康教育、体育运动健康教育、社会适应教育和素质发展教育，以及如何在中国梦的语境下推动大学生健康教育的发展，都进行了详尽的探讨。这些内容既独立又相互关联，共同构成了大学生健康教育的整体框架。

书中的观点和理论，虽然基于对大学生的研究，但其普遍性和深度具有广泛的启示意义，可以被广泛应用到其他人群的健康教育中。

　　尤其是在中国梦的语境下，本书的内容无疑对于塑造健康的社会风尚，提升国民整体健康水平，具有重要的理论指导和实践价值。

　　大学生健康教育的重要性不仅在于个体层面的健康和幸福，还在于社会的和谐稳定和国家的发展繁荣。大学生是国家的未来，他们的身心健康、社会适应能力和素质发展是决定国家未来的重要因素。因此，本书对大学生健康教育的研究和建议具有深远的社会意义。

　　本书以实证研究为基础，结合理论分析，为大学生健康教育提出了许多实践性建议，旨在引导大学生形成健康的生活方式，积极面对生活中的挑战，实现个人的全面发展，从而为实现中国梦而努力奋斗。

　　总的来说，大学生健康教育是一个长期的、系统的过程，需要学校、家庭、社会的共同参与和努力。笔者希望通过本书深入浅出的探讨，为提高大学生健康教育的有效性和实施效果，为构建和谐健康的大学校园，培养健康、全面、优秀的新一代大学生，实现全民健康，推动国家发展做出应有的贡献。

参考文献

一 著作

鲍勇、马俊主编：《健康管理学教程》，上海交通大学出版社 2015
年版。

曹丹：《体育健康与体育教育学研究》，天津科学技术出版社 2018
年版。

陈长青、金霖、王艺主编：《自我调治亚健康》，金盾出版社 2017
年版。

程静、吴亚梅主编：《大学生健康教育》，重庆大学出版社 2020 年版。

程明莲主编：《大学生身心健康教育》，煤炭工业出版社 2005 年版。

崔天国、王鲁奎、荣宝海主编：《全科医师手册》，河南科学技术出版
社 2021 年版。

戴丽红、潘光林主编：《立德树人 全面实施素质教育——大学生素质
教育研究与实践》，电子科技大学出版社 2017 年版。

段鑫星主编：《大学生心理辅导与健康教育》，高等教育出版社 2017
年版。

傅华主编：《健康教育学》，人民卫生出版社 2018 年版。

何海燕：《中国梦与大学生理想信念教育》，西南交通大学出版社
2020 年版。

何士青、陈少岚：《大学生素质教育论》，湖北教育出版社 2000 年版。

胡梅花：《当代大学生社会适应与超越研究》，中国社会科学出版社

2015 年版。

黄占波、任艳红、王凯红主编：《与青年大学生谈健康——新编大学生健康教育》，华南理工大学出版社 2018 年版。

江强安主编：《大学生行为论》，电子科技大学出版社 2005 年版。

蒋朝莉等：《新媒体时代大学生"中国梦"教育多维研究》，西南交通大学出版社 2015 年版。

李墨池编著：《现代大学生心理健康教育》，天津科学技术出版社 2018 年版。

李文婧、王伟：《中国共产党革命精神传承与大学生中国梦教育》，合肥工业大学出版社 2016 年版。

梁维君主编：《当代大学生健康教育教程》，湖南师范大学出版社 2011 年版。

刘根发：《高校体育与大学生心理健康教育研究》，西南交通大学出版社 2007 年版。

刘升学、谭军红、王莉芬：《新媒体发展对大学生行为方式的影响及思想政治教育创新研究》，湘潭大学出版社 2018 年版。

刘锡铭、袁奕精主编：《健康教育》，吉林人民出版社 2005 年版。

刘晓敏、蒋廷阁、郑潇雨主编：《思想政治教育与辅导员工作》，经济日报出版社 2018 年版。

马骁主编：《健康教育学》，人民卫生出版社 2012 年版。

任永辉、曾红梅：《新时期大学生素质教育研究》，天津科学技术出版社 2018 年版。

孙中柱：《社会适应与大学生》，上海人民出版社 2009 年版。

陶芳标、曹召伦主编：《大学生心理健康自我教育》，安徽科学技术出版社 2005 年版。

滕建勇主编：《大学生行为指导与训练》，上海大学出版社 2008 年版。

汪峰主编：《高校辅导员心理健康教育能力研究》，安徽师范大学出版社 2018 年版。

王诚勇主编：《大学生社会适应能力训练教程》，西南交通大学出版社
　　2012 年版。

王刚、曹菊琴主编：《大学生心理健康教育》，北京理工大学出版社
　　2020 年版。

王立新、郑宽明、王文礼编著：《大学生素质教育简论》，西北大学出
　　版社 2004 年版。

阳小龙、唐盛圣、刘洪政：《筑梦成才——中国梦引领下的大学生思
　　想政治教育》，电子科技大学出版社 2018 年版。

杨大来主编：《大学生健康教育》，北京邮电大学出版社 2016 年版。

余金明主编：《健康行为与健康教育》，复旦大学出版社 2013 年版。

张冬梅、谷丹主编：《大学生心理健康教育》，北京邮电大学出版社
　　2018 年版。

张海涛编著：《大学生身心健康理论与实务》，江苏大学出版社 2019
　　年版。

张雷、孙巍：《融媒体时代大学生中国梦教育研究》，江苏大学出版社
　　2019 年版。

张有智、李金钟主编：《高职体育与健康》，北京邮电大学出版社
　　2016 年版。

祝恒琛、谢成主编：《亚健康》，中国医药科技出版社 2002 年版。

二　论文

陈志超：《新时代大学生自我教育的理论溯源、现实意义与路径选
　　择》，《思想教育研究》2020 年第 7 期。

丁闽江、苏婷茹：《大学生心理健康素养现状分析及提升策略》，《扬
　　州大学学报》（高教研究版）2020 年第 2 期。

董春玲：《大学生健康教育探索与实践》，《中国医学教育技术》2016
　　年第 6 期。

董翼、许尚立：《论大学生素质教育与人的全面发展的内在联系》，

《重庆与世界》（学术版）2012 年第 4 期。

都菊英：《关于大学生体育健康教育的若干思考》，《武汉体育学院学报》2005 年第 11 期。

顾学琪：《健康促进的理论和策略应用》，《中国慢性病预防与控制》1999 年第 3 期。

郭娜、刘福顺：《以提升社会适应力为导向的大学生就业创业教育研究》，《时代教育》2016 年第 17 期。

郭宁：《大学生自我意识的发展与社会适应力的关系》，《现代经济信息》2017 年第 13 期。

何莲：《高校大学生体育健康教育发展研究》，《当代教育实践与教学研究》2019 年第 4 期。

侯保航：《基于大学生健康成长的思想政治教育创新研究》，硕士学位论文，西北农林科技大学，2015 年。

侯治水、潘淑范、于浚湜：《人的全面发展与大学生素质教育的思考》，《宿州教育学院学报》2009 年第 1 期。

贾程之：《大学生健康问题与健康教育需求调查分析》，《科技与管理》2016 年第 5 期。

雷旭曦：《大学生健康教育与思想政治教育协同育人研究》，硕士学位论文，重庆医科大学，2019 年。

李凤英：《健康教育对大学生体育锻炼行为的影响》，《四川体育科学》2017 年第 1 期。

李奇虎、俞雅莲：《创新思政教育 培养大学生健康心理》，《中国成人教育》2019 年第 6 期。

李占涛：《当代大学生自我教育研究》，硕士学位论文，河北师范大学，2013 年。

林秀琪：《体育教育对大学生心理健康的影响》，《尚舞》2021 年第 14 期。

刘佳、吴然：《加强大学生劳动实践教育 提升社会适应力》，《北京财贸职业学院学报》2017 年第 2 期。

刘梦迪、薛玉琴：《新时代大学生心理健康教育存在的问题及对策》，《辽宁教育行政学院学报》2021 年第 1 期。

刘淼：《大学生健康网络生活方式养成教育研究》，硕士学位论文，华中师范大学，2019 年。

刘日良：《高校体育教育对大学生心理健康影响的探究》，《辽宁工业大学学报》（社会科学版）2019 年第 3 期。

刘晓丽：《体育健康教育对大学生身心健康的影响》，《青岛农业大学学报》（社会科学版）2007 年第 2 期。

刘燕、罗丹：《突发公共卫生事件中社交媒体的使用及对大学生健康行为的影响》，《新媒体研究》2021 年第 14 期。

罗李雯：《自媒体时代大学生自我教育能力提升探究》，《科教文汇》（上旬刊）2021 年第 7 期。

罗梦君：《大学生心理健康与社会适应性研究》，硕士学位论文，西北农林科技大学，2013 年。

孟庆恩：《人的全面发展与大学生素质教育》，《学术交流》2005 年第 11 期。

任静：《大学生健康素养现状及健康教育发展研究》，硕士学位论文，沈阳航空航天大学，2019 年。

阮锋：《高校体育教育对大学生健康人格的培养研究》，《陕西教育》（高教）2021 年第 8 期。

宋娜娜：《培养大学生自我教育、自我管理、自我服务能力探析》，《黑河学刊》2018 年第 6 期。

苏海舟：《试论引导大学生自我教育的意义及途径》，《思想理论教育导刊》2010 年第 10 期。

汤龙升、宗晓蕾、杨剑：《"核心素养"视域下以社会适应力为导向的大学生学习能力现状及其提升体系构建》，《成都中医药大学学报》（教育科学版）2019 年第 3 期。

田燕飞：《思想政治教育与大学生的全面素质发展》，《中国西部科技》2008 年第 4 期。

汪福祥、蒋志森：《模糊逻辑模型与交股模型的解析与重组》，《外语教学》2002 年第 6 期。

王晨：《大学生健康教育行动内容体系研究》，硕士学位论文，山西医科大学，2020 年。

王晨、段志光：《大学生健康教育内容体系构建研究》，《中国健康教育》2021 年第 5 期。

王海菲：《当代大学生身心健康问题研究》，硕士学位论文，西安工业大学，2015 年。

峗怡、刘红霞：《我国大学生健康素养教育的优化策略分析》，《中国医疗管理科学》2020 年第 2 期。

吴霞：《改革开放以来大学生心理健康教育研究》，博士学位论文，西南大学，2015 年。

肖文清、谭清立：《我国大学生健康教育现状及对策》，《中国校医》2021 年第 7 期。

徐国成：《大数据背景下大学生心理健康教育的创新路径》，《北华大学学报》（社会科学版）第 2018 年第 6 期。

许尚立：《关于大学生素质教育与人的全面发展的思考》，硕士学位论文，重庆交通大学，2012 年。

许孝君、臧晓文：《突发公共卫生事件下大学生健康信息素养教育影响因素研究》，《教学研究》2021 年第 4 期。

杨铁凡、王洋、谭瑶婷等：《高校大学生健康教育模式再构》，《心理月刊》2019 年第 19 期。

姚敏：《大学生就业难与社会适应力问题研究》，《安徽工业大学学报》（社会科学版）2016 年第 3 期。

姚烟霞：《互联网时代下培养大学生自我教育能力的路径选择》，《教学研究》2019 年第 5 期。

张昊：《大学生体育健康教育的必要性》，《内蒙古财经学院学报》
　　（综合版）2009 年第 1 期。

张晓红：《大学生自我教育能力提升的对策研究》，《常州信息职业技
　　术学院学报》2020 年第 6 期。

张银霞：《社会行为——生物遗传性视角下甘肃省回族朝觐人群高血
　　压防控探索性研究》，博士学位论文，四川大学，2021 年。

张莺：《大学生健康人格及其教育研究》，硕士学位论文，中国海洋大
　　学，2010 年。

赵春丽、王伟、常玲：《大学生健康教育课程教学模式改革与实践》，
　　《中国学校卫生》2013 年第 9 期。

赵晖：《高校学生社会适应力培养模式研究》，《现代教育管理》2015
　　年第 4 期。

周晓辉：《马克思人的全面发展学说与大学生素质教育》，《大庆社会
　　科学》2010 年第 1 期。

庄立臣：《开展大学生素质拓展工作　促进高校素质教育发展》，《山
　　东省青年管理干部学院学报》2005 年第 3 期。